借家立退きの現実

借家立退きの
基本と
100の裁判例

弁護士
宮崎 裕二

住宅新報出版

はじめに

　私が執筆した「借家の立退きＱ＆Ａ74」を住宅新報社から発刊して10年が経過しました。この間の都市部における地価やマンション価格の値上がりは消費者物価指数などの経済指標をはるかに凌駕しており、これに伴い私の事務所にも相当数の立退案件（借家人からのもあります）が来ました。

　日弁連は2021年３月に立退きについての実務研修を開催しましたが、私もパネリストの一人として登壇し、主に賃貸人側の立場からの発言をする機会を与えられ、大変貴重な経験となりました。

　私は、幸いにも40年を超える弁護士人生をここまで無事に送ることができました。これも、様々な借家立退きの事案に巡り合い、そこで鍛えられたことが大きな要因の一つかと思います。そこで、改めて、借家立退きの弁護士人生を振り返るために、総まとめとして本書を執筆した次第です。

　ところで、借地借家法では、法律の名称に「借家」という名前が入っており、また「第三章　借家」という標題が付けられています。しかしながら、借家の契約については「建物賃貸借契約」、当事者については「建物の賃貸人」「建物の賃借人」という用語が使用されています。本書では、裁判例を除き、社会的に使われていて一般の人になじみのある「借家契約」「家主」「借家人」という言葉を用います。

i

また、旧借家法の条文は、本来カタカナ表記ですが、読みやすくするために、あえて平がな表記としています。

　借家立退きについては、いまだに「地上げ」という言葉で非難したり、揶揄したりする人が多くいますが、都市の再開発が進展した背景には、多くの借家立退きの事案があることを知っていただければと思います。その意味で、私は「立退き弁護士」であることに何のためらいもありません。

　本書を読んだ若い弁護士の方々の多くが、借家立退きに積極的かつ適切に取り組むようになれば、これに勝る喜びはありません。

宮崎　裕二

contents

目次

第一編　借家立退きの基本50

はじめに ……………………………………………………………………………… i

contents ……………………………………………………………………………… iii

第一章　総論

1 立退きには4つの場合がある ……………………………………………… 4

2 借家人が自ら退去する場合にも問題がないわけではない ……………… 6

3 建物の滅失により借家契約は当然終了する ……………………………… 8

4 借家人に契約違反がある場合にも簡単に考えてはいけない ………… 10

5 無断譲渡・転貸でも解除が認められないことがある ………………… 12

6 転借人に対する明渡請求はできるか …………………………………… 14

7 契約違反による借家の明渡請求訴訟をするには
　時間と手間と費用がかかる ……………………………………………… 16

8 明渡しを認める判決が出ても立ち退かなければ
　強制執行が必要である …………………………………………………… 18

9 裁判上の和解調書や調停調書でも
　明渡しの強制執行ができる ……………………………………………… 20

10 定期借家を活用しよう …………………………………………………… 22

11 定期借家の契約の仕方には気を付けよう ……………………………… 24

12 定期借家の契約の終了に気を付けよう ………………………………… 26

13 普通借家から定期借家への切替えは難しい …………………………… 28

14 一時使用目的の借家はリスクがある …………………………………… 30

iii

contents

15 公務員宿舎や社宅に借地借家法の適用があるか ………………… 32

16 公営住宅などに借地借家法の適用があるか ……………………… 34

17 スーパー、百貨店やショッピングモールの場所貸しに
借地借家法の適用があるか ………………………………………… 36

18 借家は相続の対象となるが
相続人でない同居人は居住を続けられるか ……………………… 38

19 老朽化した借家の放置はリスクが高い ……………………………… 40

20 自力救済に気を付けよう ………………………………………………… 42

第二章　正当事由による立退き

21 借家人に非がない場合に立ち退かせる手続として
更新拒絶と解約申入れがある ……………………………………… 46

22 正当事由制度が設けられ、
その後も維持されたのはどうしてだろう ………………………… 48

23 旧借家法と借地借家法とで
正当事由制度の解釈は変わりつつあるか ……………………… 50

24 家主の「建物の使用を必要とする事情」とは何だろう ……………… 52

25 建物収去土地明渡請求を受けた借地人や
マンションの建替決議を受けた区分所有者は
借家人への正当事由を有するか ………………………………… 54

26 借家人の「建物の使用を必要とする事情」が
否定的に判断されるのはどういう場合だろう …………………… 56

27 「建物の賃貸借に関する従前の経過」とは何だろう ……………… 58

28 「建物の利用状況」が借家人の使用の必要性と別に
明記された理由は何だろう ………………………………………… 60

29 「建物の現況」では耐震診断を重視する …………………………… 62

30 「建物の存する地域の状況」は考慮されないのだろうか …………… 64

31	「財産上の給付」とは何だろう ……………………………… 66
32	財産上の給付について「明渡しの条件」と 「明渡しと引換え」とでは大きな違いがある ……………… 68
33	財産上の給付がゼロの場合もある ……………………………… 70
34	建物明渡請求訴訟の請求の趣旨において 立退料の金額明示が必要か ……………………………………… 72
35	裁判所は家主が提示した立退料の金額を上回る判決あるいは 下回る判決を出すことができるか …………………………… 74
36	立退料の中身は何だろう ………………………………………… 76
37	不動産鑑定評価基準の 「借家権の価格」とはどのように定められているか ……………… 78
38	不動産鑑定評価基準に基づき立退料について 正式の鑑定評価をすることができるか ………………………… 80
39	用対連基準とは何か ……………………………………………… 82
40	用対連基準での借家人への補償はどうなっているか ………………… 84
41	正当事由には主従があり立退料は付け足しというのは疑問である ……… 86
42	家主が急ぐ場合には驚くような立退料の 金額になることがある ………………………………………… 88
43	家主は正当事由が認められないと思い込んでいるが本当にそうか ……… 90
44	立退き交渉で気を付けなければならないことがある ……………… 92
45	個人の家主が自分で立退交渉をすると上手くいかないことが多い …… 94
46	弁護士以外の者が立退交渉をすると非弁行為などのリスクがある …… 96
47	適切な弁護士に立退交渉を任せると良い結果となることが多い ……… 98
48	交渉できないときは調停が有効である ………………………… 100
49	訴訟でも和解による解決が多い ………………………………… 102
50	弁護士に依頼するとどの程度の期間がかかるのか ……………… 104

第二編　借家立退きの裁判例

第一章　総論

1　建物が火災により消滅して借家契約も終了した
（・最高裁昭和42年6月22日判決・民集21巻6号1468頁）⋯⋯⋯⋯⋯⋯⋯ 111

2　賃料債務保証委託契約書における無催告解除条項と明渡しの
みなし条項が消費者契約法10条に該当する
（・最高裁令和4年12月12日判決・民集76巻7号1696頁）⋯⋯⋯⋯⋯⋯ 114

3　家賃の滞納について催告なしの解除を否定した
（・最高裁昭和35年6月28日判決・民集14巻8号1547頁）⋯⋯⋯⋯⋯⋯ 128

4　催告と解除との間には相当期間を要する
（・最高裁昭和37年2月2日判決・集民58号505頁）⋯⋯⋯⋯⋯⋯⋯⋯⋯ 131

5　借家人が家主に無断で賃借権を譲渡しても
解除を否定することがある
（・最高裁昭和30年9月22日判決・民集9巻10号1294頁）⋯⋯⋯⋯⋯⋯ 134

6　家主は無断譲渡・転貸で解除をしなくとも
賃借権の譲受人や転借人に対し明渡請求ができる
（・最高裁昭和26年5月31日判決・民集5巻6号359頁）⋯⋯⋯⋯⋯⋯⋯ 137

7　賃貸借の合意解約により転貸借が消滅する場合がある
（・最高裁昭和31年4月5日判決・民集10巻4号330頁）⋯⋯⋯⋯⋯⋯⋯ 140

8　借家法の適用を免れる目的で作成された即決和解調書は無効である
（・千葉地裁平成元年8月25日判決・判時1361号106頁）⋯⋯⋯⋯⋯⋯ 143

9　訴訟上の和解調書の和解条項の文言と異なる解釈をすべきでない
（・最高裁昭和44年7月10日判決・民集23巻8号1450頁）⋯⋯⋯⋯⋯⋯ 147

10　定期借家契約の説明書面は契約書とは別個の書面であることを要する
（・最高裁平成24年9月13日判決・民集66巻9号3263頁）⋯⋯⋯⋯⋯⋯ 150

目次

11 定期借家契約について期間満了後の終了通知の効力を認めた
（・東京地裁平成21年3月19日判決・判時2054号98頁）......................... 155

12 一時使用目的の借家といえるためには1年未満でなくともよい
（・最高裁昭和36年10月10日判決・民集15巻9号2294頁）..................... 161

13 一時使用目的の借家を否定した
（・東京高裁平成5年1月21日判決・判タ871号229頁）......................... 164

14 当初の期間2年経過後でも一時使用目的の借家と認めた
（・最高裁昭和41年10月27日判決・判時467号36頁）......................... 168

15 社宅に借家法の適用を認めた
（・最高裁昭和31年11月16日判決・民集10巻11号1453頁）................. 171

16 社宅に借家法の適用を否定した
（・最高裁昭和29年11月16日判決・民集8巻11号2047頁）.................... 173

17 公営住宅建替事業に借家法の要件具備は要しない
（・最高裁昭和62年2月13日判決・判時1238号76頁）........................ 176

18 公営住宅について借家法による解約申入れと認めた
（・最高裁平成2年6月22日判決・判時1357号75頁）.......................... 179

19 ケース貸しに借家法の適用を否定した
（・最高裁昭和30年2月18日判決・民集9巻2号179頁）....................... 182

20 居住用建物の借家人が死亡した場合に
同居していた事実上の養子はそのまま居住できる
（・最高裁昭和37年12月25日判決・民集16巻12号2455頁）................. 186

21 自力救済条項があっても家財などの廃棄処分は違法である
（・浦和地裁平成6年4月22日判決・判タ874号231頁）....................... 189

vii

第二章　正当事由による立退き

22　法定更新後は期間の定めのない契約となり解約申入れができる
（・最高裁昭和28年3月6日判決・民集7巻4号267頁）……………… 197

23　解約権留保特約は有効である
（・東京地裁昭和36年5月10日判決・判時262号22頁）……………… 200

24　中途解約権を認めた特約条項は不利益条項であるから
明確な規定でなければ認められない
（・東京地裁平成20年3月21日判決・ウェストロー・ジャパン）……… 202

25　解約の効力発生後の事情によって正当性を喪失しない
（・最高裁昭和28年4月9日判決・民集7巻4号295頁）……………… 205

26　訴訟係属中に正当事由が具備するに至った時から
6か月の経過により借家契約は終了する
（・最高裁昭和41年11月10日判決・民集20巻9号1712頁）………… 208

27　正当事由には家主が自ら使用することを必要とする場合に限らない
（・最高裁昭和27年10月7日判決・民集6巻9号772頁）…………… 211

28　正当事由は当事者双方の事情を考慮する
（・最高裁昭和25年6月16日判決・民集4巻6号227頁）…………… 214

29　借金返済のため売却する必要性を認めた
（・最高裁昭和27年3月18日判決・民集6巻3号342頁）…………… 216

30　借入金返済のために売却する前提としての明渡請求を否定した
（・東京地裁平成21年1月28日判決・判例秘書）…………………… 220

31　相続税支払のために売却する必要性を否定した
（・東京地裁平成22年3月31日判決・ウェストロー・ジャパン）……… 225

32　賃貸中の建物を買い受けた者も解約申入れの正当事由を有する
（・最高裁昭和30年6月7日判決・民集9巻7号865頁）…………… 230

33　家主が住宅と診療所の明渡しを求められているなどの事情から
借家人の事情を考慮しても明渡しを認めた
（・最高裁昭和36年11月7日判決・民集15巻10号2425頁（福岡高裁昭和32年
7月9日判決・民集15巻10号2438頁））……………………………… 234

34 自社ビル建替えを正当事由として認めた
（・東京高裁平成元年3月30日判決・判時1306号38頁）……………… 237

35 ビル建替え目的の正当事由を否定した
（・東京地裁平成29年1月23日判決・ウェストロー・ジャパン）……………… 240

36 借地の明渡しを求められた借地人による
借地上の建物の借家人に対する明渡請求を否定した
（・東京地裁平成8年1月23日判決・判タ922号224頁）……………… 245

37 区分所有建物の建替決議を受けた区分所有者による
借家人に対する明渡請求を認めた
（・東京地裁平成20年7月18日判決・判例秘書）……………………… 248

38 借家人が自ら他に住居を有するなどの事情から
家主の正当事由を認めた
（・最高裁昭和28年4月23日判決・民集7巻4号408頁）……………… 253

39 借家人一人に対する明渡しを認めたが
もう一人に対する明渡しを否定した
（・東京地裁平成22年3月25日判決・ウェストロー・ジャパン）……………… 255

40 正当事由について借家人側の利害のみを重視すべきでないとした
（・最高裁昭和26年9月14日判決・民集5巻10号565頁）……………… 261

41 サブリースにも借地借家法28条の適用があるとしてテナントと
直接契約するための更新拒絶を否定した
（・札幌地裁平成21年4月22日判決・判タ1317号194頁）……………… 263

42 サブリース会社の保安管理の不十分さを理由とする
正当事由を否定した
（・東京地裁平成4年9月14日判決・判時1474号101頁）……………… 267

43 永久貸与という文言があっても解約申入れの正当事由を認めた
（・最高裁昭和27年12月11日判決・民集6巻11号1139頁）……………… 271

44 同居者の使用も斟酌できる
（・最高裁昭和25年11月16日判決・民集4巻11号582頁）……………… 274

45 倒壊の危険があり家屋を解体する必要がある場合に正当事由を認めた
（・最高裁昭和29年7月9日判決・民集8巻7号1338頁）……………… 277

contents

46 耐震診断を重視する
（・東京地裁令和2年1月16日判決・ウェストロー・ジャパン）……………… 281

47 耐震診断のための建物立入りを拒否したことを
正当事由として考慮した
（・大阪高裁令和3年12月23日判決・公刊物未搭載）………… 284

48 移転先として家屋を提供した事実を正当事由の一理由とした
（・最高裁昭和25年2月14日判決・民集4巻2号29頁）………… 287

49 移転先を提供しても正当事由を否定した
（・最高裁昭和27年12月25日判決・民集6巻12号1263頁）……………… 290

50 移転先の斡旋などを拒絶するには相当の理由がなければならない
（・最高裁昭和29年4月20日判決・判時27号6頁）………………… 293

51 別の家屋の提供を条件として正当事由を認めた
（・最高裁昭和32年3月28日判決・民集11巻3号551頁）……………… 297

第三章　立退料なしで認められた正当事由

52 明渡しを求められれば受諾する旨の念書を差し入れた
（・東京地裁平成元年8月28日判決・判タ726号178頁）……………… 304

53 同業者に対する明渡しを命じた
（・東京地裁平成2年3月8日判決・判時1372号110頁）……………… 308

54 建物の地盤崩壊の危険性を認めた
（・東京地裁平成3年11月26日判決・判時1443号128頁）……………… 313

55 家主の自己使用の必要性を重視した
（・東京地裁平成5年7月20日判決・判タ862号271頁）……………… 316

56 住都公団の建替事業の公共性を認めた
（・浦和地裁平成11年12月15日判決・判時1721号108頁）……………… 320

57 都市計画事業用地にかかった土地上の借家の明渡しを認めた
（・東京地裁平成12年4月21日判決・ウェストロー・ジャパン）……………… 325

58 生活保護の借家人に対する明渡しを命じた
（・東京地裁平成15年7月3日判決・判例秘書）……………… 328

59 建物競落人の借家人に対する解約申入れを認めた
（・東京地裁平成17年2月3日判決・判例秘書）‥‥‥‥‥‥‥‥‥ 331

60 姉が弟に賃貸した目的が達せられないとして正当事由を認めた
（・東京地裁平成18年8月30日判決・判例秘書）‥‥‥‥‥‥‥‥ 334

61 使用実態がないことから正当事由を認め、借地の明渡しを
求められていることは借家の明渡しと無関係ではないと判断した
（・東京地裁平成21年7月9日判決・ウェストロー・ジャパン）‥‥‥‥ 338

第四章　立退料

62 移転料40万円の支払という補強条件の追加で正当事由を認めた
（・最高裁昭和38年3月1日判決・民集17巻2号290頁）‥‥‥‥‥ 347

63 20万円の立退料と引換えの予備的請求をしていたが
立退料なしの主位的請求を認めた
（・最高裁昭和40年9月21日判決・集民80号441頁）‥‥‥‥‥‥ 349

64 補償金650万円の支払と引換えに付属建物の明渡しを
求める限度で正当事由を認めた
（・最高裁昭和41年7月14日判決・集民84号69頁）‥‥‥‥‥‥‥ 352

65 立退料が借家人の損失の全部を
補償するに足りるものでなくともよいとした
（・最高裁昭和46年6月17日判決・判時654号75頁）‥‥‥‥‥‥ 355

66 申立額を超える立退料の支払と引換えの明渡しを命じた
（・最高裁昭和46年11月25日判決・民集25巻8号1343頁）‥‥‥ 358

67 家主からの立退料の申立てがないのに立退料の支払と引換えの
明渡請求を認めたことについての借家人からの上告は理由がない
（・最高裁昭和47年10月12日判決・集民107号19頁）‥‥‥‥‥ 361

68 200万円の立退料の支払と引換えの明渡請求をしたのに対して
500万円の立退料の支払と引換えの明渡しを命じた
（・最高裁昭和50年8月27日判決・集民115号629頁）‥‥‥‥‥ 364

xi

contents

69 家主が解約申入後に立退料の提供または増額を申し出た場合に
これらを参酌して正当事由の判断ができる
（・最高裁平成3年3月22日判決・民集45巻3号293頁） 366

70 立退料500万円の根拠を示さなかった
（・東京地裁平成元年11月28日判決・判時1363号101頁） 369

71 諸般の事情を総合して立退料を300万円とした
（・東京地裁平成16年4月23日判決・判例秘書） 372

72 家主の申出額50万円をそのまま認めた
（・東京地裁平成22年9月29日判決・ウェストロー・ジャパン） 375

73 賃料30か月分の150万円の立退料を認めた
（・東京地裁平成23年6月23日判決・判例秘書） 378

74 借家人申出額35万円に近い30万円の立退料を認めた
（・東京地裁平成3年7月26日判決・判タ778号220頁） 382

75 借家人夫婦の病気などで転居が相当な負担になるとして
200万円の立退料を命じた
（・東京地裁平成29年1月17日判決・ウェストロー・ジャパン） 385

76 賃料、引越費用等一切の事情を考慮して200万円の支払を命じた
（・東京地裁平成27年6月30日判決・ウェストロー・ジャパン） 388

77 転居費用と賃料差額2年分他雑費で80万円の立退料とした
（・東京地裁平成17年3月25日判決・判例秘書） 391

78 借家権価格と立退費用の合計額を立退料とした
（・東京地裁平成21年7月30日判決・ウェストロー・ジャパン） 394

79 借家権価格を否定し引越費用と差額賃料から200万円の立退料を
命じた （・東京高裁平成12年3月23日判決・判タ1037号226頁） 396

80 鑑定の借家権価格は否定し家主が提示した900万円の立退料を認めた
（・東京地裁平成22年3月25日判決・ウェストロー・ジャパン） 398

81 差額賃料が生じない場合に引越費用、敷金、礼金、仲介手数料
などで30万円の立退料を命じた
（・東京地裁令和4年7月11日判決・ウェストロー・ジャパン） 402

82 畳職作業所兼居住用で借家権価格相当の2,810万円の支払を命じた
（・東京地裁平成3年4月24日判決・判タ769号192頁）……………………… 406

83 年収4年分の1,500万円の支払を命じた
（・東京高裁平成3年7月16日判決・判タ779号272頁）……………………… 409

84 本来立退料は不要と判示した
（・東京高裁平成15年1月16日判決・判例秘書）………………………………… 411

85 賃料6か月分の立退料の支払を命じた
（・東京地裁平成25年10月10日判決・判例秘書）……………………………… 415

86 各借家人に応じて店舗契約費用、住宅契約費用、内装設備工事費用、
引越代、営業補償を認めた
（・東京地裁平成27年9月17日判決・ウェストロー・ジャパン）…………… 417

87 賃料及び共益費の約2年分相当の立退料の支払を命じた
（・東京地裁平成24年8月28日判決・ウェストロー・ジャパン）…………… 422

88 賃料差額方式による借家権価格と営業補償相当額に若干上乗せした
立退料の支払を命じた
（・東京地裁平成28年8月26日判決・ウェストロー・ジャパン）…………… 425

89 借地権価格？に賃料2年分を加算した立退料の支払を命じた
（・東京地裁令和4年4月20日判決・ウェストロー・ジャパン）……………… 428

90 諸般の事情を考慮して500万円の支払を命じた
（・東京地裁平成25年6月5日判決・判例秘書）………………………………… 430

91 家主の申出額そのままの100万円の支払を命じた
（・東京地裁平成22年12月17日判決・ウェストロー・ジャパン）…………… 432

92 借家権割合方式などにより1億5,000万円の支払を命じた
（・東京地裁平成2年9月10日判決・判時1387号91頁）……………………… 435

93 差額賃料還元法を重視した鑑定をある程度尊重して
8億円の立退料を認めた
（・東京地裁平成3年5月30日判決・判時1395号81頁）……………………… 439

94 更地価格の7割相当の4,200万円の立退料を認めた
（・東京地裁平成9年9月29日判決・判タ984号269頁）……………………… 445

xiii

contents

95 営業利益の5年分の3割ないし賃料5年分相当の1,100万円の
立退料の支払を命じた
（・東京地裁平成21年6月23日判決・ウェストロー・ジャパン）…………… 448

96 用対連基準に基づき6,000万円の立退料を認めた
（・東京地裁平成25年1月25日判決・判時2184号57頁）……………… 451

97 差額家賃、工作物補償、営業休止補償、その他補償合計2,831万円に
一切の事情を考慮して3,000万円の立退料の支払を命じた
（・東京地裁平成28年3月18日判決・判時2318号31頁）……………… 460

98 用対連基準に基づく998万円の立退料を支払う旨の確認書の
効力を認めた
（・東京地裁平成29年10月30日判決・ウェストロー・ジャパン）………… 470

99 賃料差額と移転費用と内装費と営業補償の合計額の9割相当の
3,000万円の立退料を認め借家権価格は否定した
（・東京地裁令和2年1月16日判決・ウェストロー・ジャパン）………… 480

100 借家権価格は認めたが開発利益は否定して
2億9,650万円の立退料の支払を命じた
（・東京地裁令和4年3月4日判決・ウェストロー・ジャパン）………… 487

終わりに ……………………………………………………………………… 491

第一編

借家立退きの基本50

第一章

総　論

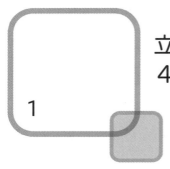

1 立退きには4つの場合がある

　借家の立退きには4つの場合があります。第1に、**借家人が自発的に出る場合**、第2に、**借家人が契約違反をした場合**、第3に、**家主が更新拒絶もしくは解約申入れをした場合**、第4に、**当初約束した期限が到来した場合**です。

　借家人が立ち退くとすれば、世の中的には、第1の場合がほとんどです。学生の就職、勤務先の関係での転勤、仕事を辞めて実家に帰郷、病気や高齢化による施設への入所など理由はいろいろとあります。

　第2の借家人の契約違反の場合は、実に様々です。典型的なのは、家賃の不払です。用法違反というのもあります。居住用で貸したのに、そこで何らかの事業をしているとすれば、不特定多数の出入りも予想され居住者にとってのリスクが高まります。借家人とは違う人が居住していれば、借家権の無断譲渡もしくは借家の転貸ともなります。また、最近多いのは隣室への迷惑行為です。

　第1と第2の場合は、借家人の意思や行為が原因となって立退きになるものですが、第3の場合は、もっぱら家主の事情によるものです。更新拒絶にせよ、解約申入れにせよ、家主に何らかの**正当事**

由が必要となります。借家に家主自身が居住する予定である、本社ビルの建替えを予定している、借金や相続税の支払のために売却する、耐震診断をしたら非常に危険な建物であることが分かった、都市計画事業の道路用地にかかっている、などがあります。

　第４の場合というのは、定期建物賃貸借、いわゆる定期借家や一時使用目的の借家について期限が到来した場合です。定期借家や一時使用目的の借家については、正当事由制度が適用されないので、家主と借家人との間で当初約束した期限の到来とともに借家契約が終了するのです。

　もっとも、家主が以上の４つの内の複数を主張することがあります。たとえば、借家人が迷惑行為をした場合に、家主が、第２の契約違反を主位的に主張しつつ、第３の解約申入れによる正当事由を予備的に主張することがあります。また、第４の定期借家の期限到来を主位的に主張しつつも、定期借家の要件に自信がない場合に予備的に更新拒絶による正当事由を主張することもあり得ます。

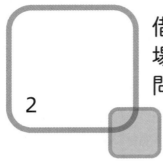

2 借家人が自ら退去する場合にも問題がないわけではない

　借家人が、自発的に借家を退去する場合には、何も問題ないと思われるかもしれません。確かに通常の場合はその通りです。

　しかしながら、問題が生じることもあります。第1に、**原状回復と敷金の精算**です。原状回復については、国土交通省のガイドラインがありますが、それ以上に借家人に厳しい原状回復を義務付けている場合に敷金からどこまで控除できるのか、あるいは借家人に追加の支払を請求できるのかという問題です。もっとも、本書のテーマではないので、これ以上は深入りしません。

　第2に、自発的に退去したように見えても、家主に何の連絡もなく行われた場合です。いわゆる**夜逃げ状態**です。借家人が住んでいる気配がないものの、家財道具がそのまま残っている時に、果たして本当に借家人が退去したかどうかも判然としません。借家契約書には、「家主に知らせずに所在不明となった場合には当然解除となり、借家人は、家主において借家に自由に立ち入り、借家内の一切の動産を処分することに異議を述べない」などの条項を見受けることがあり、これに基づいて借家に入り、中の家財道具などを廃棄処分することが、まま見受けられます。

しかしながら、このような行為は非常にリスクがあります。建物が自分の所有物であったとしても、いったん他人に賃貸した以上他人が建物を占有していることから、「他人の財物とみなす」（刑法242条）ために、借家人に無断でその建物内に入ることは住居侵入罪（刑法130条）、建物内の動産類を持ち出すことは窃盗罪（同法235条）、そして処分することは器物損壊罪（同法261条）にそれぞれ該当しかねないからです。

夜逃げをする人はややこしい債権者から借家契約書の敷金を担保にして借金をしていることがあり、そのような債権者は家主の動向に目を光らしていて、家主が上記の行為をすれば、「警察に訴えられたくなければ、借家人の代わりに借金を返済せよ」と迫ることもあり得るのです。

ちなみに、最高裁令和4年12月12日判決は、家賃債務保証業者の保証委託契約書に記載されていた、借家契約の**無催告解除条項**や**明渡しみなし条項**について、いずれも消費者契約法に違反すると判示しています（第二編2参照）。

では、どうしたらよいのかということですが、借家人の所在が不明でも、公示送達という方法により文書を送ることが可能なので、家賃の滞納を理由に借家契約を解除して**建物明渡請求訴訟**を提起するのが、最もリスクの少ない方法と考えます。

なお、建物内から異臭がするなどして借家人が死亡している可能性がある場合には、警察に立会をしてもらうこともあります。

3 建物の滅失により借家契約は当然終了する

　借家契約書には、「**建物が地震などの天災や類焼などにより全部もしくは重要な一部が滅失した場合には、借家契約は当然に終了する。**」というような条項が入っているのが一般的です。

　借家契約の対象となる建物が滅失した場合には、家主としても提供すべき建物がなく、借家人としても利用することができない以上、借家契約が当然に終了するのはやむを得ないといえます。

　もっとも、一部滅失の場合には微妙なところがあります。半分以上が滅失したとか重要な部分が滅失したというのであれば借家人も諦めがつくかもしれません。しかし、滅失部分がさほどでもなく、借家人がこの程度の滅失であればまだ使用できる、一部滅失したところは修繕してほしいと言ってきたときが問題です。家主としては、簡単な修繕で済めばともかく、多大な費用が掛かるようであれば、この際に残った建物部分も解体して建て直したいと思うかもしれません。このような場合には、借家契約が当然終了するとはならず、家主は、解約申入れをして正当事由で争うことになると思われます。

　ところで、建物の滅失の原因が、借家人の寝たばこなどの不始末にあるとすれば、家主は借家人に対する**損害賠償請求**をすることも

あり得ますが、一般的には保険をかけているはずですので、保険金である程度被害回復をすることになります。

　大規模な天災等により都市の相当部分が被害を受けたときには、以前は「罹災都市借地借家臨時処理法」が適用され、借家人は優先借地権とか優先借家権を取得し、家主は非常に不利な立場に置かれました。1995年に発生した阪神・淡路大震災でこの法律が適用され、私も主に家主側の立場からこの法律に随分苦しめられました。もっとも、その後この法律が都市の復興の妨げになるという理解が進み、2011年3月の東日本大震災の際にはこの法律の適用が見送られました。その後2013年にこの法律が廃止され、その代わりに「大規模な災害の被災地における借地借家に関する特別措置法」が制定・施行されました。もっとも、借家人については、家主が建物を再築し賃貸するときは従前の借家人に通知して元の場所に戻る機会を与えるという程度の定めに留めています。

　いずれにせよ、建物が滅失すれば、借家契約が当然終了するというのが原則であることには変わりありません。

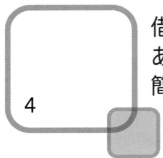

4 借家人に契約違反がある場合にも簡単に考えてはいけない

　借家人に家賃の滞納などの**契約違反**があった場合に、家主によっては、借家人が悪いことをしているのだから立退きは簡単だと思っている人がいますが、決してそうではありません。

　まず、普通の人は契約違反をしません。契約違反をする借家人は約束を守る意識が少ないか、あるいは意識はあっても約束を守れない状況に陥っているかのいずれかです。

　約束を守る意識が少ない借家人は、家主から契約違反をしたので立退きなさいと言われて、はいわかりました、と素直に応じることはまずないでしょう。また、約束を守る意識はあっても約束を守れない状況にある人の大部分は経済的苦境にある人で、次の移転先にかかる費用を考えると、状況の好転がない限り、速やかに退去できることは期待できません。

　そこで、家主としての対応は３つに分かれます。①**事態を放置する**、②**実力行使をする**、③**法的手続をする**、のいずれかです。

　このうち、①と②は問題です。①については問題先送りに過ぎませんし、他の借家人に対し、契約違反をしても退去しなくてもよいのだという誤ったメッセージを送ることになりかねないからです。

ところが、①を選択する家主が意外なほど多いのです。身近に知り合いの弁護士がいないし、弁護士に依頼して訴訟をするのは何かと面倒そうだと思うのか、そのままにしてあっという間に数年経過することさえあります。その間の家賃を受け取れないことが多いのですから、このような対応がよくないことは明白です。

②については、2で述べたとおりで、これも選択すべきではありません。

やはり、契約違反に対しては、まずは繰り返し退去を求めるものの、一向に退去の気配が見られない場合には、弁護士に相談して、**建物明渡請求訴訟**を提起する、判決が出ても退去しない場合には**強制執行**をするという、手続を順番に踏むしかないと思われます。

なお、借家契約書では、家賃を1か月でも滞納すれば催告なしに借家契約を解除できるなどのいわゆる「**無催告解除**」の条項を見かけることがあります。しかし、これは危険です。契約違反に対しては、まずは違反を是正するように（家賃の滞納であれば1週間以内に支払いなさいなど）**催告**をしてから、それでも応じない場合に解除をするという二段階の手続をするのが堅実なやり方です。そうでないと、後で訴訟になった時に何で催告しなかったのかということが争点となるからです。訴訟において結果的に無催告解除が認められたとしても、催告を怠ることで訴訟になることや争点化することにより大幅に解決が遅延することは好ましくないともいえましょう。

5 無断譲渡・転貸でも解除が認められないことがある

　賃借権を**譲渡**又は**転貸**する場合には**賃貸人の承諾**が必要で、承諾なしに行った場合には、賃貸人は賃貸借契約を**解除**することができ(民法612条1項、2項)、これについては借家にも適用されます。したがって、借家人が借家の権利を無断譲渡したり、借家を無断転貸すると、家主は、原則として借家契約を解除することができます。

　ところが、第二編の裁判例で紹介するとおり、裁判所は無断譲渡・転貸に対して、家主の解除を認めない判断を下すことがあります。借家や借地の裁判例でしばしば登場する「**信頼関係破壊の法理**」です。すなわち、借家という長期間の継続的な契約関係の場合には、借家人に契約違反があったとしても、**家主との信頼関係を破壊しない特段の事情があるとき**には借家契約の解除を認めないというものです。

　特に、本件のような無断譲渡・転貸の場合には、信頼関係破壊の法理が適用されることが多いと思われます。たとえば、個人が借家を借りて商売をしていたところ、売上が大きくなり銀行借入のために会社組織にしたものの利用実態としては変わらない場合、長く借りていた人が死亡する前に、相続人でない内縁の妻に借家の権利を

遺贈した場合などであれば、「信頼関係を破壊しない特段の事情」があI与と裁判所が判断することは、十分あり得ることといえます。

　また、建物のごく一部分だけを転貸して、家主の正式な承諾は得ていないものの、家主もそれを承知しながら長期間特に異議を述べていなかった場合についても、信頼関係を破壊しない特段の事情がありと認定される可能性があります。

　そこで、家主としては、無断譲渡・転貸に限らないことですが、契約違反を認識した場合には、速やかに対処をすることをお勧めします。

6 転借人に対する明渡請求はできるか

　XがYに対し借家を賃貸し、YがZに借家を転貸したとします。転借人であるZの権利は元の借家契約のYの権利の上にあるものですから、元の借家契約の終了によりYの権利が消滅すればZの権利も消滅するはずです。いわば「親亀こけたら子亀もこける」という図式です。

　ところが、借地借家法34条は、これについて特別の定めを設けました。同条によれば、建物の転貸借がされている場合に、ＸＹ間の借家契約が期間の満了又は解約の申入れによって終了するときには、ＸはＺに対してその旨の通知をしなければ、ＸＹ間の契約の終了をＺに主張できず、通知をしたときには通知書がＺに到達してから６月の経過でＹＺ間の転貸借が終了します。

　つまり、元のＸＹ間の借家契約が終了しても、終了日の６か月前までにＸがＺに対し終了日を通知しなければ、ＸＹ間の契約の終了と同時にＹＺ間の転貸借の終了を主張できないのでＺに対する明渡請求もできないことになるのです。

　ＸとＹとの間で合意解約した場合にも、上記の６か月前の通知が必要と思われますが、ＺもあらかじめＸＹ間の合意解約についての

事情を知っていたというような特別の事情がある場合には6か月前の通知は不要と思われます。

ところで、期間満了や解約申入れによるものではなく、Yの契約違反によるXの解除により借家契約が終了した場合には、借地借家法34条は適用されず、Xは6か月の経過を待たずに明渡請求が可能です。親亀こけたら子亀もすぐにこけるわけです。「親亀・小亀論」です。

次に、5で述べた無断転貸の場合には、XはYとの借家契約を解除して、YだけでなくZに対しても同時に明渡請求をすることができます。もっとも、Zへの転貸について信頼関係を破壊しない特段の事情があると判断される場合には、XのYに対する解除の効力自体が認められないので、Zに対する関係でもXの明渡請求は認められません。なお、Yに対する解除をしなくてもZに対してのみ明渡請求をすることも可能です。

ところで、借地上の建物の借家人は、借家の転借人とよく似た状況にあるといえます。借地権の存続期間満了により、借地上の建物の借家人も、地主との関係で土地を明け渡す義務があるのですが、借地借家法35条によれば、借地権の存続期間満了の1年前までにそのことを知らなかった場合には、裁判所は、借家人が知った日から1年を超えない範囲内で土地の明渡しについて期限の猶予を与えることができます。

7 契約違反による借家の明渡請求訴訟をするには時間と手間と費用がかかる

　4で述べたとおり、借家人が**契約違反**をしている場合には、できるだけ速やかに**明渡請求訴訟**をすべきですが、それなりの時間と手間がかかることを覚悟しなければなりません。

　依頼者の方から、契約違反があった場合にこれから明渡請求訴訟をして判決が出るまでにどの程度の時間を要するかという質問を受けますが、事案によって随分異なります。

　長期間の家賃滞納であれば3か月程度の比較的短期間で済むことが多いですが、無断譲渡・転貸や近隣への迷惑行為などの契約違反があった場合には、相当に長期間を要することもあり得ます。無断譲渡・転貸については、5で述べたように借家人が「**信頼関係を破壊しない特段の事情**」を主張する可能性があります。また、家主は迷惑行為については迷惑行為の具体的内容を主張しなければなりません。こうした訴訟活動により1年以上経過することは、むしろ当然といえます。

　訴訟は、自分の言い分を主張するだけでは足りません。その主張を裏付ける立証が必要です。家賃の滞納というもっともシンプルな契約違反の事案であっても、**借家契約書**、建物の登記記録の**全部事**

項証明書（いわゆる登記簿謄本）、建物の**固定資産評価証明書**（これは裁判所に提出する印紙代の基となる訴額算定にも不可欠です）、**催告書、解除通知書等**の書証が必要となります。

　迷惑行為を理由に解除した場合には、隣室の人から具体的内容を詳細に聞き取り、**陳述書**への署名をお願いすることもありますが、ただでさえ迷惑行為をかける借家人相手ですから、隣室の人が借家人からの仕返しをおそれて、家主への協力に応じるとは限りません。まして、裁判所の法廷にまで出て証言することを期待するわけにもいきません。そこで、家主自らが現場に行って、借家人が怒鳴り声を出すのを録音することも検討する必要があります。

　このように、訴訟をするということは、時間も手間も随分かかるものであり、依頼を受けた弁護士は、あらかじめ依頼者に対し、十分に説明をしておかなければなりません。

　さらに、弁護士に依頼するということは、弁護士費用がかかるということです。事件に着手するときに着手金と印紙代などの実費を支払い、借家の明渡しが完了すると報酬を支払います。どの程度の金額が必要かは、借家の家賃や契約違反の内容などに応じて変わるので一概には言えませんが、弁護士は報酬に関する**委任契約書**の作成とその内容の**説明**を義務付けられているので、依頼者としても**着手金、実費、報酬**について納得がいくまで弁護士に説明を求めるべきです。

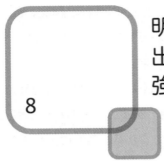

8 明渡しを認める判決が出ても立ち退かなければ強制執行が必要である

　家主が借家人に対する明渡請求訴訟をして、裁判所がこれを認める判決が出ても、借家人がこれに応じて直ちに借家を明け渡すとは限りません。内容に不服があれば上級の裁判所に控訴することもあります。控訴まではしないとしても、次への行き場所がないとして、実際にそのまま居座り続けることが結構あります。

　このような時には、裁判所の執行官室に**強制執行の申立て**をせざるを得ないでしょう。2023年に**執行官**を題材に取り上げた珍しいドラマが放映されました。織田裕二が執行官役を演じていました。

　執行官は、各地方裁判所に所属する裁判所の職員で、裁判所の監督を受けるものの、国から給与の支払はなく、事件の当事者が収めた手数料が執行官の収入となります。つまり、一般の公務員のような確定した給与ではなく歩合制の職員なのです。

　執行官が行う明渡しの**強制執行**とは、その名前のとおり強制的に明渡判決の内容を実現することです。借家の中の家財道具など一切を運び出し、借家人（家族を含めて）を退去させて、家主に借家を引き渡します。この場合に、借家人が抵抗することもあり得るので、執行官は、その抵抗を排除するために、**補助者**を使ったり、場合に

第一編　借家立退きの基本50

第一章

総論

よっては警察の援助を求めることもできます。ドアを開けない借家人もいるので鍵屋を用意することもあります。

　もっとも、通常の場合に、執行官は最初からいきなり**本執行**をするのではなく、「本日は予告で来ました。次回には本執行をするので、それまでに家財道具を運び出して退去してください。次回は1か月後の何月何日です。」と**予告執行**を行います。大抵は本執行の日までに借家人自身は退去していますが、不要な家財道具はそのまま放置することが多いので、執行官は家財道具の運び出しと家主への借家の引渡しを本執行日に行います。運び出した家財道具は一定期間執行官の指定した場所に置いたうえで処分することになります。

　以上のとおり、強制執行は、執行官費用や補助者の費用、そして家財道具の処分費用を要するので、一般の住居でも合計して50万円〜100万円程度かかります。

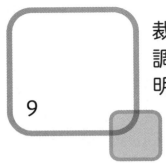

9 裁判上の和解調書や調停調書でも明渡しの強制執行ができる

　家主が建物明渡請求訴訟を提起しても、判決にまで至らずに明渡義務を負う内容の**和解**で終わることがあります。この場合に、裁判所書記官が和解について**電子調書**を作成しこれをファイルに記録したときは、その記録は**確定判決と同一の効力**を有します（民事訴訟法267条）。**調停**が成立したときに調書に記載されると、裁判上の和解と同一の効力を有するので（民事調停法16条）、やはり確定判決と同じ効力を有します。この結果、裁判上の和解の電子調書でも、調停調書でも、確定判決と同様に明渡しの**強制執行が可能**となります。

　また、訴訟前の段階で簡易裁判所において和解することがあります。これを**「訴え提起前の和解」**、一般的には**「即決和解」**といわれています（民事訴訟法275条1項）。この即決和解の電子調書によっても、裁判上の和解と同様に強制執行をすることができます。そこで、借家については、借家人の明渡しを確実にするために即決和解が使われることがあります。

　ところが、家主が和解調書などに基づいて借家の明渡しの強制執行の手続をすると、借家人が強制執行を許さない旨の**請求異議訴訟**

第一編　借家立退きの基本50

第一章

総論

を起こして、これが認められる場合があります。

　第二編の裁判例で紹介しますが、借家法の適用を免れる目的で作成されたとして即決和解調書が無効とされたり、一時使用目的の借家であるとした訴訟上の和解調書に対する請求異議訴訟で一時使用目的が争われることがあります。その意味で、家主としては、和解調書という裁判所のお墨付きがあるといっても、完全に安心できるわけではないのです。

　なお、借家契約書について**公正証書**が作成されることがあります。これに関して、公正証書にも強制執行力があるので、明渡しが可能であると信じている家主さんを何人か知っています。しかし、これは誤りです。公正証書が執行力を有するのは金銭債権についてだけです。借家契約については、家賃の不払がある時に家主が滞納家賃の債権に基づいて借家人の預貯金や給与などを差し押さえることが可能ですが、明渡しの強制執行まではできないので要注意です。

21

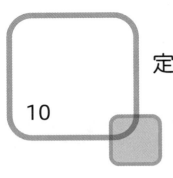

定期借家を活用しよう

　定期借家は、1999年12月9日に成立し、2000年3月1日に施行された「良質な賃貸住宅等の供給の促進に関する特別措置法」において、それまでの「期限付き借家」の要件が厳しくて使い勝手が悪かったことからこれを廃止し、これに代わるものとして導入されたものです。借地借家法38条に定めがあり、正式には、「**定期建物賃貸借**」といいます。

　定期借家とそれ以外の普通借家との違いは、契約書に定められた期間が到来した時に契約が終了するのか、家主に正当事由がない限り契約が終了せずに更新されるのかという点にあります。したがって、定期借家の場合には、家主に明渡しの正当事由が必要とされず、むろん立退料を借家人に支払うこともありません。

　この制度ができたことは、家主にとって大変な朗報です。特に、都心のテナントビルでは、普通借家であれば億単位の立退料を支払わないと明渡しが困難であったのが、定期借家を活用することにより、その心配がなくなったのですから、安心して借家を提供することができます。居住用の借家については、テナントビルほどの立退料を支払う必要がないとしても、契約期間が到来しても明渡しが難

第一編　借家立退きの基本50

第一章

総論

しいということであれば、賃貸するのにためらいを覚えます。それが、定期借家であれば不安を感じることなく借家人に貸すことができるのです。

　もっとも、逆に借家人の立場に立つと、これまでは一度借りたらよほどのことがない限り借家を借り続けられたのが、定期借家であれば期間到来により必ず借家を返還しなければならないと思うかもしれませんが、実はそうとも限らないのです。家主が望めば、再契約という方法によりそのまま利用継続することもあり得るからです。また、契約期間の意味がより明確化したことから、借家人はその期間内での収支計算をより緻密に行うようになりました。

　定期借家の居住用借家については、今のところ、テナントビルほどの普及がされていないこともあり、一般的に普通借家よりも家賃が低く抑えられています。その結果、借家人としても家賃が低い良質な借家を借りることができるというメリットがあるといえましょう。

　このように、定期借家は、必ずしも家主にだけメリットがあるというわけでもなく、双方にとって、合理的な制度ともいえるので、今後ますます活用されていくと思われます。

定期借家の契約の仕方には気を付けよう

11

　定期借家の契約の仕方については、借地借家法38条1項～4項で2つの要件が定められています。第1に、「**公正証書による等書面によって契約をするときに限り**」という点です（同条1項）。なお、令和3年の改正により、「前項の規定による建物の賃貸借の契約がその内容を記録した電磁的記録によってされたときは、その契約は書面によってされたものとみなして、同項の規定を適用する。」旨同条2項が追加され、電子契約システム等も可能となりました。

　第2に、あらかじめ定期借家である旨を「**記載した書面を交付して説明しなければならない**」という点です（同条3項）。この点についても、令和3年の改正により、「建物の賃貸人は、前項の規定による書面の交付に代えて、……建物の賃借人の承諾を得て、当該書面に記載すべき事項を電磁的方法……により提供することができる。この場合において、当該建物の賃貸人は、当該書面を交付したものとみなす。」旨同条4項が追加され、借家人の承諾があれば、電子メールの送信などによる方法も認められるようになりました。

　第1の点のうちの同条1項ですが、一見すると、公正証書によらなければならないのかと思うかもしれませんが、「公正証書による『等

書面』によって」と規定されていることから、公正証書は例示であって、「書面」つまり「契約書」を作成すればよいのです。言い換えると、口約束での定期借家は認めないということですが、普通借家でも契約書を作成するのは当たり前ですから、第1の点はそれほど気にしなくてよいでしょう。ちなみに、これと同じ表現は、借地借家法22条で規定する存続期間50年以上の定期借地権にも使われています。

　問題は、第2の点です。定期借家であること、つまり契約の更新がなく期間の満了により契約が終了する旨を記載した**説明書面の交付**（あるいはこれに代わるものとしての電磁的方法）と**説明**（対面、オンラインいずれでも可能です）が必要なのです。これを怠ると、同条5項で、「契約の更新がないこととする旨の定めは、無効とする。」と定められていることから、契約の更新があることになり、定期借家ではなく普通借家になってしまいます。

　ここで注意すべきことは、説明書面は契約書とは別に作成しなければならないということです。最高裁が平成22年7月16日判決、平成24年9月13日判決で繰り替えし判示しています。詳細は第二編10の裁判例を参照してください。

　ところで、説明書面自体は、借家人に渡すものですから、訴訟になった時に説明書面を受け取っていないと借家人から言われると困ります。そこで、家主としては、説明書面とは別に、同文の書面を用意して、その末尾に、「上記書面を受領しました」と記載した**受領書面**に借家人に署名してもらう必要があります。定期借家制度ができて間もないころに、この受領書面を用意しなかったということで、私が関与した訴訟でも大変苦労した思い出があります。

12 定期借家の契約の終了に気を付けよう

　定期借家については、契約のはじめだけでなく、終わりにも気を付けなければなりません。契約期間が1年未満の場合には期間満了とともに当然に契約は終了します。

　これに対し、契約期間が1年以上の場合には注意が必要です。借地借家法38条6項本文によれば、家主は、**期間の満了の1年前から6か月までの間**（通知期間といいます）に借家人に対し期間の満了により借家契約が終了する旨の**通知**をしなければ、その終了を借家人に主張できません。たとえば、2030年12月31日で期間満了となる場合には、家主が借家人に対し、2030年1月1日から同年6月30日までの通知期間中に通知をしないと、2030年12月31日の期間満了を借家人に対し主張できないのです。

　もっとも、同条6項但し書きによれば、家主が借家人に対し通知期間の経過後に定期借家契約が終了する旨の通知をした場合には、家主は、その通知の日から6か月を経過したときに契約が終了したことを借家人に対し主張できます。上記の例でいえば、2030年10月10日に通知すれば、2031年4月10日に終了することを主張できるのです。

第一編　借家立退きの基本50

　問題は、契約期間が経過した後の通知でもそれから半年後の契約終了を主張できるかどうかです。上記の例でいえば、2031年3月10日に通知した場合に同年9月10日に終了を主張できるかです。これについては、通知から半年後の契約終了を主張できるという説と通知期間経過後に通知しても契約は終了せず普通借家になるという説が対立しています。下級審判決はありますが、今のところ最高裁判決は出ていません。裁判例については第二編11を参照してください。

第一章

総論

13 普通借家から定期借家への切替えは難しい

　定期借家制度が2000年3月に施行された後の相談として多かったのが、施行以前からの**普通借家**を**定期借家**に切り替えられないのかというものです。

　この問題については、定期借家制度を導入した際の「良質な賃貸住宅等の供給の促進に関する特別措置法附則」に経過措置として規定されています。附則にはまず、2条1項で「施行前にされた建物の賃貸借契約の更新に関しては、なお従前の例による。」、次に、附則3条で「施行前にされた居住の用に供する建物の賃貸借の当事者が、その賃貸借を合意により終了させ、引き続き新たに同一の建物を目的とする賃貸借をする場合には、当分の間、改正後の借地借家法第38条の規定は、適用しない。」と2つの条文が用意されました。

　読んだだけでは分かりにくいかもしれませんが、まず、2条1項の規定は、普通借家の更新の際に、「**なお従前の例による**」として定期借家への切替えができないという意味です。これは、居住用、事業用を問いません。次に、3条の規定は、従来の普通借家契約をいったん合意解約して、改めて定期借家契約をすることは、居住用借家については「当分の間」認めないとしました。

第一編　借家立退きの基本50

第一章

総論

　更新の際の切替えについて居住用、事業用を問わず認めないとしたのは、普通借家の借家人が、家主から更新時期だからということで新しい契約書への署名を求められた際に定期借家への切替えに気づかないままに署名する危険があるということを考慮したものと思われます。

　これに対して、更新と関係なく合意解約のうえで新たに同一の建物に関し定期借家契約をすることについては、**居住用**は**否定**しましたが、事業用であればこれを認めることとしました。つまり、事業用と比べて居住用建物の借家人を保護することとしたのです。

　居住用建物の借家人は、事業用建物の借家人が事業者であるのと比べ、単なる消費者であり、借家経営をする事業者の家主に対し、消費者契約法1条に定められているとおり、情報の質及び量並びに交渉力の格差等で、一般的に不利な立場にあると考えられているからです。居住用建物の借家人についても定期借家への切り替えが認められると、借家人は2つの契約の違いがよくわからないままに普通借家の更新手続と誤解して、合意解約と新たな契約に応じてしまい、新たな契約の期限到来時に立退きを迫られることになり、居住者の保護に欠けるので妥当ではないという政策的配慮があったのだと思われます。附則3条には「当分の間」としていますが、いまだ定期借家制度が定着したとまではいえない現状において、当面は附則3条が廃止されることはないでしょう。

　なお、事業用借家でも、零細企業については、定期借家への切替えが錯誤であるという主張もあり得るかもしれません。

29

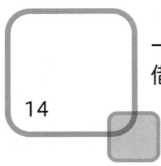
14 一時使用目的の借家はリスクがある

　借地借家法40条は、「この章の規定は、一時使用のために建物の賃貸借をしたことが明らかな場合には、適用しない。」と定めています。「この章の規定は…適用しない」とは、主に正当事由制度を念頭にしており、**一時使用目的**の借家であれば**正当事由制度**を**適用しない**ことになります。

　たとえば、ひと夏の間だけ海の家として貸すとか、アンテナショップとして1年限定で賃貸するというように、一時使用目的の借家であることが明確であれば、家主は、期限が到来した時には無条件で立退料を支払うことなく、借家人を立ち退かせることができます。

　そこで、定期借家制度が導入される前には、一時使用目的の借家がよく使われていました。もっとも、家主が一時使用目的の借家と意図して契約したのに、借家人がそのように理解していたか必ずしも明確ではないことがあり、期限が到来したときに紛争が生じることが少なくなく、裁判所も一時使用目的の借家と認定するとは限りませんでした。

　特に、当初は1年契約で貸したのに、家主は家賃が固定資産税の

第一編　借家立退きの基本50

支払原資となる一方で、借家人としても使用を続けられればありが
たいということから、双方の暗黙のうちに契約が1年ごとに繰り返
されて結果的に10年続いた場合、一時使用目的の借家といえるか
どうかは、かなり微妙といえます。

　具体的な裁判例については第二編に譲りますが、裁判所において
一時使用目的の借家契約の意図で和解したとしても、家主と借家人
との間で後に訴訟が生じた場合に、裁判所が以前の裁判所における
和解の内容をそのまま無条件で認めるとは限らないのです、

　現在では、定期借家制度が定着しつつあるので、以前のようには
一時使用目的の借家を利用することは減りましたが、前に述べたと
おり、定期借家制度の開始と終了のそれぞれの要件が厳しいことも
あり、いわばお手軽に契約できる一時使用目的の借家を使うことが
ままあります。

第一章

総論

31

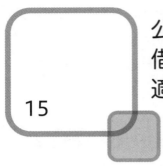

15 公務員宿舎や社宅に借地借家法の適用があるか

　国家公務員宿舎については、国家公務員宿舎法というものがあり、同法18条で、国家公務員が職員でなくなったとき、転任などで居住資格を失う又はその必要がなくなったときあるいは国から明渡しを請求されたときなどに、明渡しを義務付けられています。したがって、**借地借家法**の**適用はない**と考えられます。**地方公務員宿舎**についても、同様の理解でよいかと思います。

　社宅については、会社が所有する建物に従業員が入居している場合と第三者が所有する建物を会社が法人契約で借り従業員が入居している場合（いわゆる借上社宅）の２つの類型があります。なお、従業員が第三者と直接契約して、家賃の一部を会社が住居手当として補助する場合もありますが、これは社宅ではないので借地借家法の適用があります。

　先の２つの類型に戻ると、いずれの類型でも社宅について就業規則や会社と従業員との合意書などで国家公務員宿舎法と同様に、会社従業員でなくなったり、転勤でその必要性がなくなったときには居住資格を失い直ちに退去しなければならない、などの定めを置いていることが多いと思われます。

第一編　借家立退きの基本50

第一章

総論

　では、国家公務員宿舎と同様に、従業員の資格を失えば社宅を出なければならないでしょうか。そこが必ずしもそうとは言い切れないところがあるのです。社宅の場合には国家公務員宿舎法という法律上の根拠がないからです。

　就業規則や会社と従業員との合意はあくまで内部的なものであり、それが借地借家法の適用があるとすれば、借家人に不利な定めは無効になる可能性があるからです（同法37条）。

　そこで、社宅について借地借家法の適用があるか否かが問題となり、その点については、従業員が会社に支払う使用料の金額が近隣の家賃相場に近いか否かによって、判断されると思われます。言い換えると、近隣家賃相場に近い金額を支払っていれば借地借家法の適用があるでしょうし、近隣家賃相場と乖離しているのであればその適用がなくなると思われます。結局は具体的事案によって、借地借家法の適用があるかどうかが決められることになります。

33

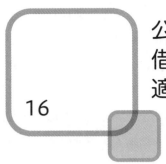

16 公営住宅などに借地借家法の適用があるか

　公営住宅法という法律の2条2号に「**公営住宅**」の定義があります。地方公共団体、すなわち都道府県又は市町村が、建設、買取り、借上げを行い、低額所得者に賃貸又は転貸をするための住宅をいいます。具体的には、市営住宅や県営住宅、都営住宅などを指します。住宅に困窮する低額所得者に対して安い家賃で賃貸することにより国民生活の安定と社会福祉の増進に寄与しようという狙いがあります。

　公営住宅では収入が一定額以下である等の入居者資格を定めており、民間住宅では家賃が高くて支払えない低額所得者や孤独死を恐れて貸し渋りを受ける一人暮らしの高齢者が多く入居しています。反面、高額の収入者に対しては、一定の要件に達すると明渡しを請求できます。また、公営住宅の建替事業のために取壊しが必要であれば入居者に通知して3か月後の明渡しを請求することができます。

　そこで、このような地方公共団体による明渡請求について、借地借家法28条の正当事由制度が適用されるかどうかが問題となりました。第二編の裁判例で詳しく紹介しますが、公営住宅法という法律の定めにより明渡請求が認められている事由であれば正当事由制

度の適用はなく、条例などで法律に規定された事由以外の事由、た
とえば知事が必要とした場合などの場合には正当事由制度の適用が
あると考えられます。

　公営住宅とは別に、地方住宅供給公社法に基づく**都道府県住宅供
給公社**が運営する賃貸住宅や独立行政法人都市再生機構が運営する
ＵＲ賃貸住宅がありますが、これらについてはより民間に近いもの
として借地借家法の適用があると思われます。

17 スーパー、百貨店やショッピングモールの場所貸しに借地借家法の適用があるか

　場所貸しといっても、様々な形態があります。そもそもが、まずその場所が借地借家法の適用がある「**建物**」といえるかどうかです。壁で天井まで仕切られていない、あるいは鍵のかかる出入口がない場合は、建物としての**独立性**が認められないので、借地借家法の適用が認められない可能性が高くなります。駅ホームの売店やスーパー、百貨店などのワンフロアの一部のケース貸しについては、陳列ケースや天井まで届かないパーテーションで仕切られた程度に過ぎず、借地借家法の適用は難しいと思われます。

　もっとも、スーパーや百貨店あるいはショッピングモールでもパーテーションが天井まであり、出入口に鍵を取り付けて利用する側が鍵を保持している場合には、独立性が確保されているので、借地借家法の適用が原則としてあると考えます。

　ところで、構造上の独立性があるとしても、百貨店やショッピングモールなどの賃貸借契約書をみると、家主に場所換えの裁量権を認めていることがあります。店の売上の増減に応じて、売れない店については奥の方に、売れ行きが伸びている店についてはメインの場所に、店の承諾なしに一方的に移動させることがあり、このよう

第一編　借家立退きの基本50

第一章

総論

な場合には場所の特定性があるといえるか疑問があり、したがって借地借家法の適用には躊躇いを感じます。

　さらに、スーパーなどでは各店の売上を一括管理して、先ほどの場所換えの判断資料としていることもあります。賃料についても固定賃料ではなく、売上金の何％と定める歩合制を採用して、その分を差し引いて売上金を返還する場合もあります。もっとも、最近では個別の店の借家契約でも歩合制を採用することが増えてきており、それだけで借地借家法の適用がないとまでは言い切れないところがあります。

37

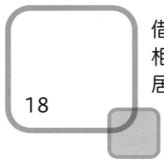

18 借家は相続の対象となるが相続人でない同居人は居住を続けられるか

　相続人は、相続開始の時から、被相続人の財産に属する一切の権利義務を承継します（民法896条）。「一切の権利義務」ですから、契約上の地位を含みます。したがって、借家という建物賃貸借契約の地位も相続の対象となります。

　私のところに時折くる相談として、一人暮らしの借家人が突然亡くなり、後片付けをしたいけど誰が相続人かわからないので、相続人を探してほしいというのがあります。以前と異なり、個人情報の調査が難しいので、相続人調査も弁護士の重要な職務となりました。

　調査の結果、借家人の相続人が判明しても、相続人が借家を相続するとは限りません。他に預貯金などの相続財産がなく、借家に移り住むこともないようであれば、後片付け費用を負担するだけになると考えると、相続放棄をする可能性も高いといえます。相続人全員が相続放棄をすると、結局相続人が誰もいないことになり、残置物の処理のために家庭裁判所への相続財産管理人の選任申立てを検討する必要がありますが、それには手間暇がかかります。そこで、国土交通省は、2021年に「**残置物の処理等に関するモデル契約条項**」を公表し、あらかじめそのような場合に後片付けをする人を選

第一編　借家立退きの基本50

んでおくための手続を提唱しました。国土交通省のＨＰに載っています。ので、一つの参考にして頂ければと思います。

　借家人が死亡したときにもう一つの問題があります。借家人と、相続人以外の内縁の妻とか事実上の養子が同居していて、その後も居住を続けたい場合です。相続人がいない場合には借地借家法36条に定めがあり、その同居人が借家人の権利義務を承継するとしました。しかし、相続人がいる場合には、相続人が借家人の権利義務を承継するので、同居人が借家人の権利義務を承継することはできません。それでは、同居人は借家の居住を続けることができないのかというと、必ずしもそうではありません。詳細は、第二編の裁判例20で紹介しますが、最高裁昭和37年12月25日判決によれば、事実上の養子が、借家人死亡後も居住を続けており、相続人らもそれを容認している場合には、相続人らの権利義務を援用して家主に対抗できる、と判示しています。

39

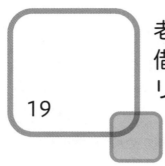

19 老朽化した借家の放置はリスクが高い

　借家が**老朽化**すると、借りる人が少なくなり、家賃は低下します。他方で、あちこちにガタが出てきて修繕費用がかさんできます。場合によっては家賃の何年分もの費用がかかることもあります。

　そこで、家主は、借家人からの修繕要求に応じようとしなくなります。空き家が増えて借家は歯抜け状態になります。空き家を狙って勝手に住み着く人も出てきて、環境はますます悪くなります。家主は、余計に借家から目を背けて放置します。

　それでは、家主は、このまま放置を続けていてよいでしょうか。答えはノーです。家主は、民法606条により借家の**修繕義務**を負います。これを怠れば、借家人は借家の一部の使用収益が損なわれたとして、その割合に応じて家賃は**減額**されることになります（民法611条）。

　借家契約書には、家賃が低いことなどを理由に家主は一切修繕をしないという条項を見かけることがありますが、少なくとも、柱、土台、壁、梁、屋根などの**主要構造部分**については、「使用収益をさせる」という賃貸借の基本からすると、家主は修繕義務を免れないと思われます。

かと言って、老朽化を理由として立退きを請求することについても、**立退料**などの負担を考えるとそこまでする気になれない、という家主が多いのが現実です。

しかし、地震や台風などの天災が起きたときに、他の家では特段の被害が生じなかったのに、主要構造部分の修繕を放置した借家だけが壁が崩れて通行人に破片が当たって傷を負わせたり、激しい雨漏りがして借家人の家財道具を使用不能にしたりすれば、家主はその責任を負うことになります。

民事上の**損害賠償責任**だけでなく、ケガを負わせれば（業務上）**過失傷害罪**（刑法209条〜211条）という刑法上の責任を問われるかもしれません。そのような責任を問われないためには、きちんと修繕するか、退去を迫るか、あるいは第三者に売却するかの選択をする必要があります。老朽化した借家をいつまでも放置することは、大変リスクがあり、許されないのです。

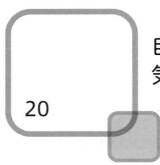

自力救済に気を付けよう

20

　自力救済という言葉を知っていますか。自分の権利を実現するために、裁判や強制執行という裁判所の手続を踏まずに、実力行使をすることです。裁判制度が整備されていなかった時代であればそのようなこともある程度は許されたかもしれません。しかし、本当に権利があるかどうかは当事者には思い込みもあり分かりません。また、力のある者だけがやりたい放題をする弱肉強食の世界では、正義や秩序が失われることになります。

　これに対して、現在の私たちは、裁判手続によって権利を実現する方法があります。無論、費用も時間もかかりますが、手続を踏んで最終的には権利を実現することができます。

　ところが、借家の家主の中には、自らあるいは家主の代理人と称する者が、家賃を支払わない借家人宅を突然訪問して、家賃を支払うのは当然の義務であるのにそれをしない借家人には住む権利がない、直ぐに出ていけと言って、借家人を追い出し、中にある家財道具も勝手に廃棄物として処分することがあります。まさに裁判手続によらない権利の実現で、自力救済そのものです。

　最高裁昭和40年12月7日判決・民集19巻9号2101頁が、土

地の使用の関係についてですが、「法律に定める手続によったので
は、権利に対する違法な侵害に対抗して現状を維持することが不可
能又は著しく困難であると認められる緊急やむを得ない特別の事情
が存する場合においてのみ、その必要の限度を超えない範囲内で、
例外的に許される」として、自力救済を**原則的に否定**しており、例
外的に家主の場合に認められることはまずありません。

　２でも述べたとおり、家主といえども、これらの行為は住居侵入、
窃盗あるいは器物損壊という刑法上の犯罪に該当し得るものであり、
決して許されるものではありません。

　昭和の終わりから平成のはじめのいわゆるバブルの時代に、反社
会的勢力を背景とした業者が、家主の代理人と称して、隣の部屋で
夜通しドラムを叩いたり、部屋の前に生ごみを捨てたりするなどの
嫌がらせ行為をして追い出しを図ることがありました。これらは明
らかに違法であり、それを許した家主にも法的責任を負うことにな
るので、十分注意してほしいと思います。

　また、**第二章**で述べるように、第三者が借家の立退き行為をすれ
ば、弁護士法72条で禁止されている「**非弁行為**」に該当する可能
性があり、家主自身も社会的非難を浴びるリスクがありますので、
くれぐれも気を付けてください。

第二章

正当事由による
立退き

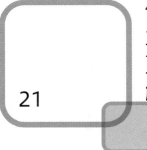

21 借家人に非がない場合に立ち退かせる手続として更新拒絶と解約申入れがある

　借家人に家賃滞納などの非がある場合には契約期間の定めの有無にかかわらず契約を解除して借家契約を終了させることができますが、借家人に非がない場合には、まず**契約期間**の定めについての確認が必要です。

　契約期間が定められている場合には（もっとも１年未満の契約期間を定めても借地借家法２９条で期間の定めのないものとみなされるので、要注意です）、家主が借家人に対し、期間満了の１年前から６か月前までの間に、**更新拒絶の通知**（条件を変更しなければ更新しない場合も含みます）をしなければなりません。逆に言えば、期間の定めがあっても更新拒絶の通知をしなければ、契約は当然に更新されていくのです。これを「**法定更新**」といいます。また、更新拒絶の通知をした後に借家人が使用を継続していて、それに対し**遅滞なく異議を述べ**なければ、やはり法定更新されます。つまり、法定更新を阻止するには、事前の更新拒絶の通知と事後の遅滞なく異議を述べることが必要なのです。

　契約期間の定めがなければ、家主はいつでも**解約申入れ**ができ、その場合には解約申入れの日から６か月を経過することによって契

約が終了します。なお、契約期間の定めがある場合であっても、契約書で中途解約を認める特約（これを「**解約権留保特約**」といいます）があれば、解約申入れが可能であると一般に解されています。

　ところで、当初の借家契約書には契約期間の定めがあったのに、契約期間の満了の際に更新拒絶の通知などをしなくて法定更新された後の契約期間がどうなるのかという問題があります。これについては、最高裁昭和28年3月6日判決・民集7巻4号267頁が更新後は期間の定めのないものとなり家主はいつでも解約申入れができると判示しています（第二編22参照）。もっとも、借家契約書には法定更新の場合には当初と同じ契約期間で更新されたものとみなす、などの規定をしていることがあり、そのような場合には、更新後も期間の定めのある契約と考えられなくもありません。

　家主が、借家契約を終了させようとする場合には、契約期間の定めがあるものとして更新拒絶の通知をするのか、契約期間の定めがないもしくは解約権留保特約があるとして解約申入れをするのかを見極めることが重要です。

　更新拒絶の通知にせよ、解約申入れにせよ、この後に述べるように、家主には**正当事由**がなければ、その効力が認められません。この正当事由こそ本書の最大のテーマです。

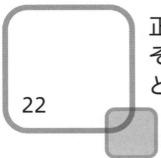

22 正当事由制度が設けられ、その後も維持されたのはどうしてだろう

　旧借家法の改正として、1941年に**正当事由制度**（借家法でも借地借家法でも「正当の事由」と書かれていますが、一般的には「の」を省いて「正当事由」ということが多いので、本書でも正当事由と表示します）が設けられました。

　1941年といえば日米開戦の年です。その4年前の1937年に日中戦争が勃発してから都市部では住宅難となり、期間満了時に借家人や借地人に対する立退きの事案が激増しました。これに対して、借家人は、権利の濫用の法理で無効と主張するしかなく、裁判所においてそう簡単に認められるものではありませんでした（権利の濫用を認めた事例として大審院昭和16年9月12日判決・法律新聞4730号6頁参照）。

　このため、兵士が戦地に赴いている間に残された家族が借家や借地から追い出される、あるいは戦場から帰ってきた兵士が元の家に戻れないという事態が頻発したのです。

　国としては、このままでは兵士の士気にかかわるので、何とか対処しないといけないと重く受け止め、借家や借地の契約期間が満了しても、引き続き借主が安心して暮らすことができるようにするた

めの社会政策として、借家と借地にそれぞれ正当事由制度が取り入れられたわけです。

　したがって、正当事由制度は**戦時立法**であったので、本来であれば、戦後速やかに廃止されてもよかったといえます。ところが、戦争末期の空襲等により都市部が一面焼け野原となったところに、外地から多くの兵士が引き揚げてきたこともあって、戦後もしばらく住宅難が続いたため、旧借家法、旧借地法の改正に手が付けられずにいました。

　終戦から45年以上経過して、ようやく旧借家法、旧借地法が廃止され、借地借家法に一本化されたものの、正当事由制度については、借家人や借地人の団体等からの強い意見もあり、廃止されずに生き残りました。一度できた法制度を廃止することがいかに困難であるかの一例といえます。

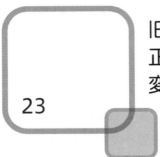

23 旧借家法と借地借家法とで正当事由制度の解釈は変わりつつあるか

　旧借家法の時代には、1条の2で、「**自ら使用することを必要とする場合その他正当の事由**」がなければ、更新拒絶又は解約申入れをすることができないと定めていて、もっぱら家主の自己使用の必要性が強調されていました。

　これに対して、借地借家法28条では、更新拒絶の通知又は解約申入れについて、①家主及び借家人が建物の使用を必要とする事情のほか、②借家に関する従前の経過、③建物の利用状況、④建物の現況、並びに⑤家主が建物の明渡しの条件として又は建物の明渡しと引き換えに借家人に対して申し出た財産上の給付を考慮して、「**正当の事由があると認められる場合**でなければ、することができない」と定めています。

　文言だけからすると、相当に変わったように見受けられます。ところが、借地借家法の立法作業を担当した法務省や学界の通説によれば、旧借家法1条の2に関する最高裁判決の判例法理を借地借家法28条で明確化したものであり、**両者の内容は変わらない**、という点で一致しています。

　しかしながら、本当にそうと言えるのか全く疑問がないわけでも

ありません。旧借家法では自己使用だけが明文化されており、逆に言えば他の要素である、たとえば建物の老朽化よりも、家主自身がそこに居住することが必要であるかのような裁判例も見受けられたのに対して、借地借家法の施行後は自己使用の必要性にそこまでこだわってはいない裁判例もあるからです。

　戦後の住宅難と異なり、今は空家問題が深刻化している現状にあります。社会情勢が目まぐるしく変わる中で正当事由制度に対する解釈についても少しずつ変わっていくことは避けられないと思われます。

　30で述べる「建物の存する地域の状況」に対する裁判所の姿勢の変化もその一例ではないでしょうか。

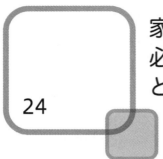

24 家主の「建物の使用を必要とする事情」とは何だろう

　家主の「**建物の使用を必要とする事情**」は様々です。23でも述べたように、旧借家法の時代では、その文言からすると、家主自身がその借家を利用する、居住用であればそこに住む、店舗用であればそこで営業する、ということに限定されているかのように思えるかもしれませんが、そんなことはありません。同じ使用するにしても、家主自らではなく、その身内などの関係者に居住させることもあり得ます。

　賃貸借（借家も建物賃貸借です）は、民法601条によれば、「ある物の使用及び収益を相手方にさせることを約し」て成立するものですから、使用だけでなく収益も入ります。つまり、借家人自身が自己使用しなくて第三者に転貸する場合もあります。いわゆる**サブリース**がその典型です。そこで、サブリース会社に借家として貸していたのを、中抜きして直接居住者と契約するために、サブリース会社との借家契約について解約申入れすることに正当事由があるか争われたこともあります。

　正当事由で一番争われるのは、老朽化した**建物**を**解体撤去**するために立ち退かせる場合です。そもそもが、建物を解体するというこ

とは、その建物がなくなるにもかかわらず、「建物の使用を必要とする事情」に入るのかという疑問を持つ方もいるかもしれません。しかし、この場合の「建物の使用」とは「建物の解体」も含まれると考えてよいと思います。あるいは、解体後に建て替えた「建物の使用」の必要性ないしは現建物の「敷地の使用」の必要性を含むとも考えられます。いずれにせよ、建物の解体の必要性も家主の使用の必要性に含まれることに異存はないと思われます。

　同じ建替えでも、都市計画事業に基づく場合や公営住宅であれば、公共性が強いとして家主の使用の必要性が認められる可能性は高くなるでしょう。

　処分目的で立ち退かせることが家主の必要性といえるかも問題となります。原則としては難しいと思われます。処分すること自体は、借家人がいるままでも可能だからです。しかしながら、借家人の居つきで売買する場合には、買主から相当に値切られることを覚悟しなければなりません。そこで、例外的に認められることもあります。借家人を立ち退かせた上で売却しなければ、借入金や相続税を全額支払うことができないなどの事情がある場合です。

25 建物収去土地明渡請求を受けた借地人やマンションの建替決議を受けた区分所有者は借家人への正当事由を有するか

　仮に地主をＸ、借地人をＹ、借地上の建物の借家人をＺとします。ＸがＹを相手に地代不払もしくは期間満了による正当事由を理由に**建物収去土地明渡請求訴訟**を提起し、裁判所でこれが認められました。そこで、次にＹが土地明渡をするためにはＺの明渡しが必要であるとしてＺを相手に借家の明渡請求をした場合に正当事由が認められるのかという問題が生じます。

　借地上の建物の借家は借地権が存続することが前提です。借地権が消滅すれば借地上の建物の借家も消滅するのが原則です。これを親亀こけたら子亀もこけるとして「親亀・子亀論」といわれています。６の転貸借でも触れています。

　もっとも、建物収去土地明渡判決が出ても、その内容によっては必ずしも借地人が建物収去をするとは限りません。期間満了による場合には、借地人は地主に対し借地借家法13条の**建物買取請求権**を行使することで地主が建物を買い取ることにより借家が維持されることもあり得るからです。これに対し、地代不払などの契約違反による場合は、借地人に建物買取請求権が認められないので、借家の消滅は避けられません。他方で、Ｙは、自らの契約違反により借

地権のみならず借家人の権利まで奪うことになったにもかかわらず、Zに対し、正当事由を主張できるのかという問題も検討する必要があります。

　以上のとおり、借地上の建物の借家について、正当事由が認められるかどうかは、相当に難しい判断を迫られると思われます。裁判例も分かれているところであり、第二編を参照してください。

　類似したものに、マンションの**建替決議**を受けた区分所有者が専有部分を賃貸している借家人に対し、この決議を理由に明渡しを求められるのかという問題もあります。この場合の区分所有者は、上記の借地人とは異なり、契約違反行為があるわけでもなく、必ずしも建替決議を予測できたというわけでもないので、正当事由が認められる可能性は高いと思われます。もっとも、老朽化したマンションの管理組合は、建替決議をするまでに相当の議論を積み重ねていて区分所有者としても寝耳に水ではないはずです。その意味で建替決議をある程度予測できなかったわけでもない中で借家契約をしたというのであれば、定期借家などの別の契約形態を選択することもあり得たわけで、正当事由が必ず認められるとは限りません。この件についても第二編の裁判例をご覧ください。なお、区分所有法の改正により、家主の請求による６か月後の立退きを借家人に義務付ける新たな制度の検討がなされています。

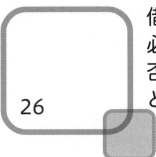

26 借家人の「建物の使用を必要とする事情」が否定的に判断されるのはどういう場合だろう

　借家人は、借家に居住し、もしくは借家で事業をしているはずです。つまり、普通に考えれば、借家人は借家を利用している限り**「建物の使用を必要とする事情」**があるのです。その意味で、家主と比べてアドバンテージがあるといえます。

　しかしながら、常に借家人が有利な立場にあるとはいえません。第1に、**現実に利用していない場合**です。居住用としてアパートを借りながら、手狭になったとして他の広い賃貸マンションを借りる、あるいは分譲マンションを買って転居したのに、元のアパートを解約しないままに家賃を支払い続けることがあります。転居先の部屋に家財道具が入りきらないので、いわば倉庫代わりに使用しているという主張がなされることがありますが、私の経験では、当面安い家賃を支払うことによって将来的に高額の立退料を請求する目的ではないかと疑いたくなるケースもありました。

　第2に、利用しているとしても**別の目的で利用している場合**です。第1の倉庫利用も別の目的といえなくもありませんが、より積極的な利用を追加することがあります。たとえば、居住用目的で借りたのに、居住は続けながら個人塾などの事業をするようになった場合

です。使用目的違反として契約解除までは難しいとしても（居住は続けているのですから）、契約の目的外使用は正当事由との関係では借家人にとってマイナス要素になり得ます。

　第3に、利用しているとしてもその**頻度が少ない場合**です。居住目的で借りたものの、普段は実家に帰っていて、残業で遅くなったときにのみ週1回程度当該借家を寝泊まり用に使っている、あるいは転勤になって普段は転勤先の近くに居住しつつ土日だけ当該借家に帰っているというのであれば、その借家人にそれほどの「建物の使用を必要とする事情」があるとはいえないと考えられなくもありません。

　ところで、居住用と事業用で、借家人の「建物の使用を必要とする事情」についての重みが違うでしょうか。住宅難を背景とした元々の正当事由制度の成り立ちからすると、居住用の借家に比重が置かれていたと思われますが、最近の空家問題にみられるとおり、住宅難はむしろ解消されたと考えられなくもないこと、事業用物件で立退きを迫られることによる事業への深刻な影響も看過できないことから、居住用と事業用とであえて正当事由の有無の判断に軽重を与える必要はないと思われます（立退料の金額については後述するように別途の判断が必要ですが）。

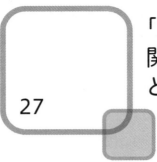

27 「建物の賃貸借に関する従前の経過」とは何だろう

「建物の賃貸借に関する従前の経過」としては、①契約締結時の事情とその後の事情の変化、②家賃の推移と相場との比較、③更新時の事情、④契約違反の有無と程度、⑤期間の長短などが挙げられます。

まず、「契約締結時の事情とその後の事情の変化」としては、たとえば家主が借家人に対し、契約締結時には借家人が家主の日常の世話をする約束で低額の家賃で貸したのに、その後関係が悪化して借家人からその約束を反故にされたということがあります。家主にとっては正当事由の補強材料となります。契約締結時だけの事情でいえば、敷金、礼金などの一時金の支払いの有無があります。

家賃の推移と相場との比較については、友人のよしみで当初相当に安い家賃で貸し、その後も値上げしないままにきてしまったため、相場の3分の1以下の家賃にとどまっている場合などがあります。家賃が相場より低いことは正当事由の有無という点ではプラスですが、立退料の額という点ではそれだけ差額家賃が大きくなるので、マイナス材料といえます。

更新時の事情としては、更新料の支払の有無や契約締結時にはな

かった特約の有無及びその内容が考えられます。たとえば、家主が建替えを予定していて、今回の更新が最後で次回の更新はなく借家人は必ず明渡しする代わりに、更新料を支払わないなどの事情があったという具合です。

契約違反の有無と程度は、家賃の滞納やその期間及び頻度、隣室への迷惑行為で隣室の借家人が退去したかどうかなどです。

期間の長短は微妙な問題です。ただで使用する使用貸借では、使用をするのに足りる期間を経過したときは貸主は契約を解除できますが（民法598条）、借家の場合でもそれと同様に考えれば家主の正当事由を補強することになりますが、期間が長いほど借家人の借家を使用する既得権があるとして正当事由にマイナスに作用する考え方もあり得ます。

以上のとおり、借家に関する従前の経過については、一つの事実の捉え方次第でプラスにもマイナスにも働きます。その意味では、それぞれの立場からどれだけ説得力のある理由を主張できるか、代理人弁護士としては能力の発揮し甲斐があるといえます。

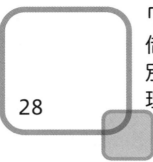
28 「建物の利用状況」が借家人の使用の必要性と別に明記された理由は何だろう

　「建物の利用状況」について、借家人自身がその借家を利用しているかどうかということであれば、26で述べた借家人の「**建物の使用を必要とする事情**」とほぼ変わりません。
　それでは、建物の使用を必要とする事情とは別に、建物の利用状況を別個の正当事由として揚げた意味がないので、ここで意味する「建物の利用状況」とは、むしろ明渡しを求められている借家人以外の建物の利用状況がどうかという点に意味があると思われます。
　つまり、アパートが老朽化して、徐々に借家人が減少していき、家主が最後の一人になった借家人に対し明渡しを求めた場合であれば、建物全体からするとほぼ利用されていない状況にあるといえます。また、家主が、あるビルで一斉に立退きを求めたところ、一部屋を除いてこれに応じ、応じなかった借家人に対してのみ建物明渡請求訴訟を提起した場合には、裁判所としても、こうした建物の利用状況を相応に考慮した上で家主側にプラスに働く要素として正当事由の判断をしています。
　なぜなら、徐々に借家人が減少していくというのは、借家が老朽化している、あるいは不便になっていることを証明しているといえ

第一編　借家立退きの基本50

るからです。また、家主の解約申入れに大部分の借家人が応じている
ということは、家主の正当事由をある程度認めているともいえる
からで、それを認めようとしない借家人の側にむしろ問題があると
裁判所も判断する可能性が高いと思われるからです。

　もっとも、私も何回も経験していますが、「最後の一軒」という
のは、なかなかに厳しい交渉を余儀なくされ、その結果として相当
高額の立退料の支払を覚悟しなければなりません。

　なお、建物の利用状況に、当該建物敷地にとっての本来の有効活
用が図られているか否かという意味も含まれるのであれば、それは
むしろ30で述べる「建物の存する地域の状況」そのものともいえ
ます。

第二章

正当事由による立退き

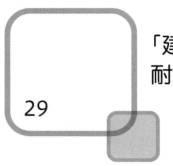

29 「建物の現況」では耐震診断を重視する

　建物の現況で問題となるのは、建物がどの程度老朽化して危険な状況になっているかということです。

　建物の築後の経過年数、建物の構造に応じた法定耐用年数、実際の建物の損傷や機能性の低下の程度、修繕の必要性の緊急度及びそれに係る費用などを踏まえて、あと何年使用できるかを判断します。

　最近の裁判所で特に重視されるのが耐震性です。建築基準法で定められている耐震基準としては、1950年の建築基準法が施行された時の旧耐震基準（震度5程度の中地震に耐えられるか）、1978年の宮城県沖地震を踏まえた1981年施行の新耐震基準（震度6強や7の大地震に耐えられるか）、1995年の阪神・淡路大震災を踏まえた2000年施行の主に木造建物をターゲットにした新新耐震基準があります。特に、新耐震基準に適合しているか否かが一つのポイントとされています。

　耐震指標として、鉄筋コンクリート造建造物ではIs値、木造住宅ではIw値が使用されています。詳細については、一般財団法人日本耐震診断協会JSDAのホームページをご参照ください。

　Is値では0.6以上、Iw値では1以上であれば、安全とされていま

第一編　借家立退きの基本50

第二章

正当事由による立退き

す。逆に、Is値が0.6未満、Iw値が1未満であれば、大地震で倒壊する危険性があり、特にIs値が0.3未満、Iw値が0.7未満であれば、大地震で倒壊する危険性が高いことになります。そこで、建物明渡訴訟になると、Is値0.6もしくはIw値1以上か、これらの数値未満かが分岐点になります。建物明渡訴訟をする前提として、今や、耐震診断をすることは必須ともいえます。もっとも、耐震診断の費用は結構します。Iw値については数十万円、Is値については数百万円します。私もこれまでにいろいろな耐震診断書を見てきましたが、費用を相当に値切ったためか、間違った耐震診断書もなかったわけではありません。相当な費用を覚悟しても、定評のある専門家に作成してもらうことをお勧めします。

　なお、これらの数値未満であっても、少額の修繕費用の耐震工事で数値以上になるのであれば、正当事由が否定されることになる可能性が高いので、工事費用の見積りも取っておく必要があります。

　とはいっても、誰も使用していないようなボロボロの建物で、もはや朽廃していると思われるような建物であれば、耐震診断書を出すまでもなく、写真やビデオの証拠資料だけで済む場合もあり得ます。それぞれの建物の現況に応じた証拠の提出方法を検討していただきたいと思います。

63

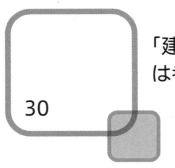

30 「建物の存する地域の状況」は考慮されないのだろうか

　法務省が借地借家法の改正案を出す前に各方面に提示した問題点の中に、**「建物の存する地域の状況」**を正当事由の一要素としてはどうかという意見がありましたが、**地上げを誘発しかねない**などの反対意見もあり、法務省が法案として提出した際には、正当事由の要素から除外しました。

　学会の大勢としても、いわゆる地上げへの嫌悪感からか、「建物の存する地域の状況」を正当事由の要素に含めることに反対です。

　ところが、その後の裁判例をみると（裁判例については、第二編を参照してください。）、建物の存する地域の状況を正当事由の解釈の中に事実上取り入れているものが散見されるのです。

　特に、都市の再開発との関係で、家主の再開発の目的が自己使用の必要性であるとか、現状の不採算な利用の仕方が建物の利用状況として有効活用されていないとして、正当事由の判断をしているように見受けられます。

　そもそも再開発のためには建物解体が前提ですが24で述べたとおり、建物を解体するということは、その建物がなくなるにもかかわらず、「建物の使用を必要とする事情」に入ることについては、

今や誰も疑問を持っていません。

　そうであれば、その延長線上として、建物の存する地域の状況を考えてもよいわけで、裁判所もそのような実務上の要請を汲み取って、判断しているものと思われます。

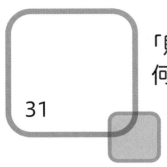

31 「財産上の給付」とは何だろう

　借地借家法28条は、家主が借家人に対して「財産上の給付をする旨の申出をした場合におけるその申出を考慮して」正当事由の判断をすると定めていますが、ここでいう**「財産上の給付」**とは何かを考えてみましょう。

　財産上の給付といえば、それはお金、つまり立退料だろう、それ以外に何かあるのかと言われそうです。確かに、ほとんどの場合は立退料ですが、それ以外の財産上の給付がないかといえば、そうでもありません。

　家主が同一敷地内に同じような借家を所有しているときには、空いている借家に移ってもらうことを提案する場合があります。**代替建物の提供**です。もっとも、まったく同じ規模の建物であることまで求められるわけではありません。多少の面積の違いや設備に異なるところがあっても、借家人の生活にそれ程の支障がなければ、代替建物として認められると思われます。第二編51で紹介する最高裁昭和32年3月28日判決・民集11巻3号551頁は、代替建物の提供を条件として正当事由を認めました。

　家主が事業を廃業して、工場の借家だけでなく設備一式を元従業

員である借家人に賃貸していたところ、借入金の返済のためにその工場の処分を余儀なくされて、借家人に立退きを求めた事案で東京地裁は、立退料の支払とともに設備一式の贈与との引換えによる建物の明渡しを命じました（東京地裁平成14年10月31日判決・ウエストロー・ジャパン）。

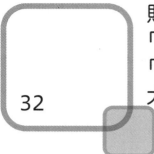

32 財産上の給付について「明渡しの条件」と「明渡しと引換え」とでは大きな違いがある

　借地借家法28条は、財産上の給付について、**「建物の明渡しの条件として又は建物の明渡しと引換えに」**という２つの場合を想定しています。似たような表現ですが、「条件」と「引換え」はどう違うのでしょうか。

　「条件」の場合には、家主は借家人に対し、建物の明渡しより前に立退料などの財産上の給付をしなければなりません。借家人からすると、先に立退料がもらえるので、移転先の費用に充てることができるメリットがあります。その反面、家主からすると、立退料を先に支払っても本当に借家人が任意に立ち退くのか不安でしょう。

　そこで、「引換え」であれば、財産上の給付と建物の明渡しが同時ですから、家主からすると、借家人による建物の明渡しをしてもらえない限り立退料を支払わなくてもよいので、リスクはありません。反面、借家人は立退きに先立つ転居先の借家の一時金や仲介手数料について自腹を切らなければならないというデメリットがあります。

　建物の明渡訴訟を起こすのは家主ですから、家主にとって借家人による現実の立退きへの不安を持たないで済む「引換え」を選択す

第一編　借家立退きの基本50

るのが一般的で、裁判所も請求をした家主に配慮して、引換給付判決を下すのが一般的です。

　もっとも、建物明渡請求訴訟は、ほとんどの場合に、判決まで行くことはなく、和解による解決がなされます。その場合には、この「条件」と「引換え」がミックスされます。たとえば、立退料300万円の内、和解が成立して1か月以内に100万円を支払うことを条件に、残り200万円を予定した期日までに明け渡すのと引換えに支払うとするのです。場合によっては、予定した期日までに借家人が明け渡さない場合には、残金の立退料の支払を免除する条項を付けることもあります。

　以上のとおり、「条件」と「引換え」を上手に使い分けることも検討されてはいかがでしょうか。

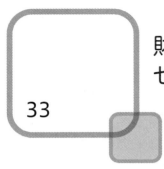
33 財産上の給付がゼロの場合もある

　家主は、借家人に対し、財産上の給付、すなわち立退料の支払を必ずしも義務付けられるわけではありません。
　そもそも、借地借家法28条は、①家主及び借家人が建物の使用を必要とする事情のほか、②借家に関する従前の経過、③建物の利用状況、④建物の現況「並びに」⑤家主が申し出た立退料などの財産上の給付を考慮して正当事由を判断するもので、条文上の構成からしても、立退料などの財産上の給付はいわば付け足しです。
　つまり、①から④までの要素を主に判断して、それでも足りない場合に立退料を提供して正当事由を認めるというものですから、①から④までの要素で十分足りる場合には立退料を支払う必要はないということになります。逆に言えば、①から④までの要素では正当事由として全然足りないときには、立退料をどれだけ積んだとしても正当事由が認められることはありません。
　では、具体的に①から④までの要素で十分足りるのはどういう場合でしょうか。①では、公営住宅など家主が公共性の高い場合、②では、借家人が過去に家賃の不払や迷惑行為を繰り返して債務不履行による解除をされてもおかしくないような場合、③では、借家人

第一編　借家立退きの基本50

が居住用なのに倉庫でしか使用しないなど建物を本来の使用目的で使用していない場合、④では、建物がほぼ朽廃して極めて危険な状況にあり現実にも使用していない場合などが挙げられます。

　そして上記の①から④までのうち借家人にとって不利益な要素が複数存在しているときには、立退料がゼロと判断される可能性はより高くなると思われます。家賃を繰り返し滞納し、建物が老朽化して危険なこともあり、実際にはそこに住まず、倉庫代わりにしか使っていないというような場合です。

　実際に立退料がゼロとなった裁判例については、第二編第三章で９例紹介しています。家主側の弁護士としては、最初から立退料ありきではなく、上記のような場合には、少なくとも主位的請求としては立退料なし、つまり無条件での明渡請求をして、予備的請求として一定額の立退料と引換えでの明渡請求をするというのが無難な方法ではないかと思われます。

71

34 建物明渡請求訴訟の請求の趣旨において立退料の金額明示が必要か

　建物明渡請求訴訟の訴状では、立退料500万円を支払う用意がある場合に、訴状の請求の趣旨において、「被告は、原告に対し、原告が被告に対し金500万円を支払うのと引換えに、別紙物件目録記載1の建物を明け渡せ。」と記載するのが一般的です。

　しかし、家主が立退料を支払う用意はあるものの、最初から金額明示をしたくないという場合には、「被告は、原告に対し、原告から裁判所が相当と認める金額を支払うのと引換えに、別紙物件目録記載1の建物を明け渡せ。」と記載することもあります。

　さらに言えば、訴状の請求の趣旨では、「被告は、原告に対し、別紙物件目録記載1の建物を明け渡せ」という無条件の明渡請求しかしないものの、請求の原因、つまり請求の趣旨を基礎付ける理由を記載する個所で、さりげなく、「原告は、被告に対し、訴訟前の交渉段階で一定額の立退料を支払う用意がある旨伝えている。」などと記載することもあります。

　このように、正当事由を理由とする建物明渡請求訴訟においては、借地借家法28条が、「財産上の給付をする旨の申出をした場合におけるその申出を考慮して」と規定していることから、一定額の立退

第一編　借家立退きの基本50

料を支払う用意があるという**意思表示**さえしておけば、同条の要件を充たすものとして、裁判所の判断において、具体的な立退料の支払と引換えに家主の明渡請求を認めることがあるのです。

第二章

正当事由による立退き

73

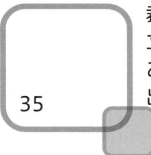

35 裁判所は家主が提示した立退料の金額を上回る判決あるいは下回る判決を出すことができるか

　家主が500万円の立退料の支払と引換えの建物明渡請求をした場合に、裁判所が、500万円では足りないが100万円上乗せすれば正当事由を認めてよいと判断したときに、500万円以上の立退料の支払と引換えに建物の明渡しを命じる判決を出すことは、しばしばあります。では、500万円の提示に対し、5割増しの750万円、倍額の1,000万円いや3倍の1,500万円でも許されるでしょうか。詳細は第二編を参照するとして、裁判所は相当な上乗せを認めています。

　家主側からすると、青天井というのもどうかということで、請求の趣旨において、「被告は、原告に対し、原告から500万円又はこれと格段の相違のない範囲において、裁判所が認定する相当額の金員の支払を受けるのと引換えに、別紙物件目録記載1の建物を明け渡せ。」と記載して、予期しないほどの高額な判決が出ないように歯止めをすることもあります。「これと格段の相違のない範囲において、裁判所が認定する相当額の金員の支払を受けるのと引換えに」と記載した場合の「格段の相違のない範囲」がどこまでかについては、家主側弁護士として準備書面などで相応のシグナルを裁判

所に送っておかないと、予期しない判決が出る可能性があり、要注意です。もっとも、仮に予期しない多額の立退料の支払と引換えの判決が出たとしても、家主としては、立退きを求めなければ、借家人から立退料の支払を強制されることはありません。

逆に、500万円の立退料の支払と引換えの建物明渡請求をしたのに対して、裁判所が、そこまでの金額を出さなくても300万円で正当事由としては足りると考えた場合に、家主が提示した金額より少ない金額での判決を出すことができるかという問題があります。家主にとっては、一見すると支払金額が減少するわけですからこのような判決を認めてもよさそうですが、これは認められないというのが裁判実務です。「**裁判所は、当事者が申したてていない事項について、判決をすることができない。**」（民事訴訟法246条）ため、たとえば、原告の500万円の支払請求に対して、原告に有利な700万円の支払を認められないのと同様に、引換えとして支払う金額が少ないことは家主にとって有利であっても、それは民事訴訟法246条に反するというのです。よくわからないような説明ですみません。

そこで、これを防ぐ方法として、第1に、**34**で述べた金額を明示しない方法、第2に、主位的には200万円、予備的に500万円と引換えの明渡請求をすれば、いずれにせよ、民事訴訟法246条に反しないと思われます。

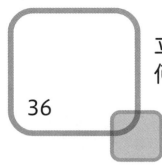

36 立退料の中身は何だろう

　建物を立ち退くということは、居住用であれば、必ず別の居住用建物に移転しなければなりません。つまり、立退料の中身の第1として、**移転にかかる費用**が挙げられます。第二編65で紹介する最高裁昭和46年6月17日判決・判時645号75頁も「家屋明渡しにより被る移転費用その他の損失を補填するため」と述べています。

　では、移転にかかる費用として何があるかといえば、家財道具などの引越費用、移転先を見つけたときの不動産業者に支払う仲介手数料、新しい借家の敷金、礼金などの一時金、移転通知費用などがあります。

　居住用の場合はそれで足りるかといえば、そうではありません。古い借家の場合には家賃が極端に低いこともあり（私の経験した事例では指定都市の駅から徒歩十数分で相場の家賃の10分の1程度の数千円の月額家賃というのがありました）、その結果、次の借家の家賃との差額が大きくなるので、立退料の第2として、**家賃の差額補償**が挙げられます。

　第3に、それまでに借家人が借家を**修理した費用**を請求する場合もあります。何十年も経過している借家では、借家契約書で家主が

修理を一切しないことを承諾すると記載されていたり、借家人が家主に訴えても修理をしてもらえないことがあり、やむを得ず借家人自身が負担して修理することもあるのです。私の経験でも雨漏りなどで数百万円要したとしてその請求書を見せられたことがあります。借家が続いている限りでは我慢していた借家人が、明渡請求をされたことを機会にそれまでの積もり積もった家主への不満を、このような形で一気に吐き出してくることがあります。

第4に、転居先の狭さとの関係などで持っていくことが難しい家財道具やエアコンなどの補償を求められることもあります。

居住用の立退料の中身としては、以上でほぼ足りますが、事業用の立退料としては、これとは別に**営業補償**が加わります。もっとも、事業を廃止する場合には、逆に第1の移転にかかる費用がなくなりますが、営業補償の金額が移転にかかる費用よりも高くなると思われます。営業補償の詳細については、後で述べます。

ところで、借家人側から、立退料とは「**借家権価格**」ではないかという意見が聞こえてきそうです。一般的に考えられている借家権価格は、更地価格に借地権割合と借家権割合を積算して出す方法です。たとえば、更地価格㎡50万円で100㎡の土地上に1戸の借家がある場合、更地価格は5,000万円で仮に借地権割合が60％、借家権割合が30％とした場合の借家権価格は5,000万円×0.6×0.3＝900万円となります。もっとも、次に述べる不動産鑑定評価基準でいう借家権価格はそれほど単純なものではなく、またいずれにせよ立退料と同じではありません。

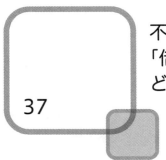

37 不動産鑑定評価基準の「借家権の価格」はどのように定められているか

　弁護士が建物明渡請求訴訟を提起する場合に、具体的な立退料の金額の算定について、不動産業者に査定書を作成してもらうことがありますが、裁判所に対する信頼性を考慮すると、**不動産鑑定士**に依頼する方がよいと思います。

　不動産鑑定士が依拠する「**不動産鑑定評価基準**」には、立退料自体についての直接の規定はなく、あるのは、「**借家権**」ないし「**借家権の価格**」です。

　鑑定評価基準の「各論　第1章　価格に関する鑑定評価　第3節　建物　Ⅲ借家権」には以下のように定められています。

　「借家権の取引慣行がある場合における借家権の鑑定評価額は、当事者間の個別的事情を考慮して求めた比準価格を標準とし、自用の建物及びその敷地の価格から貸家及びその敷地の価格を控除し、所要の調整を行って得た価格を比較考量して決定するものとする。借家権割合が求められる場合は、借家権割合により求めた価格をも比較考量するものとする。この場合において、貸家及びその敷地の1.から6.までに掲げる事項を総合的に勘案するものとする。

　さらに、借家権の価格といわれているものには、賃貸人から建物

の明渡しの要求を受け、借家人が不随意の立退きに伴い事実上喪失することとなる経済的利益等、賃貸人との関係において個別的な形をとって具体に現れるものがある。この場合における借家権の鑑定評価額は、当該建物及びその敷地と同程度の代替建物等の賃借の際に必要とされる新規の実際支払賃料と現在の実際支払賃料との差額の一定期間に相当する額に賃料の前払的性格を有する一時金の額等を加えた額並びに自用の建物及びその敷地の価格から貸家及びその敷地の価格を控除し、所要の調整を行って得た価格を関連付けて決定するものとする。この場合において当事者間の個別的事情を考慮するものとするほか、貸家及びその敷地の１．から６．までに掲げる事項を総合的に勘案するものとする。」

なお「貸家及びその敷地の１．から６．までに掲げる事項」は以下の通りです。

１．将来における賃料の改定の実現性とその程度

２．契約に当たって授受された一時金の額及びこれに関する契約条件

３．将来見込まれる一時金の額及びこれに関する契約条件

４．契約締結の経緯、経過した借家期間及び残存期間並びに建物の残存耐用年数

５．貸家及びその敷地の取引慣行並びに取引利回り

６．借家の目的、契約の形式、登記の有無、転借か否かの別及び定期建物賃貸借（借地借家法第38条に規定する定期建物賃貸借をいう。）か否かの別

38 不動産鑑定評価基準に基づき立退料について正式の鑑定評価をすることができるか

　不動産鑑定評価基準で、まずいえることは、前段の「**借家権の取引慣行がある場合**」はほとんどないということです。したがって、借家権の取引慣行を前提とした比準価格を標準とする**取引事例比較法**、自用の建物及びその敷地の価格から貸家及びその敷地の価格を控除する**控除方式**、及び借家権割合により求めた**割合方式**は、現実にはどれも取られていないと思われます。

　むしろ、後段の「**不随意による立退き**」が、まさに借地借家法の明渡しの正当事由で問題となる場合です。こちらについては、新規の実際支払賃料と現在の実際支払賃料との差額の一定期間に相当する額に賃料の前払的性格を有する一時金の額等を加えた額に基づく**差額賃料等補償方式**と**控除方式**が挙げられています。ただし、控除方式は、「借家権の取引慣行がある場合」に採用されており、そうではない場合にも同方式を用いることに疑問であること、同方式は割合方式と裏腹の関係にあると思われるので、採用することはできないと思われます。

　なお、末尾に「貸家及びその敷地の１．から６．までに掲げる事項」を総合的に勘案すると書かれていますが、そこに掲げられている各事項（**37**参照）の内、１、３、５は、賃料の改定の評価の場合はともかくとして、立退料には関係しないことと思われます。また、２、４、６は借地借家法28条の正当事由の中の「建物の賃貸借に関する従前の経過、建物の利用状況及び建物の現況」に含まれ

る事項が多いのですが、これらは法的判断に属することですから、不動産鑑定士が評価するというよりも、むしろ裁判所が判断することのように思われます。なお、「貸家及びその敷地の1．から6．までに掲げる事項」とここでは記載されていますが、本来は「7．借家権価格」まであります。さすがに借家権に関する不動産鑑定評価基準で借家権価格を勘案するというのでは意味がないので、排除されたのだと思われます。

　いずれにせよ、借家権に関する現行の不動産鑑定評価基準は曖昧な規定であり、この基準に基づいて、借家権を適切に評価することは難しいと思われます。

　現に、2014年に公益社団法人日本不動産鑑定士協会連合会が公表し、2021年11月に一部改正された「不動産鑑定評価基準に関する実務指針」171頁ないし172頁においても、「賃貸人から建物の明渡しの要求を受けて借家人が不随意の立退きに応ずるときに事実上喪失することとなる経済的利益等、賃貸人との関係において個別的な形をとって具体に現れる価格は、賃貸人による貸家及びその敷地等と借家権との併合を目的とする価格と捉えることができる。このような場合、価格の種類としては限定価格と考えられるが、いずれにしても、個別性が強く、鑑定評価として求めることが相応しくないと判断した場合には、コンサルティング業務として対応すべきである。」と記載されており、不動産鑑定士に対し慎重な対応が求められています。

　まして、借家権価格ではなく、立退料そのものの評価については、不動産鑑定評価基準において正面から記述されてないので、仮に立退料に関する**鑑定評価書**を依頼されても、不動産鑑定士が正式な鑑定評価書としてこれを引き受けることは少ないでしょう。不動産鑑定士があえて作成するとすれば、**調査報告書**にとどまり、そこでは**「不動産鑑定評価基準によらない」**ことが明記されることが多いようです。

39 用対連基準とは何か

　土地収用法等による公共事業に適用される損失補償の基準として、1962年6月29日に「公共用地の取得に伴う損失補償基準要綱」が閣議決定されました（改正2019年12月20日）。これを基に、同年10月12日に決められたのが、用地対策連絡会決定（改正2020年1月31日）**「公共用地の取得に伴う損失補償基準」**（以下**「用対連基準」**といいます）と、1963年3月7日用地対策連絡会決定（最近改正2020年3月19日、**「公共用地の取得に伴う損失補償基準細則」**（以下**「用対連細則」**といいます）です。

　この「用地対策連絡会」は通称「用対連」といわれます。用対連には、中央用地対策連絡協議会（中央用対）、用地対策連絡会全国協議会（全国用対）、そして各地区用地対策連絡（協議）会（地区用対）の各組織がありますが、用対連基準という場合の用対連は、中央用対のことです。

　中央用対は、会員が中央省庁、公団本社等で1961年12月に設立されました。公共用地の取得に関する事務を所管する行政機関、公社等の中央機関における連絡・調整の他地区用対に対する指導を行います。

第一編　借家立退きの基本50

全国用対は、各地区用対が会員で、その連合組織として1969年に設立されました。会長は国土交通省関東地方整備局長です。

各地区用対は、地方支分局、都道府県等が会員で、北海道、東北、関東、北陸、中部、近畿、中国、四国、九州、沖縄の10地区に設立されています。会長は、各国土交通省地方整備局長等です。

用対連は、公共事業の施行に必要な用地取得に関し、起業者相互の連絡調整を行うとともに、補償基準等の運用の調整及び損失補償に関する調査・研究等を共同で行うことを目的として、各公共事業の起業者によって組織された任意団体です。任意団体といっても、会長が国土交通省の局長とされ、会員も行政機関や公的団体であり、極めて公共性の強いものですから、それぞれの公共事業施行者は、用対連基準及び用対連細則をもって実務に当っており、法律に近い規範性があるといえます。

そして、用対連基準は、公共事業に止まらず、民間の借家立退きに関する裁判実務においても活用されるに至っています。詳細は第二編の裁判例を参照してください。

第二章

正当事由による立退き

83

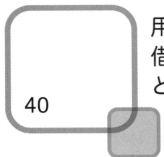

40 用対連基準での借家人への補償はどうなっているか

　用対連基準第34条では、(借家人に対する補償)として、1項で「土地等の取得又は土地等の使用に伴い建物の全部又は一部を現に賃借りしている者がある場合において、賃借りを継続することが困難となると認められるときは、その者が新たに当該建物に照応する他の建物の全部又は一部を賃借りするために通常要する費用を補償するものとする。」、2項で、「前項の場合において、従前の建物の全部又は一部の賃借料が新たに賃借りする建物について通常支払われる賃借料相当額に比し低額であると認められるときは、賃借りの事情を総合的に考慮して適正に算定した額を補償するものとする。」と規定されています。

　そして、用対連細則第18では、「基準第34条(借家人に対する補償)は次により処理する。」として、2項で用対連基準第34条1項に対応する**一時金**が、3項で同基準第34条2項に対応する**差額家賃**についての補償額が、それぞれ規定されています。

　一時金については、賃貸借契約において借家人に返還されないことと約定されている一時金と借家人に返還されることと約定されている一時金とに分けて計算式が規定されています。また、差額家賃

の保証額については以下の通り定められています。

差額家賃の補償額は、次式により算定する。
（標準家賃（月額）－現在家賃（月額））×12×補償年数
補償年数　別表第5（家賃差補償年数表）の区分による範囲内で
定めるものとする。

として、同表によれば、2年を原則としています。

さらに、用対連基準37条では移転雑費として、「移転先又は代替
地等の選定に要する費用、法令上の手続に要する費用、転居通知費、
移転旅費その他の雑費を必要とするときは、通常これらに要する費
用を補償するものとする。」と規定され、その詳細については用対
連細則21で定められています。

また、営業補償として、用対連基準43条では**営業廃止**の補償が、
同基準44条では**営業休止等**の補償が、同基準45条では**営業規模縮
小**の補償がそれぞれ規定されています。

そして、これらの各営業補償に対応して、用対連細則26、27、
28では営業廃止、営業休止及び営業規模縮小の各補償の細則がそ
れぞれ規定されています。

これらの各規定によれば、**差額賃料等補償方式**を基本とし、事業
用の場合は加えて様々な**営業補償**（具体例は第二編の裁判例を参照
してください）を考慮しており、不動産鑑定評価基準よりも実務的
には役に立つものといえます。

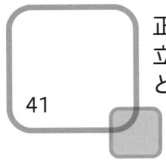

正当事由には主従があり立退料は付け足しというのは疑問である

41

　23で述べたように、借地借家法28条では、①家主及び借家人が建物の使用を必要とする事情のほか、②借家に関する従前の経過、③建物の利用状況、④建物の現況、並びに⑤家主が建物の明渡しの条件として又は建物の明渡しと引換えに借家人に対して申し出た財産上の給付を考慮して、正当事由を判断する旨定めています。

　ここで、28条のつなぎの文言に注意してください。①と②の間に「のほか」が、④と⑤の間に「並びに」が入っています。学者の方々はこの２つの文言に注目して、まず「のほか」ということは、①が主たる基準で②以下は従たる基準であること、次に「並びに」ということは、従たる基準の中での②から④と⑤の間にも序列があり、⑤の立退料は**補完的要因**に過ぎないなどとして、一番下の序列に位置付けています。

　しかしながら、24でも指摘しているとおり、家主の「建物の使用を必要とする事情」には文字通り家主自身が現在の建物を使用するとは限らず、現在では建物の危険性を解消するために解体をすることも（その後の有効活用の計画がないとしても）家主の使用の必要性に含まれるのです。つまり、①の解釈自体が条文の文言とは合

致しなくなっているのです。

　そうであれば、⑤の立退料についても、いつまでも、いわば付け足し扱いするのではなく、①から④の要因と同じ位置づけをして、①から④について相当に家主側に有利に働く事情があれば、それに応じて⑤の立退料についても相当に減額されることになると思われます。

　逆に、いつまでも補完的要因としかみていなければ、①から④までを主に判断した結果、家主の正当事由を認定する際に、立退料については用対連基準などで算出された金額全額を支払うことになりかねません。

　私としては、①を主たる要因、②から⑤までを従たる要因、従たる要因の中でも⑤の立退料は補完的要因に過ぎないという、従来の考え方からそろそろ脱却して、各要因を同等にみて総合的に判断すべきではないかと思います。

42 家主が急ぐ場合には驚くような立退料の金額になることがある

　私のところに来る立退きの相談は一刻を争う事案が一般的です。秋に相談に来て、来年春には立ち退かせてほしいというような具合です。借地借家法27条でも「解約の申入れの日から６月を経過することによって終了する」と書かれているのだから、半年もあれば立ち退かせられるはずと安易に考えている家主が結構いるのです。私がある年の３月頃に相談を受けた家主の事例では、その年の９月には建物を解体して、10月から建築工事に入る計画をして業者も手配済みというのがありました。

　しかし、急ぐ話には大変なリスクがあります。まず、これまでに繰り返し述べていることですが、借地借家法27条の後に続く同法28条の「正当事由」がなければ立ち退かせることはできません。家主が自分で正当事由があると思っても、借家人が争えば、最終的に判断するのは裁判所です。

　裁判には時間がかかります。立退きの裁判となると、第１審の判決までに１年以上、控訴をすればもう半年、最高裁までともなれば、控訴審判決からさらに半年以上、合計で少なくとも２年以上を要することになります。

第一編　借家立退きの基本50

第二章

正当事由による立退き

　では、どうするかと言えば、交渉で解決するしかありません。その場合に、家主は半年後に出てほしいと思っているのに対し、借家人は基本的に立ち退きたくないと考えているのであれば、家主にとって最初からいわば負けレースです。家主が当初、用対連基準などで算出した、たとえば500万円の立退料を提示したとしても、借家人がそれに応じることはまずありません。借家人は立ち退く意思を元々持っていなかったはずだからです。

　そこで、家主としては、どうしても半年以内に立ち退いてほしいというのであれば、借家人が立ち退いてもいいよ、と思うような数字を出さざるを得ません。それはどの程度の数字かと言えば、私の経験からすると、**客観的な数字のほぼ5倍**です。500万円に対するのであれば2,500万円となります。居住用の借家であれば、裁判所が認める金額が200万円とすると、1,000万円となります。いずれにせよ、家主にとっては、法外な金額となります

　いわば時間を金で買うわけですが、それで、仕方がないと思えるかどうかでしょう。特に、ビルの最後の1室となると、その1室のためにエレベーターを動かすメンテナンス費用や電気代などの経費がかさむことを考えると、ある程度の踏ん切りが必要になることもあり得ます。

　そうはいっても、物事には限度があります。あまりに非常識な立退料を支払えば、SNSを通じてあっという間に世間に知れ渡り、今後の他の借家関係に悪影響を与えかねません。借家の立退きについては、じっくり腰を据えて取り組むことをお勧めします。

89

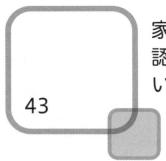

43 家主は正当事由が認められないと思い込んでいるが本当にそうか

　借地借家法28条は、23や41で述べたように、**5つの要件**を定めて正当事由を判断し、**解約申入れ**については、これが「**認められる場合でなければ、することができない。**」と定めています。この条文の体裁からすると、裁判所において、家主の正当事由が認められるのは例外的で、ほぼ認められないように思われます。世間一般でも、そのように思う人が大多数でしょう。

　ところが、裁判所は意外なほど**正当事由**を認めているのです。詳細は、第二編の裁判例に譲りますが、特に最高裁は正当事由の解釈について**積極的**な姿勢を示しており、その結果として、旧借家法で「建物の賃貸人は自ら使用することを必要とする場合その他正当の事由」という簡単な条文から、23などで説明したように借地借家法28条において5つの要件が定められるようになったのです。

　では、なぜ今でも家主の間に正当事由は認められないという空気があるのでしょうか。第1に、借地借家法28条で要件がある程度具体化したといっても、上記の条文の体裁から、家主から相談を受ける弁護士自身がそう簡単に正当事由が認められることはないと判断し、そのように家主に回答するのが一般的だからです。

第2に、その具体化した第1の要件において「**建物の使用を必要とする事情**」と記載されていることから、古い借家を取り壊して新しい建物に建て替えたいと思っている家主にしてみると、現在の建物についてはその使用を必要とする事情はないとして、それだけで裁判に勝てないと思い込み、弁護士まで相談に来ることがないのです。もっとも、弁護士事務所まで来ても、経験の浅い弁護士がこの条文をみると、家主と同じように判断して、建替えでは無理ですねと回答することもあり、これを受けて家主がますます正当事由に否定的になったとも考えられます。

　第3に、老朽化したビルの建替えを検討している大手不動産会社は、ある会社（仮に「甲社」とします）に買い取らせて、立退きが完了した時点でこれを買い取るのが一般的です。つまり、甲社は大手不動産会社に転売する目的で元の家主から買い取ったうえで、借家人に対し立退きを求めるのです。甲社から相談を受けた弁護士としては、さすがにこれは自己使用の必要性がないと判断して正当事由は認められないと諦めるのが大半でしょう。

　しかしながら、第二編の裁判例で紹介するように、税金や借金の返済のために売却処分する前提として、借家人に対する立退きを認めた裁判例もあるのですから、弁護士としては、難しいことはきちんと説明しながらも、そう簡単に諦めなくてもよいと思います。

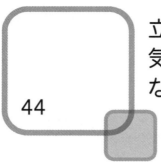

44 立退き交渉で気を付けなければならないことがある

　第1に、立退き完了までの**期間**をどの程度取れるかです。自ら行うか転売先が行うかは別として、建物の建替えのために立退きを求めるのが一般的です。そこで、現在の借家の解体時期や新築建物の着工時期がほぼ固まっていて、それまでの期間が短いほど立退き交渉の難易度は上がります。焦って交渉すると足元を見られるからです。逆に、交渉期間に限定がなければ余裕をもって交渉ができますが、そのようなことは実務上は稀です。建替計画が具体的に固まらないと立退き交渉をしようという気になれないからです。

　第2に、**立退料の上限**を管理することです。借家人の要求する通りの立退料の支払に応ずるのであれば、立退きはできても立退料が青天井になって、経済的に破綻しかねません。複数の借家人が相手の場合には第3の点を考慮して、一律に各上限を定めるというよりも、合計額の上限を定めておきます。

　第3に、**複数の借家人**を相手にする場合に、**仕分け**をすることです。家賃の滞納などの契約違反をしている者とそうでない者とを分けて、まずは契約違反をしている者に対する契約解除をした上で交渉を先行することです。家主によっては、そのような者は自分に非

第一編　借家立退きの基本50

第二章

正当事由による立退き

があると思っているから簡単に立退きに応じると考えがちですが、逆です。お金に困っている人ほど立退きになると、千載一遇のチャンスとばかり立退料を吹っかけてくるのです。また、こういう者は自分の非を自覚しているだけに他の借家人を巻き込んで集団交渉をしようとすることもあるので要注意です。これらのいわば不良借家人を整理してからまじめな借家人に対する立退き交渉を行うことが大事です。

　第4に、借家人や代替物件の**情報**をできるだけ事前に**収集**しておくことです。年齢、家族構成、近くに身内が住んでいるか、体調や病気の有無、近くに似たような物件がないかなど管理会社などから詳しい情報を仕入れる必要があります。特に、高齢者の場合には、孤独死が増えていることもあり、民間の賃貸住宅は受け入れを拒むのが一般的で、市営住宅や公団などの公的な住宅の空き具合や申込時期を確認しなければなりません。そのような準備をきちんとして交渉に臨めば、借家人もそこまで自分のことを考えてくれているのだと思い、交渉がスムーズに行くことが多いのです。もっとも、最近は個人情報について扱いが厳しくなっているので、注意が必要です。

　第5に、交渉をいつ諦めて次のステージに行くかです。絶対に出ないという者、当初要求した立退料の金額に固執する者、過去の借家の管理の些細な不手際を繰り返し非難する者、など交渉を前に進める意思が認められない借家人に対しては、5、6回程度交渉をすれば見極めが付きます。その場合には、速やかに**交渉を断念**して、**調停**など次のステージに進むべきでしょう。

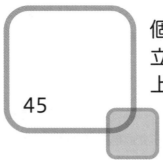

45 個人の家主が自分で立退交渉をすると上手くいかないことが多い

　借家の家主に限らず、自分や身内の事件を自ら冷静に処理することは、至難の業です。弁護士であっても、自分に対し訴えを起こされた場合には、他の弁護士に依頼するのが賢明なやり方です。医者も息子の手術を自分ではしないはずです。

　まして、老朽化した借家の立退きについては、個人の家主は借家人に対し複雑な思いを抱いていることがあります。「何十年も安い家賃で据え置いてきたのに、僅かばかりの値上げを伝えたら、いきなり供託された」「あそこが傷んだ、ここが故障したといっては夜中でも電話してきて安眠妨害された」「隣の借家人が大音響で音楽を聴いているなどの迷惑行為を繰り返すので注意してほしいというので、行ってみたが何回も居留守をつかわれ、ようやく会えたが知らぬ存ぜぬで最後には逆切れされた」等々で家主の不満が蓄積しています。

　ところが、それと同じくらい、いやそれ以上に借家人も家主に言いたいことが溜まっているのです。「周りの家賃が下がってきているのでうちの家賃も下げてほしいと言ったが無視された」「雨漏りがするので何回も催促したが、一度も修理に来ない」「隣の借家人

が怒鳴り声を上げたり一晩中洗濯機を回し続けてうるさいので確認のために来てほしいと家主に言ったが来ない」等々様々な不満を持っています。

　そういう中で、家主個人は、借家人に対し安い家賃で長年住まわせてあげた、という気持ちがあるので、立退料については、せいぜい引越費用と引越までの家賃を免除するくらいしか考えていません。

　これに対して、いつまでも住み続けられる、あるいは使用できると思っていた借家人は、家主から突然一方的に立退きを迫られたことに対して、自分の居住権や営業権はどうなるのかと反発し、身近な不動産業者に相談すると、これくらいの立退料を主張したらよいとアドバイスを受けます。

　そのような個人の家主と借家人が面と向かって話し合いをしたらどうなるか、容易に想像が付きます。双方が感情的になって怒鳴りあうか、下手をしたら取っ組み合いになりかねません。

　世界から戦争が絶えないのは、人間が合理的な判断だけで動くわけではないことも一因です。言い換えると極めて感情的な存在なのです。家主がいくら冷静に話しているつもりでも、借家を安い家賃で貸してやっているという気持ちが少しでもあれば、借家人は敏感に反応して、高額な立退料を要求したり、絶対に立ち退かないと言い張り、交渉が少しも前に進まないことがあるのです。

　ですから、個人の家主が自分で交渉することには疑問があり、できるだけ避けるべきと思います。

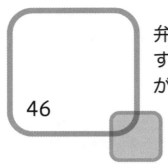

46 弁護士以外の者が立退交渉をすると非弁行為などのリスクがある

　家主が不動産業を営む企業であれば、立退き交渉を専門に行う従業員に任せることはできます。しかし、45で述べたように、個人の家主が立退交渉をすることについては疑問であると言わざるを得ず、誰かに依頼する方がよいと思います。では、家主が実際には誰に依頼しているかといえば、なじみの不動産業者か建替えを予定している建築業者が多いです。また、そうした業者の紹介による立退き専門の業者に依頼する場合もあります。

　不動産業者などが、家主の付添役として同行し、家主の立退き交渉に立ち会い、助言する程度であれば、それほど問題にはならないでしょう。家主自身現場での状況を把握することもできます。しかし、家主が、業者に委任状を渡して代理人として交渉させる場合には、法律違反の問題が生じます。どのような法律かといえば、**弁護士法**です。弁護士法72条は、弁護士又は弁護士法人でない者が、**報酬**を得る目的で**法律事務**を商売にすることを**禁止**しており、このような行為を「**非弁行為**」として、これを行えば同法77条では2年以下の懲役又は300万円以下の罰金に処せられる旨定められています。

第一編　借家立退きの基本50

第二章

正当事由による立退き

　立退き交渉は、借地借家法28条の正当事由に該当するかどうか、立退料の金額はどの程度かをめぐっての法律事務そのものであるために、家主以外の者が商売目的で行えば、弁護士法72条に違反する非弁行為として**処罰対象**となるのです。もっとも、対象者は、家主から依頼された者であり、家主自身は処罰対象になりませんが、そのような刑事罰に触れる行為を行う者に依頼したことで社会的責任を負わされることがあります。実際に、東証2部に上場していた会社が、立退き交渉を依頼した会社の社長が2008年に非弁行為で逮捕されたことが報じられたとたんに、株価がストップ安から、ついには民事再生の申立てをすることになり、上場も廃止しました。

　このように、家主以外の者が立退き交渉を商売として行うことは、非弁行為のリスクがあるので要注意です。さらに、立退きを引き受ける業者は、法律の専門家ではないので、非弁行為以外の法律違反をする可能性もあります。たとえば、借家人が長期不在と思われる場合に、借家契約書に認められているとして、業者が自分の判断で鍵を取り替えたり、借家内の家財道具を処分してしまい、後に家主自身も住居侵入、器物損壊などの共犯として刑事責任を問われることもあり得ます。少なくとも、民事上の損害賠償責任は免れません。

　では、誰に依頼すればよいのかといえば、弁護士法に違反しない者、すなわち、弁護士に依頼すればよいのです。

97

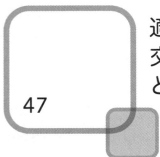

47 適切な弁護士に立退 交渉を任せると良い結果 となることが多い

　弁護士には、家主や業者と異なる２つの職業的な特徴があります。第１に、他人の**代理人**として行動すること、第２に、**法律のプロ**であることです。この２点が、弁護士に立退き交渉を任せると良い結果になる理由なのです。

　第１の点とは、弁護士はどれだけ立退き交渉をしても、家主本人ではないということです。借家人から何をどれだけ言われても、家主本人のように感情的にならず、冷静に対処できるはずです。当然のことながら、最初に借家人宅に行ったときには、借家人から敵対視されます。私自身、夕食時に行った際に、ビールがまずくなったと言われて、ビールを掛けられたことがあります。そこまではされないとしても、それまでの家主に対する積年の恨みを延々と聞かされます。それで、弁護士自身が熱くなってしまうようでは、代理人としての務めを果たすことはできません。

　そうした借家人の話を聞くのも、弁護士の大事な仕事なのです。きちんと話を聞けば、借家人も次第に心を許すようになります。業者に対しては、弁護士に対するような安心感まで持つことはなく、警戒感を緩めません。弁護士に対し、当初は絶対に立ち退かない、

と言っていたとしても、弁護士が何回も訪問すると、次第に態度が変わってきて、これくらいの金額であれば立ち退いてもよいというようになります。借家人と弁護士との間にある種の信頼関係が築かれるのです。その結果、立退き交渉がスムーズにいくこともあります。そのためにも、弁護士はコミュニケーション能力を日ごろから高めておかなければなりません。

　第2の点とは、弁護士は、法律の専門家として家主の代わりに、借家人に対する**説明責任**を果たすことができるということです。借地借家法28条が定める正当事由について、本件のどの事情がこれに該当するのかをきちんと説明し、立退料についても、具体的な算式を挙げながら客観的な金額を提示することができるはずです。また、弁護士は、一般的に一度受任した以上、依頼者との信頼関係が失われない限り、できるだけ誠実に職務を進行し、途中で仕事を投げ出すことはしません。

　もっとも、残念ながら、現場に行って立退き交渉までする弁護士はいまだ少なく、また交渉経験の浅い弁護士はかえって交渉をこじらせることもあり得ます。弁護士を選択するにあたっては、ネット情報に頼るのではなく、他の信頼できる弁護士に聞くなどして、借地借家法に精通し、交渉を得意にしている弁護士を見つけ出すことです。

48 交渉できないときは調停が有効である

　どれだけ有能な弁護士が立退き交渉をしても、交渉が成立しないことはしばしばあります。第1に、家主の提示する立退料の金額と借家人の要求する立退料の金額との間に大きな開きがある場合、第2に、借家人が立退料のいかんにかかわらず退去する意思がない場合です。

　特に、金額についての争いがある第1の場合には、**調停**の利用をお勧めします。調停とは、裁判所の調停官と裁判所が選任した**調停委員**といういずれも公平な第三者が間に入って行われる裁判所における話し合いです。調停では、法律上の主張を争う訴訟とは異なり、お互いの譲り合いにより、条理にかない実情に即した解決を図ることを目的としているので、結果として円満な解決が図られることが多いのです。

　本件のような借家の調停については、一般的に借家に最寄りの**簡易裁判所**で行われます。調停委員は、専門的知識を有する人が選任されるので、立退きの事案については、不動産鑑定士、弁護士、一級建築士などが選ばれます。特に、立退料の金額が争点となっている場合には、不動産鑑定士が必ず入ります。

第一編　借家立退きの基本50

第二章

正当事由による立退き

　調停では、調停委員が双方の意見をよく聞いたうえで、専門的な知見を踏まえながら、双方ともに納得する落としどころを探り、**調停案**を双方に提示します。特に、立退料の金額については、単純に双方の金額を足して２で割るというようなことではなく、調停委員としての根拠を示しながら調停案を示すことが多いので、双方が納得して、調停が成立する可能性が高いといえます。

　第２の場合でも、当初は頑強に退去を拒み、調停に呼び出しを受けたこと自体にも感情的に反発していた借家人が、調停委員がそれまでの事情をきちんと聴いてくれたということで、次第に心を許すようになり、立退きの方向で考えるように、気持ちが変わっていくのを、私は何度も目の当たりにしてきました。裁判所庁舎という場所の重みが、借家人の感情を和らげて、理性的な話し合いへ向かわせることに役立っているのかもしれません。

　もっとも、裁判所のIT化が急速に進んでいる中で、調停についても、今後はWeb会議のような形で行われるようになり、その場合には場所的な重みはなくなっても、より気軽に調停に参加できるようになるので、今まで以上に調停の活用が期待できるかもしれません。

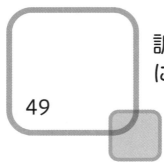

49 訴訟でも和解による解決が多い

　家主が調停の申立てをしても、立退料の金額についての双方の開きがどうしても埋まらず、あるいは絶対に立ち退かないという借家人の意思が変わらない場合には、調停が**不調**となります。そこで、家主としては、**建物明渡請求訴訟**を提起せざるを得ません。

　訴訟になれば、これまでに繰り返し述べてきた「正当事由」の有無が争点となります。老朽化した借家の建替えであれば、老朽化の程度、耐震診断に基づく耐震性の数値、建替計画の具体性、資金的裏付、借家人の使用の状況、これまでの借家の経緯、周囲の状況などをできるだけ詳細に主張し、その裏付となる耐震診断書などの証拠を提出します。そして、無条件での明渡しが難しい場合には（ほとんどはそうでしょう）、立退料の金額の提示をして、その金額の支払と引換えの明渡請求をします。立退料について、家主自ら不動産鑑定士作成の鑑定評価書を提出することもあります。

　これに対して、借家人は、借家の使用の必要性がいかに高いかを訴えるとともに、退去することになればどれだけの損害を被るか、併せてこれまでにどれだけの修繕費を負担しているかなどを具体的に主張し、立退料の見積書や修繕費の領収書などを提出します。

第一編　借家立退きの基本50

第二章

正当事由による立退き

　法廷では、家主や借家人本人への尋問のほか、管理業者などへの証人尋問が行われます。こうした尋問を踏まえたうえで、正当事由や立退料の金額についてある程度の心証を得た裁判官は、双方に対して、必ずと言ってよいほど和解の場を設けます。家賃不払などの契約違反によるのと異なり、正当事由による明渡訴訟の場合には、どちらかが悪いというわけではなく、あえて白黒をつけるよりも、立退料の金額の調整により和解による解決が望ましいと思うからです。

　また、裁判官の本音を推察するに、正当事由の有無や立退料の金額の多寡は、事実認定によるというよりは、価値判断に委ねることが多いので、上級審で覆されるリスクがあり、裁判所としてもできれば避けたいという心理が働くのではないかと思われます。

　そこで、裁判所は、家主に対しては、判決で明渡しを認めるかは何とも言えないが、たとえ認めるとしても、借家人からの控訴や上告などを考えると、ある程度の立退料を上乗せしても早期解決を図る方がよいのではないかと説得します。他方で、借家人に対しては、判決になれば家主が提示した立退料での明渡しを認めることになるかもしれないが、和解であれば家主を説得して立退料の金額を上乗せさせることが可能かもしれないと説得します。この結果、最終的に双方の折り合いがついて和解による解決に至ることが多いと思われます。

103

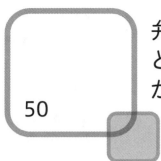

50 弁護士に依頼するとどの程度の期間がかかるのか

　交渉、調停、訴訟、強制執行という４段階でそれぞれの期間を要します。

　まず、交渉で解決する場合は、一般的には合意が成立するまで３か月から半年程度、合意成立から実際の明渡しまで３か月から半年程度要します。したがって、交渉開始から明渡しまでは半年から１年かかることになります。もっとも、合意成立の際には半年後の明渡しとしていても、借家人は落ち着かなくなるのか、実際には３か月程度で明け渡すことが多いという実感があります。

　交渉がうまくいかずに、調停の申立てをしてから調停が成立し、明渡しが完了するまでの期間としては、交渉開始から明渡しまでの期間と同様に半年から１年程度はかかるでしょう。交渉開始から通算すると、これに交渉期間が上乗せされるので、交渉を早めに、できれば３か月程度で切り上げる決断力が必要です。交渉だけをずるずると１年以上（私のところに来るまでに５年以上という事案もありました）続けているケースもありますが、交渉当初の借家人の反応を見て、交渉妥結の見込みがないと判断したときには、できるだけ早く交渉打ち切りをして、調停の手続に移行し、全体の期間を長

第一編　借家立退きの基本50

第二章

正当事由による立退き

くしないようにしましょう。

　調停での打ち切りのタイミングも早めに行うべきです。１回か２回行えば、調停成立の見通しが付きます。成立が見込めるのであればもう２、３回続けるのは構わないですが、そうでなければ打ち切るべきでしょう。

　打ち切って訴訟提起した場合の訴訟の期間は、判決が出るまでに１年から１年半程度要します。昔はもっとかかっていたのですが、2003年に「裁判の迅速化に関する法律」が制定されて以降、判決までの期間が短縮化されています。１審判決に対しては、控訴が可能ですが、控訴してから控訴審判決までの期間は、判決がひっくり返らない限りは１回目の期日で結審するので、３か月ないし半年程度でしょうか。さらに、控訴審に対しては、上告ないし上告受理申立ができます。最高裁がこの結果を出すまでには６か月から９か月要します。結局、訴訟提起から判決が確定するまでには１年９か月から２年９か月かかることになります。

　もっとも、**49**で述べたように訴訟でも和解による解決が多いので、その場合には半年から１年以内で和解してそこから３か月から半年で明け渡すことになります。

　和解ができずに判決に至った場合には、判決が確定しても借家人が任意に明け渡すことはまれで、強制執行の手続までせざるを得ず、さらに２、３か月を要します。

　以上を合計すると、交渉開始から強制執行が終了するまでには、早くても２年半以上要することになります。ですから、時は金なりというように、多少の立退料の上乗せをしても、交渉かせいぜい調停で解決するのが望ましいといえます。

105

第二編

借家立退きの裁判例

裁判例に入る前に

　ここでは、どの裁判例についても、家主をX、借家人をYと表示しています。判例評釈などで一般的に使われる訴訟の原告や控訴人あるいは上告人をXとしているのではないことにご注意ください（2だけは、適格消費者団体が家賃債務保証業者を訴えた差止訴訟のため団体をX、業者をYとしています。）。

　それぞれの「判決の要旨」は、原文のイメージを損なわないために「である調」ですが、「事案の概要」と「コメント」については、分かりやすさを優先して「です・ます調」にしています。

　「判決の要旨」について、原文を若干変えた裁判例もあります。現在では使われないような用語、たとえば、「就中」はより平易な「とりわけ」に変更しています。また、判決文相互間で送りがながバラバラにならないように、たとえば、ある判決で「引き換え」と書かれていても、「引換え」で統一しています。数字についても、できるだけ算用数字を用いています。

　各章のはじめに、何かの理解の足しになるのではないかという想いから、裁判例の類型や傾向などに関する簡単な導入文を容れました。

　章は、4つに分かれています。「第一章　総論」は、第一編の「第一章　総論」に対応した裁判例を挙げています。「第二章　正当事由による立退き」は、第一編の「第二章　正当事由による立退き」の内の立退料を除く正当事由の要件についての裁判例を挙げています。「第三章　立退料なしで認められた正当事由」は、立退料なしでの正当事由を認めた裁判例を紹介しています。そして、「第四章　立退料」は、第一編の「第二章　正当事由による立退き」の内の立退料についての裁判例を挙げています。

　それでは、これから100の裁判例に入っていきます。裁判所の考え方に少しでもなじんでもらえれば幸いです。

第一章

総　論

第一編の「第一章　総論」に対応した裁判例を紹介しています。

　それぞれの第一編の番号を述べると、本編の１は第一編の「３」に、本編の２は第一編の「２」に、本編の３と４は、第一編の「４」に、本編の５と６は第一編の「５」に、本編の７は第一編の「６」に、本編の８と９は第一編の「９」に、本編の10は第一編の「11」に、本編の11は第一編の「12」に、本編の12、13、14は第一編の「14」に、本編の15、16は第一編の「15」に、本編の17、18は第一編の「16」に、本編の19は第一編の「17」に、本編の20は第一編の「18」に、本編の21は第一編の「20」に、それぞれ対応しています。

　ここでは、主に、借家人に契約違反などがあったとしても、あるいは借家人との間で一時使用目的や定期借家で契約したとしても、借家の明渡しが認められない場合がある裁判例を挙げています。

　なお、２は、消費者契約法に基づく適格消費者団体による差止訴訟の最高裁判決です。契約書の内容があまりに借家人に不利な場合には、同様な訴訟が今後出てくる可能性があるので、今後のために十分読みこなす必要があります。

第二編　借家立退きの裁判例

第一章　総論

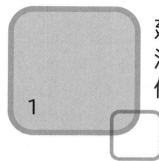

1 建物が火災により消滅して借家契約も終了した

・最高裁昭和42年6月22日判決
・民集21巻6号1468頁

事案の概要

Xは、Yに対し、昭和27年11月に本件建物を、1階部分住居、2階部分写真館として賃貸しましたが、昭和38年11月本件建物の隣家からの出火により2階部分がほぼ焼失したことから、Yを相手に家屋明渡請求訴訟を提起したところ、福岡地裁小倉支部はXの請求を棄却しました。Xが控訴したところ、福岡高裁は原判決を取り消し、Xの請求を認めました。Yが上告しましたが、最高裁は上告を棄却しました。

判決の要旨

本件建物は類焼を受け、そのため、スレート葺2階屋根と火元隣家に接する北側2階土壁は殆ど全部が焼け落ち、2階の屋根に接する軒下の板壁はところどころ燻焼し、2階内側は写場、応接室ともに天井の梁、軒桁、柱、押入等は半焼ないし燻焼し、床板はその一部が燻焼し、2階部分の火災前の建築材は殆ど使用にたえない状態

111

に焼損し、階下は火元の隣家に接する北側土壁はその大半が破傷し、火災の直接被害を受けなかったのは、火元の隣家に接する北側の階上階下の土壁を除いた三方の外板壁と階下の居住部分だけであり、本件建物は罹災のままの状態で、倒壊の危険さえも考えられるにたち至り、そのため火災保険会社は約9割の被害と認めて保険金30万円のうち金27万円を支払ったこと、また本件建物を完全に修復するには多額の費用を要し、その将来の耐用年数を考慮すると、右破損部分を修復するよりも、却ってその階上階下の全部を新築する方がより経済的であること、もっとも、右のとおり本件建物の階下居住部分は概ね火災を免れていて、全焼とみられる2階部分をとりこわし、屋根をつけるなどの修繕をして本件の建物を1階建に改造することは物理的に不可能ではないが、1階建てに改造したのでは、階下部分の構造や広さに鑑み、写真館として使用することが困難であることは、原判決が、適法に認定判断したところである。

　この認定事実を前記説示に照らして考えれば、本件建物は類焼により全体としてその効用を失い滅失に帰したと解するのが相当である。してみれば、本件建物が滅失したことによりXとYとの間の賃貸借契約は終了したとしてXのYらに対する本訴請求を認容した原判決は正当であって、何ら所論の違法はない。

コメント

　最高裁昭和32年12月3日判決・民集11巻13号2018頁が、建物が年数を経て戦災により朽廃しその効用を失った場合について、

「目的物滅失の場合と同様に賃貸借の趣旨は達成されなくなるから、これによって賃貸借契約は当然に終了するものと解するのを相当とする。」と判示していることから、**建物の朽廃**だけでなく、**滅失**の場合も借家契約が当然に終了することを認めていたといえます。

　もっとも、本件の地裁判決と高裁及び最高裁の判決が結論を異にしたように、「滅失」といえるかどうかは評価的な要素が大きいので、実際には難しい判断となります。また、前記昭和32年最高裁判決は朽廃による借家契約の終了を認めましたが、最高裁昭和43年12月20日判決・民集22巻13号3033頁は、土台の一部が低下し、柱の一部が腐蝕し、建物が傾斜している場合でも補修を加えることにより倒壊の危険を免れるとして、朽廃を否定し借家契約の終了を認めませんでした。

　このように、裁判所はそう容易く、滅失や朽廃を認めるとは限りません。そこで、家主としては、主位的に滅失や朽廃による借家契約の終了を主張するだけでなく、予備的に正当事由の要件を充足しているとして解約申入れによる借家契約の終了を主張することも検討すべきでしょう。

2 賃料債務保証委託契約書における無催告解除条項と明渡しのみなし条項が消費者契約法10条に該当する

・最高裁令和4年12月12日判決
・民集76巻7号1696頁

事案の概要

　Xは、消費者契約法2条4項にいう適格消費者団体で、Yは、賃貸住宅の賃借人の委託を受けて賃借人の賃料等の支払に係る債務を保証する事業を営む賃料債務保証業者です。Yは、賃貸住宅の賃貸人、賃借人等との間で、「住み替えかんたんシステム保証契約書」と題する契約書（以下「本件契約書」という。）を用いて、賃貸人と賃借人との間の賃貸借契約（以下「原契約」といい、原契約の対象物件である賃貸住宅を「本件建物」という。）に関し、賃借人がYに対して賃料債務等を連帯保証することを委託し、Yが賃貸人に対して当該賃料債務等を連帯保証すること等を内容とする契約を締結しました。

　本件は、Xが、Yに対し、本件契約書13条1項前段（Yは、賃借人が支払を怠った賃料等及び変動費の合計額が賃料3か月分以上に達したときは、無催告にて原契約を解除することができるものとする。）、本件契約書18条2項2号（Yは、賃借人が賃料等の支払を2か月分以上怠り、Yが合理的な手段を尽くしても賃借人本人と

第二編　借家立退きの裁判例

第一章

総論

連絡がとれない状況の下、電気・ガス・水道の利用状況や郵便物の状況等から本件建物を相当期間利用していないものと認められ、かつ本件建物を再び占有使用しない賃借人の意思が客観的に看取できる事情が存するときは、賃借人が明示的に異議を述べない限り、これをもって本件建物の明渡しがあったものとみなすことができる。）等の各条項が法10条に規定する消費者の利益を一方的に害する消費者契約の条項に当たるなどと主張して、法12条3項本文に基づき、上記各条項を含む消費者契約の申込み又はその承諾の意思表示の各差止め、上記各条項が記載された契約書ひな形が印刷された契約書用紙の各廃棄等を求める事案です。

　1審の大阪地裁は、本件契約書18条2項2号は法8条1項3号に該当し、同条項が記載された契約書用紙の廃棄を命じたものの、その余のXの請求を棄却しました。双方が控訴したところ、大阪高裁は、1審のY敗訴部分を取り消し、Xの請求をいずれも棄却しました。そこで、Xが上告受理申立てをしたところ、最高裁は、原判決の1審のY敗訴部分（本件契約書18条2項2号）の取消しを破棄し、Yの控訴を棄却しました。そして、1審判決中のXが敗訴した、本件契約書13条1項前段に関して、Yは、賃貸住宅の賃借人となる消費者との間で当該消費者の賃料等の支払に係る債務の保証委託に関する契約を締結するに際し、上記内容の条項を含む契約の申込み又はその承諾の意思表示を行ってはならないとし、同条項が記載された契約書用紙の廃棄を命じました。

115

判決の要旨

　原審は、要旨、次のとおり判断して、Xの本件契約書13条1項前段に関する請求を棄却すべきものとした。

　最高裁昭和43年11月21日判決・民集22巻12号2741頁は、家屋の賃貸借契約において、一般に、賃借人が賃料を1か月分でも遅滞したときは催告を要せず契約を解除することができる旨を定めた特約条項は、賃料が約定の期日に支払われず、そのため契約を解除するに当たり催告をしなくてもあながち不合理と認められないような事情が存する場合に、無催告で解除権を行使することが許される旨を定めた約定であると解するのが相当である旨を判示している。この法理は、本件契約書13条1項前段にも及ぶというべきである。したがって、本件契約書13条1項前段は、Yが賃料等（変動費を含む。以下同じ）の支払の遅滞を理由に原契約を解除するに当たり催告をしなくてもあながち不合理とは認められないような事情が存する場合に、無催告で解除権を行使することが許される旨を定めた条項であると解するのが相当である。そうすると、Yが本件契約書13条1項前段により原契約につき無催告で解除権を行使するとしても、賃借人の不利益は限定的なものにとどまるというべきであるから、本件契約書13条1項前段が信義則に反して消費者である賃借人の利益を一方的に害するものということはできない。よって、本件契約書13条1項前段は、法10条に規定する消費者契約の条項には当たらない。

　しかしながら、原審の上記判断は是認することができない。その

理由は、次のとおりである。

　本件契約書13条1項前段が法10条に規定する消費者契約の条項に該当するか否かを検討するに当たり、まず、本件契約書13条1項前段がいかなる内容を定めた条項であるのかを検討する。前記事実関係等によれば、賃借人に賃料等の支払の遅滞がある場合、Ｙは賃貸人に対して賃料債務等につき連帯保証債務を履行する義務を負う一方、連帯保証債務の履行を受けた賃貸人は原契約を解除する必要に迫られないことから、Ｙが無制限に連帯保証債務を履行し続けなければならないという不利益を被るおそれがある。本件契約書13条1項前段は、このような不利益を回避するため、賃料債務等の連帯保証人であるＹに原契約の解除権を付与する趣旨に出たものと解される。そして、本件契約書13条1項前段は、無催告で原契約を解除できる場合について、単に「賃借人が支払を怠った賃料等の合計額が賃料3か月分以上に達したとき」と定めるにとどまり、その文言上、このほかには何ら限定を加えておらず、賃料債務等につき連帯保証債務が履行されたか否かによる区別もしていない以上、Ｙ自身が、本件訴訟において、連帯保証債務を履行した場合であっても、本件契約書13条1項前段に基づいて無催告で原契約を解除することができる旨を主張している（記録によれば、Ｙは、現にそのような取扱いをしていることがうかがわれる。）。これらに鑑みると、本件契約書13条1項前段は、所定の賃料等の支払の遅滞が生じさえすれば、賃料債務等につき連帯保証債務が履行されていない場合だけでなく、その履行がされたことにより、賃貸人との関係において賃借人の賃料債務が消滅した場合であっても、連帯保証人で

あるＹが原契約につき無催告で解除権を行使することができる旨を
定めた条項であると解される。

　原判決の引用する前記最高裁判決は、賃貸人が無催告で賃貸借契
約を解除することができる旨を定めた特約事項について、賃料が約
定の期日に支払われず、そのため契約を解除するに当たり催告をし
なくてもあながち不合理とは認められないような事情が存する場合
に、無催告で解除権を行使することが許される旨を定めた約定であ
ると解したものである。他方で、本件契約書13条1項前段は、賃
貸人ではなく、賃料債務等の連帯保証人であるＹが原契約につき無
催告で解除権を行使することができるとするものである上、連帯保
証債務が履行されたことにより、賃貸人との関係において賃借人の
賃料債務等が消滅した場合であっても、無催告で原契約を解除する
ことができるとするものであるから、前記最高裁判決が判示した上
記特約条項とはおよそかけ離れた内容のものというほかない。また、
法12条3項本文に基づく差止請求の制度は、消費者と事業者との
間の取引における同種の紛争の発生又は拡散を未然に防止し、もっ
て消費者の利益を擁護することを目的とするものであるところ、上
記差止請求の訴訟において、信義則、条理等を考慮して規範的な観
点から契約の条項の文言を補う限定解釈をした場合には、解釈につ
いて疑義の生ずる不明確な条項が有効なものとして引き続き使用さ
れ、かえって消費者の利益を損なうおそれがあることに鑑みると、
本件訴訟において、無催告で原契約を解除できる場合につき上記に
みたとおり何ら限定を加えていない本件契約書13条1項前段につ
いて上記の限定解釈をすることは相当でない。

そうすると、前記最高裁判決が示した法理が本件契約書13条1項前段に及ぶということはできず、本件契約書13条1項前段について、Yが賃料等の支払の遅滞を理由に原契約を解除するに当たり催告をしなくてもあながち不合理とは認められないような事情が存する場合に、無催告で解除権を行使することが許される旨を定めた条項であると解することはできないというべきである。

そこで、本件契約書13条1項前段が法10条に規定する消費者契約の条項に当たるか否かについて検討する。まず、法10条は、消費者契約の条項が、法令中の公の秩序に関しない規定、すなわち任意規定の適用による場合に比し、消費者の権利を制限し、又は消費者の義務を加重するものであることを要件としている。一般に、賃借人に賃料等の支払の遅滞がある場合、原契約の解除権を行使することができるのは、その当事者である賃貸人であって、賃料債務等の連帯保証人ではない。また、上記の場合において、賃料債務等につき連帯保証債務の履行がないときは、賃貸人が上記遅滞を理由に原契約を解除するには賃料等の支払につき民法541条本文に規定する履行の催告を要し、無催告で原契約を解除するには同法542条1項5号に掲げる場合等に該当することを要する。他方で、上記の連帯保証債務の履行があるときは、賃貸人との関係においては賃借人の賃料債務等が消滅するため、賃貸人は、上記遅滞を理由に原契約を解除することはできず、賃借人にその義務に違反し信頼関係を裏切って賃貸借関係の継続を著しく困難ならしめるような不信行為があるなどの特段の事情があるときに限り、無催告で原契約を解除することができるにとどまると解される。そうすると、本件契約書

13条1項前段は、賃借人が支払を怠った賃料等の合計額が賃料3か月分以上に達した場合、賃料債務等の連帯保証人であるYが何らの限定なく原契約につき無催告で解除権を行使することができるものとしている点において、任意規定の適用による場合に比し、消費者である賃借人の権利を制限するものというべきである。

　次に、法10条は、消費者契約の条項が、民法1条2項に規定する基本原則、すなわち信義則に反して消費者の利益を一方的に害するものであることを要件としている。原契約は、当事者間の信頼関係を基礎とする継続的契約であるところ、その解除は、賃借人の生活の基盤を失わせるという重大な事態を招来し得るものであるから、契約関係の解消に先立ち、賃借人に賃料債務等の履行について最終的な考慮の機会を与えるため、その催告を行う必要性は大きいということができる。ところが、本件契約書13条1項前段は、所定の賃料等の支払の遅滞が生じた場合、原契約の当事者でもないYがその一存で何らの限定なく原契約につき無催告で解除権を行使することができるとするものであるから、賃借人が重大な不利益を被るおそれがあるということができる。したがって、本件契約書13条1項前段は、消費者である賃借人と事業者であるYの各利益の間に看過し得ない不均衡をもたらし、当事者間の衡平を害するものであるから、信義則に反して消費者の利益を一方的に害するものであるというべきである。

　よって、本件契約書13条1項前段は、法10条に規定する消費者契約の条項に当たるというべきである。

　これと異なる原審の判断には、判決に影響を及ぼすことが明らか

第二編　借家立退きの裁判例

第一章

総論

な法令の違反がある。論旨はこの趣旨をいうものとして理由がある。そして、前記事実関係等及び上記に説示したところによれば、本件契約書13条1項前段に関するXの請求のうち、賃借人となる消費者との間で当該消費者の賃料等の支払に係る債務の保証委託に関する契約を締結する際における本件契約書13条1項前段を含む契約の申込み又はその承諾の意思表示の差止め及び本件契約書13条1項前段が記載された契約書ひな形が印刷された契約書用紙の廃棄を求める部分は理由があるが、その他の措置をとる必要があるとはいえないから、その余の部分は理由がないというべきである。

　原審は、要旨次のとおり判断して、Xの本件契約書18条2項2号に関する請求を棄却した。

　本件契約書18条2項2号は、①賃借人が賃料等の支払を2か月分以上怠ったこと、②Yが合理的な手段を尽くしても賃借人本人と連絡が取れない状況にあること、③電気・ガス・水道の利用状況や郵便物の状況等から本件建物を相当期間利用していないものと認められること、④本件建物を再び占有使用しない賃借人の意思が客観的に看取できる事情が存することという4つの要件（以下「本件4要件」という。）を満たすことにより、賃借人が本件建物の使用を終了してその占有権が消滅しているものと認められる場合に、賃借人が明示的に異議を述べない限り、Yが本件建物の明渡しがあったものとみなすことができる旨を定めた条項であり、原契約が継続している場合は、これを終了させる権限をYに付与する趣旨の条項であると解するのが相当である。

　そうすると、本件4要件を満たす場合、賃借人は、通常、原契約

121

に係る法律関係の解消を希望し、又は予期しているものと考えられ、むしろ、本件契約書18条2項2号が適用されることにより、本件建物の現実の明渡義務や賃料等の更なる支払義務を免れるという利益を受けるのであるから、本件建物を明け渡したものとみなされる賃借人の不利益は限定的なものにとどまるというべきであって、本件契約書18条2項2号が信義則に反して消費者である賃借人の利益を一方的に害するものということはできない。よって、本件契約書18条2項2号は、法10条に規定する消費者契約の条項には当たらない。

　しかしながら、原審の上記判断は是認することができない。その理由は、次のとおりである。

　本件契約書18条2項2号には原契約が終了している場合に限定して適用される条項であることを示す文言はないこと、Yが、本件訴訟において、原契約が終了していない場合であっても、本件契約書18条2項2号の適用がある旨を主張していること等に鑑みると、本件契約書18条2項2号は、原契約が終了している場合だけでなく、原契約が終了していない場合においても、本件4要件を満たすときは、賃借人が明示的に異議を述べない限り、Yが本件建物の明渡しがあったものとみなすことができる旨を定めた条項であると解される。そして、本件契約書18条2項2号には原契約を終了させる権限をYに付与する趣旨を含むことをうかがわせる文言は存しないのであるから、本件契約書18条2項2号について上記の趣旨の条項であると解することはできないというべきである。

　そこで、本件契約書18条2項2号が法10条に規定する消費者契

約の条項に当たるか否かについて検討する。

　Ｙが、原契約が終了していない場合において、本件契約書18条2項2号に基づいて本件建物の明渡しがあったものとみなしたときは、賃借人は、本件建物に対する使用収益権が消滅していないのに、原契約の当事者でもないＹの一存で、その使用収益権が制限されることとなる。そのため、本件契約書18条2項2号は、この点において、任意規定の適用による場合に比し、消費者である賃借人の権利を制限するものというべきである。そして、このようなときには、賃借人は、本件建物に対する使用収益権が一方的に制限されることになる上、本件建物の明渡義務を負っていないにもかかわらず、賃貸人が賃借人に対して本件建物の明渡請求権を有し、これが法律に定める手続によることなく実現されたのと同様の状態に置かれるのであって、著しく不当というべきである。

　また、本件4要件のうち、本件建物を再び占有使用しない賃借人の意思が客観的に看取できる事情が存することという要件は、その内容が一義的に明らかでないため、賃借人は、いかなる場合に本件契約書18条2項2号の適用があるのかを的確に判断することができず、不利益を被るおそれがある。

　なお、本件契約書18条2項2号は、賃借人が明示的に異議を述べた場合には、Ｙが本件建物の明渡しがあったとみなすことができないものとしているが、賃借人が異議を述べる機会が確保されているわけではないから、賃借人の不利益を回避する手段として十分でない。

　以上によれば、本件契約書18条2項2号は、消費者である賃借

人と事業者であるＹの各利益の間に看過し得ない不均衡をもたらし、当事者間の衡平を害するものであるから、信義則に反して消費者の利益を一方的に害するものであるというべきである。

　よって、本件契約書18条2項2号は、法10条に規定する消費者契約の条項に当たるというべきである。

　これと異なる原審の判断には、判決に影響を及ぼすことが明らかな法令の違反がある。論旨はこの趣旨をいうものとして理由がある。そして、前記事実関係等及び上記に説示したところによれば、本件契約書18条2項2号に関するＸの請求のうち、賃借人となる消費者との間で当該消費者の賃料等の支払に係る債務の保証委託に関する契約を締結する際における本件契約書18条2項2号を含む契約の申込み、又はその承諾の意思表示の差止め及び本件契約書18条2項2号が記載された契約書ひな形が印刷された契約書用紙の廃棄を求める部分は理由があるが、その他の措置をとる必要があるとはいえないから、その余の部分は理由がないといういうべきである。したがって、これと同旨の第1審判決は結論において正当である。

　以上のとおりであるから、原判決主文第1項を破棄して、Ｙの控訴を棄却し、原判決中、本件契約書13条1項前段に係る請求に関する部分を主文第2項のとおり変更するとともに、Ｘの本件契約書18条2項2号に係るその余の請求に関する上告を棄却することとする。

第二編　借家立退きの裁判例

第一章

総論

コメント

　本件訴訟の特徴は、まず、「**適格消費者団体**」により提起された訴訟ということです。適格消費者団体は、消費者契約法13条以下で規定されていますが、不特定かつ多数の消費者の利益のために差止請求関係業務を行う特定非営利活動法人（いわゆるNPO法人）などで、内閣総理大臣の認定を受ける必要があります。本件のX（上告人）は、関西のある特定非営利活動法人です。消費者契約法12条は、適格消費者団体による各種の差止請求権を認めていますが、本件では、法12条3項の法10条（消費者の利益を一方的に害する条項の無効）に規定する条項の差止請求をしたものです。

　1審の大阪地裁、2審の大阪高裁、そして上告審の最高裁と結論がそれぞれ大きく変わりました。特に、2審の大阪高裁では適格消費者団体の請求を全面的に否定したのに対して、最高裁は、請求のうちの相当部分についてこれを認めており、消費者の利益を守る最高裁の強い意思が見受けられます。訴訟の相手方とされた事業者Yは、賃貸建物の家賃債務保証業者です。

　本件の争点は2つです。第1に、賃料等の不払があるときに家賃債務保証業者が無催告で賃貸借契約を解除できる旨の本件契約書13条1項前段が法10条に該当するか、第2に、賃料等の不払等の事情が存するときに保証会社が賃貸住宅の明渡しがあったものとみなすことができる旨の本件契約書18条2項2号が法10条に該当するかです。

　法10条は2つの要件から成り立っています。前段の要件は、「法

125

令中の公の秩序に関しない規定の適用による場合に比して消費者の権利を制限し又は消費者の義務を加重する消費者契約の条項」、後段の要件は、「民法第1条第2項に規定する基本原則に反して消費者の利益を一方的に害するもの」です。

　争点の第1の本件契約書13条1項前段については、まずその前提として、連帯保証人が賃貸借契約を解除するものであり、原判決が引用する昭和43年最高裁判決が賃料1か月分の遅滞で賃貸人による無催告解除を認めた場合とはかけ離れた内容としました。その上で、法10条の前段の要件については、民法541条が賃料遅滞については催告を要することを原則としていることから、これを認めました。次に、法10条の後段の要件については、継続的契約の解除は賃借人に生活の基盤を失わせるという重大な不利益を被らせるおそれがあり、消費者の利益を一方的に害するとして、これを認めました。

　争点の第2の本件契約書18条2項2号については、原契約が終了していない場合に明渡しがあったものとみなすことで賃借人の使用収益権が制限されることとなるので法10条の前段の要件を満たすとしました。法10条の後段の要件については、賃借人は本件建物の明渡し義務を負っていないのに賃貸人が明渡請求権を有し、法律に定める手続によることなく明渡しが実現されたのと同様の状態に置かれたのは著しく不当であること、本件4要件のうちの一義的に明らかでない点があることや賃借人が異議を述べる機会を確保されていないことなどから消費者の利益を一方的に害するとして、これを認めました。

第二編　借家立退きの裁判例

第一章

総論

　本件は、居住用建物賃貸借についての家賃債務保証業者の定型的な保証委託及び連帯保証に関する契約書式の中の**無催告解除条項**と**明渡しみなし条項**について、適格消費者団体による差止訴訟を初めて認めたもので、実務上大きな意義を有すると考えられます。

　今後、居住用建物賃貸借については、家賃債務保証業者に限らず、賃貸人と賃借人との間の賃貸借契約書についても、消費者である賃借人の利益を一方的に害する条項とみなされる場合には、適格消費者団体による差止訴訟が提起される可能性があります。

　他方で、事業用建物賃貸借については、事業者間の契約であるので、直ちに適格消費者団体による差止訴訟の適用対象とはならないと思われます。

127

家賃の滞納について催告なしの解除を否定した

- 最高裁昭和35年6月28日判決
- 民集14巻8号1547頁

事案の概要

XはYらに対し、本件建物を賃貸していたところ、Yらは昭和29年10月分当時から家賃の滞納をするようになり、昭和30年12月分以降の11か月分の賃料を支払わなかったことから、Xは、昭和31年11月に本件借家契約を解除し、家屋明渡請求訴訟を提起しました。原審の広島高裁松江支部は、催告なしの解除を有効であるとしてXの請求を認めました。Yらが上告したところ、最高裁は原判決を破棄し、広島高裁に差し戻しました。

判決の要旨

原判決確定のごとき事実関係の下においても、民法541条により賃貸借契約を解除するには、他に特段の事情の存しない限り、なお、同条所定の催告を必要とするものと解するのが相当である。

第二編　借家立退きの裁判例

第一章

総論

コメント

　借家契約において、以前から家賃の滞納があり、その上に11か月分の家賃の支払が滞っている場合には、民法541条の解除が必要か否かについて、原判決の広島高裁はこれを不要としましたが、最高裁は反対にこれを必要として原判決を破棄しました。

　常識的に考えれば、それ以前から滞納があり、解除時点で11か月分もの家賃を滞納しているのであれば、家主が借家人との信頼関係は失われたとして催告をするまでもないと考えても不思議ではありません。現に、広島高裁松江支部はそのように判断したのです。しかしながら、最高裁は、「**他に特段の事情の存しない限り**」催告を**必要**と判示しました。

　家賃の滞納という金銭的な面の不履行については、最高裁は、特段の事情の存しない限り反省の機会を与えてよいと判断したからであると思われます。では、何が「特段の事情」なのかですが、借家契約書において「家賃の滞納が3か月分になった時には、催告なしで解除できる」など**無催告解除**が明記されている場合が考えられます。

　もっとも、小さい文字で印刷されている契約書に無催告解除の条項が書かれているというだけで「特段の事情」ありとまで決めつけるのも危険です。現に、最高裁昭和51年12月17日判決・民集30巻11号1036頁は、1か月分の家賃滞納で当然解除とした訴訟上の和解の効力を否定しました。

　そこで、私は、家主に対し、家賃滞納について無催告解除の条項

129

がある場合でも、解除の効力を確実にするために、あえて催告をすることをアドバイスしています。

　もっとも、近隣への迷惑行為が著しく信頼関係が破壊されたとみなされる場合や、民法542条1項各号で定められているように、借家人の履行拒絶の意思が明確な場合などであれば無催告解除も可能です。

第二編　借家立退きの裁判例

第一章　総論

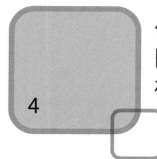

4 催告と解除との間には相当期間を要する

・最高裁昭和37年2月2日判決
・集民58号505頁

事案の概要

Xは、Yに対し本件家屋を賃貸していましたが、17か月分の家賃を滞納したとして、催告した2日後に借家契約を解除し、本件家屋明渡請求訴訟を提起しました。原審がXの請求を棄却したため、Xが上告しましたが、最高裁は上告を棄却しました。

判決の要旨

原審は、証拠によって適法に認定した原判示事実に基づいて、Xは昭和26年5月30日にYに到達した催告書を以て1か月につき金400円の割合で17か月分の延滞家賃の支払を催告し、更に2日後である同年6月1日にYに到達した書面で本件賃貸借解除の意思表示をしたのであるが、X、Y双方の経済事情その他弁論の全趣旨から認められる本件賃貸借契約の客観的事情を考慮するときは、右催告と解除の意思表示はその間に民法541条所定の相当の期間を存しないものと解すべきであるから、右の賃貸借解除の意思表示は効力

を生じなかったものであると判断している。そして、本件にあらわれた事情のもとにおいては原審の右判断は肯認できる。

コメント

　3において、家賃の滞納を理由に借家契約を解除する場合には、原則として催告が必要であると述べました。その場合に、民法541条は「相当の期間を定めてその履行の催告をし」と規定していることから、催告と解除との間には**「相当の期間」**が必要であることが分かるでしょう。

　そこで、どの程度の期間があれば「相当の期間」といえるかですが、本件判決は、催告から2日後の解除では「相当の期間を存しない」と判断しました。確かに、17か月分もの家賃の滞納をしている者に対して、2日で支払えというのは無理があると思われます。では、どの程度の期間を空ければよいのかということですが、最高裁昭和37年5月1日判決・集民60号481頁は1週間の催告期間は不相当ではないと判示していることから、長期間の滞納でも1週間程度の期間を空ければ、催告から解除までの相当期間であると考えられます。

　私も、家主などからどの程度の期間を空ければよいのかという質問を受けることがありますが、最低1週間は空けるようにアドバイスをしています。

　なお、ここで注意してほしいことは、催告も解除も相手に届いて初めてその効力を生じるということです。これを意思表示の**到達主**

第二編　借家立退きの裁判例

第一章

総論

義といいます（民法97条1項）。したがって、仮に3月1日に催告
の書面を発送しても借家人に届いたのが3月6日であるのに対し解
除の書面を借家人宅に持参したのが3月8日であれば本件と同様に
2日間の間隔しかないことから、相当期間の催告を否定される可能
性があるので、気を付けてください。

借家人が家主に無断で賃借権を譲渡しても解除を否定することがある

・最高裁昭和30年9月22日判決
・民集9巻10号1294頁

事案の概要

甲がY組合に対し本件建物を賃貸していましたが、Xが昭和21年2月に甲から本件家屋を買い受けた後、Y組合が同年3月に解散し、Y1社及びY2社に対し、本件家屋の賃借権の持分2分の1を譲渡しました。Xが、Y組合並びにY1社及びY2社を相手に賃借権の無断譲渡による解除などを理由に家屋明渡請求訴訟を提起しました。京都地裁、大阪高裁はいずれもXの請求を棄却したため、Xが上告したところ、最高裁は上告を棄却しました。

判決の要旨

民法612条2項が、賃借人が賃貸人の承諾を得ないで賃借権の譲渡又は賃借物の転貸をした場合、賃貸人に解除権を認めたのは、そもそも賃貸借は信頼関係を基礎とするものであるところ、賃借人にその信頼を裏切る行為があったということを理由とするものである。それ故、たとえ賃借人において賃貸人の承諾を得ないで上記の行為

第二編　借家立退きの裁判例

第一章

総論

をした場合であっても、賃借人の右行為を賃貸人に対する背信行為と認めるに足りない特段の事情のあるときは、賃貸人は同条同項による解除権を行使し得ないものと解するを相当とする。しかるに本件においては、原審の認定した事実関係の下においては、賃借権の譲渡に関する諸般の事情は、まさに上記賃貸人に対する背信行為と認めるに足りない特段の事情と認めうるのであって、従って本件の場合に、原審が民法612条2項による解除権の行使を認めなかったことは正当である。

コメント

　3の家賃滞納と異なり、家主の承諾を得ないで賃借権の譲渡又は転貸をした場合には、家主は、民法612条2項により催告をしないで解除することができます。

　しかしながら、ここでも例外があるのです。それが本件のような場合です。Y組合は、商工組合法により設立されたものですが、当局の通達により生産部門と販売部門の兼業が認められなくなったことから、Y1社とY2社を新たに設立して、Y組合の生産と販売の各部門を両社に引き継がせたもので、Y組合と両社の構成員は同一であることから、本件家屋の使用状況に変わりがなく、法規の改正によりやむを得ず賃借権を譲渡したものといえ、最高裁が、このような事情を踏まえ、賃借権の譲渡に対し**背信行為と認めるに足りない特段の事情がある**として解除を否定したのは正当なものといえます。

135

この後も、本件判決を引用して、最高裁昭和31年5月8日判決・民集10巻5号475頁、最高裁昭和36年4月28日判決・民集15巻4号1211頁が、いずれも無断転貸について、背信行為と認めるに足りない特段の事情があるとして、解除を否定しました。

　無論、民法612条2項において賃借権の無断譲渡・転貸については解除事由と明記されているので、解除が認められるのが原則であることには間違いありません。家主の立場としては、借家人による無断譲渡・転貸がある時には、解除が認められる可能性が高いことは踏まえつつ、「背信行為と認めるに足りない特段の事情」があるかどうかを慎重に見極める必要があると思います。

第二編　借家立退きの裁判例

第一章　総論

6 家主は無断譲渡・転貸で解除をしなくとも賃借権の譲受人や転借人に対し明渡請求ができる

・最高裁昭和26年5月31日判決
・民集5巻6号359頁

事案の概要

Yは、甲から本件家屋を賃借していたところ、昭和21年秋に母国に帰国するに際して、Zに賃借権を譲渡しましたが、甲の承諾を得ていませんでした。甲は、当初Yの女中丙からZがYの留守居であると告げられたこともあり、丙を通じてZから賃料を受領していましたが、その後Zが賃借権を譲り受けたと知って、紛争になり、その後Xに本件家屋を譲渡しました。Xは、Zを相手に家屋明渡請求をしたところ、神戸地裁も大阪高裁もXの請求を認めました。Yが上告したところ、最高裁はYの上告を棄却しました。

判決の要旨

原審は、右認定に係る事実と、本訴当事者間に争いがない「Xが昭和22年10月甲から本件家屋を買い受けその所有権を取得した」との事実及び「YがXの右所有権取得以前から該家屋を占有している」との事実に基づきYは昭和22年10月以前から甲及びXのいず

れにも対抗し得べき何等の権原もなく不法に本件家屋を占有するものであると判示したのである。この判旨の正当であることは民法612条1項に「賃借人は賃貸人の承諾あるにあらざればその権利を譲渡…することを得ず」と規定されていることに徴して明白であり、所論同条2項の法意は賃借人が賃貸人の承諾なくして賃借権を譲渡し又は賃借物を転貸し、よって第三者をして賃借物の使用又は収益をなさしめた場合には賃貸人は賃借人に対して基本である賃貸借契約までも解除することを得るものとしたに過ぎないのであって、所論のように賃貸人が同条項により賃貸借契約を解除するまでは賃貸人の承諾を得ずしてなされた賃借権の譲渡又は転貸を有効とする旨を規定したものでないことは多言を要しないところである。

コメント

　民法612条は、1項で賃貸人の**承諾なしでの賃借権の譲渡・転貸の禁止**を定めるとともに、2項で賃借人が1項に違反した場合の賃貸人の**解除権**を認めました。そこで、1項と2項の関係はどうみればよいのか、言い換えると、1項に違反しても2項の解除権を行使しなければ、1項の賃借人の行為による賃借権の譲受人や転借人の立場は法的に認められるのかという問題が生じました。

　本件判決は、これに対する回答で、賃貸人つまり建物でいえば家主は、賃借人つまり借家人に対し解除権を行使しなくとも、借家の権利を譲り受けた者や転借人に対し、借家の明渡しを求めることができると判示したものです。

第二編　借家立退きの裁判例

第一章

総論

　家主にしてみれば、家主に無断で借家の権利を譲渡したり、転貸することはけしからんが、それが解消されれば、借家契約自体を維持することもあり得るので、解除権の行使の有無にかかわらず譲受人や転借人に対する明渡請求が認められるのは好ましいことといえます。本件判決の論旨に賛成です。

139

賃貸借の合意解約により転貸借が消滅する場合がある

- 最高裁昭和31年4月5日判決
- 民集10巻4号330頁

事案の概要

Xは、昭和18年6月にYに対し二戸一の西側部分の本件家屋を賃貸しましたが、昭和24年12月頃Z代理人からの懇請に応じて、近く予想されるYの退去までの間、賃貸部分の一部をZが転借することにつき承諾しました。Yは、本件家屋の借家契約について、Xとの間の合意解約により昭和26年12月に本件家屋を退去しました。そこで、Xは、Zに対し転借部分からの明渡しを求めて本訴を提起したところ、1審、原審はいずれもXの請求を認めました。Zが上告しましたが、最高裁は、Zの上告を棄却しました。

判決の要旨

原審の認定した事実によれば、Xは、近く予想せられたYの本件家屋退去に至るまでの間を限って、その家屋の一部の転借につき、Zの代理人に対し承諾を与えたものであって、Z側も当初より右事実関係を了承していたものであることがうかがえるから、Zの転借

権が、ＸとＹとの賃貸借の終了により消滅するとした原判決には、所論のような経験則違背はなく、また民法１条違反も認められない。

コメント

　借地借家法34条によれば、借家契約が期間の満了又は解約の申入れにより**終了**した場合には、家主はその旨の**通知**をしなければその終了を転借人に**対抗**できず、通知した場合には通知から６か月の経過で転貸借が終了する旨定められています。

　本件においても、借家人の解約申入れを受けて家主が借家人との間で借家契約を合意解約したものですから、一見すると同法34条の適用がありそうです。しかしながら、本件の事実関係をみると、当初から借家人の退去に至るまでの間に限っての転貸を承諾し、その事実を転借人も知っていた場合には、同条の例外として、借家契約の合意解約と同時に転貸借も消滅するとしたもので、妥当な判決と思われます。

　もっとも、最高裁昭和37年２月１日判決・集民58号441頁は、借家契約の合意解除によって転借人の権利は消滅しない、と判示しているとおり、合意解除により転貸借が消滅するのはあくまで例外といえます。2017年改正民法613条３項も転借人を保護しています。

　また、借地上の建物の借家人は建物転貸借の転借人に類似した立場にあると考えられますが、最高裁昭和38年２月21日判決・民集17巻１号219頁は、借地契約の合意解除の効果を借地上の建物の

借家人に対抗できないと判示して、借地上の建物の借家人を転借人と同様に保護しています。

第二編　借家立退きの裁判例

第一章　総論

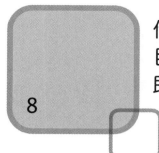

8 借家法の適用を免れる目的で作成された即決和解調書は無効である

・千葉地裁平成元年8月25日判決
・判時1361号106頁

事案の概要

XはYに対し、昭和49年9月に不動産業者Vの仲介で本件建物を賃貸しましたが、借家契約書を作成せず、その代わりにXの要求により、不法占有者に対する建物明渡請求件の期限の猶予という構成の即決和解調書を作成しました。その後も期間が来ると、昭和50年9月、昭和53年7月、昭和56年8月、昭和59年9月に同様の即決和解調書を作成しました。Yは、最後の昭和56年調書及び昭和59年調書について、借家法の適用を免れる目的で作成されたもので無効であるとして、和解調書の執行力の排除を求めて請求異議訴訟を提起しました。千葉地裁は、Yの請求を認めました。

判決の要旨

56年調書、59年調書は、それ以前の3つの即決和解調書の延長線上にあるものと捉えることができるところ、これらの調書は、一応、Xにおいて、期間満了に際して、借家法の適用を免れて、更新

の諾否の自由を確保し、かつ、更新に際して賃料の増額を有利に導くための便法として作成されたものと推認できる。ただ、Xは、本件建物賃貸借契約は当初から一時使用の約定であり、借家法の適用はないものであったと主張しているので、右主張の当否について、以下検討を加えておくことにする。

　Yは、Vから、X側からビルを建てるかもしれないので、期間は10か月としてもらいたいとの話を聞いたことが認められる。しかし、他方でYは、Vから本件建物を賃借するに当たって、ビルは建たないから大丈夫と言われていたことも認められる。Yは、本件建物の賃借中、2回にわたって多大の出費をして本件建物の内部を改造し、Xはこれを承諾していること、X及びその夫は、本件建物を取り壊し、ビルを建築しようとの気持ちはYに賃貸する当時から腹案として持ってはいたものの、具体的にビル建築をしようと考え始めたのは、Yに本件建物を賃貸後の昭和50年に入ってからであること、ビルを建築するためには本件建物の敷地だけでは面積が足りず、隣接するXの建物を同時に取り壊す必要があったところ、同建物の2階部分はWに賃貸中であったこと、昭和50年に入ってWに右建物部分の明渡しを求めたが、Wはこれを拒否したこと、Xは、Wの明渡拒否の態度が強いとみて、それ以上明渡しの交渉はしなかったこと、このため、ビル建築の話は昭和62年頃まで沙汰止みとなったこと、かえって、Xは、昭和57年には、隣接建物の1階部分を他に賃貸するに至っていること、そして、Xは、Yに対し約13年間、本件建物を明渡せとの具体的な話はしていないこと、あったのは賃料増額の話だけであったことがそれぞれ認められるのであり、これ

144

ら認定の諸事実に照らすと、X、Y間の本件建物の賃貸借が一時使用の目的であったと認めることは困難というほかない。

以上によれば、56年調書、59年調書を含め5通の即決和解調書は、右調書作成当時、本件建物の明渡しを求める意図は別段具体化していたわけではないのに、Yの法律に不案内であることに乗じ、契約期間等についての借家法の拘束を免れるための便法として、簡易な起訴前の和解制度を、その制度の趣旨を逸脱して濫用して作成されたものと解するのが相当である。そうだとすると、56年調書及び59年調書は無効というべきであり、右各調書に基づく強制執行はこれを許さないとするのが相当である。

コメント

民事訴訟法275条1項は、民事上の争いについて相手方の最寄りの簡易裁判所に「訴え提起前の和解」の申立てができると定めています。一般的には**即決和解**といわれています。この申立てに基づいて**和解調書**が作成されると**確定判決**と同じ効力を有し、**強制執行**をすることができます。そこで、家主は、借家人の借家の明渡しを確実にするためにということで、即決和解を利用することがあります。

ところが、民事訴訟法275条1項は、あくまで当事者間に「**民事上の争い**」があることが前提です。本件の事案のように新規に借家を貸す場合には、そもそも「民事上の争い」がないはずであり、即決和解の前提としての要件を欠いているといえます。しかも、借

145

家法の更新を回避する便法としてなされた濫用的なものである以上、無効と判断されたのはやむを得ないといえます。

　私が弁護士になりたての昭和の終わり頃には、即決和解が活用されましたが、本件判決のように無効判断が出されることがしばしばあり、明らかに濫用的な即決和解はほぼなくなったものと思われます。

第二編　借家立退きの裁判例

第一章　総論

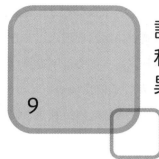

9 訴訟上の和解調書の和解条項の文言と異なる解釈をすべきでない

・最高裁昭和44年7月10日判決
・民集23巻8号1450頁

事案の概要

Xは、Yに対し、昭和31年9月頃、本件建物を即決和解調書により1年2か月の約定で賃貸し、昭和33年3月に2回目の即決和解調書によりやはり1年2か月の約定で賃貸しました。ところが、その後Zが共同営業人と主張して、Xを相手に第三者異議訴訟を提起したところ、昭和36年6月にYも利害関係人として参加して、XとY、Z間で、YとZが昭和39年7月限りで本件建物を明け渡す旨の訴訟上の和解が成立しました。これに対して、YがXを相手に請求異議訴訟を提起したところ、神戸地裁はこれを棄却しました。Yが控訴したところ、大阪高裁は原判決を取り消して、Yの請求を認めました。そこで、Xが上告したところ、最高裁は原判決を破棄し、大阪高裁に差し戻しました。

判決の要旨

和解条項の文言の解釈に当たってはその和解の成立に至った経緯

147

のみならず、和解成立以後の諸般の状況をも考慮に入れることは違法とはいえないが、本件和解は、訴訟の係属中に訴訟代理人たる弁護士も関与して成立した訴訟上の和解であり（もっとも、Y自身は、利害関係人として本人のみが関与しているが、この点については、とくに差異を設けるべきいわれはない）、和解調書は確定判決と同一の効力を有するものとされており、その効力はきわめて大きく、このような紛争のなかで成立した本件和解をその表示された文言と異なる意味に解すべきであるとすることは、その文言自体にむじゅんし、又は文言自体によってその意味を了解しがたいなど、和解条項それ自体に内包する、かしを含むような特別の事情のないかぎり容易に考えられないのである。原判決も、この点について、原判示のような解釈は例外中の例外にかぎり許されるべきとする制約を付しているが、原判決の確定した事実関係のもとでは、いまだもって、原判示のように本件和解条項の文言と異なる解釈をすべきものとは認められないのである。原判決は、破棄を免れない。

コメント

　本件判決が判示した通り、裁判所で成立した**和解調書**について、安易にその効力を否定すべきでないというのも、もっともと思われます。そうでないと、法的安定性が揺らぎ、司法に対する信頼性が失われかねないからです。とはいうものの、借地借家法の領域では、その通りにいくとは限りません。本件判決の原審と本件判決が対立したように、結局は和解に至る経緯などの諸般の事情についてどの

ように評価するかは、借主側と貸主側のどちらに与するかによって
大きく異なるからです。現に、8の事例も**即決和解調書**についてそ
の効力を否定し、かつ一時使用目的も否定しており、実務上難しい
問題といえます。

　ところで、東京地裁平成 7 年 10 月 17 日判決・判時 1571 号 95
頁は、建物を 2 年間賃貸する旨の訴訟上の和解について、建物の 1
階部分の内 6.6 ㎡との表示では目的物が特定されていないとして無
効と判示しており、ここでも訴訟上の和解だからといっても安心で
きない場合があることを示しています。

149

定期借家契約の説明書面は契約書とは別個の書面であることを要する

・最高裁平成24年9月13日判決
・民集66巻9号3263頁

事案の概要

Xは、平成15年7月にYとの間で、本件建物について、平成20年7月までの5年間とする定期借家契約書(以下「本件契約書」という。)を取り交わしましたが、本件契約書には、本件定期借家には契約の更新がなく、期間の満了により終了する旨の条項(以下「本件定期借家条項」という。)があります。これに先立ち、Xは本件定期借家条項と同内容の記載をした本件契約書の原案を送付し、Yはこれを検討しています。Xは、平成19年7月に本件定期借家は期間の満了により終了する旨の通知をしました。XはYを相手に本件建物の明渡しを求めて提訴したところ、東京地裁立川支部、東京高裁ともにXの請求が認められたため、Yが上告受理の申立てをしたところ、最高裁は原判決を破棄し、Xの請求を棄却しました。

判決の要旨

期間の定めがある建物の賃貸借につき契約の更新がないこととす

る旨の定めは、公正証書による等書面によって契約をする場合に限りすることができ（法38条1項）、そのような賃貸借をしようとするときは、賃貸人は、あらかじめ、賃借人に対し、当該賃貸借は契約の更新がなく、期間の満了により当該建物の賃貸借は終了することについて、その旨を記載した書面を交付して説明しなければならず（同条2項）、賃貸人が当該説明をしなかったときは、契約の更新がないこととする旨の定めは無効となる（同条3項）。法38条1項の規定に加えて同条2項の規定が置かれた趣旨は、定期建物賃貸借に係る契約の締結に先立って、賃借人になろうとする者に対し、定期建物賃貸借は契約の更新がなく期間の満了により終了することを理解させ、当該契約を締結するか否かの意思決定のために十分な情報を提供することのみならず、説明においても更に書面の交付を要求することで契約の更新の有無に関する紛争の発生を未然に防止することにあるものと解される。

　以上のような法38条の規定の構造及び趣旨に照らすと、同条2項は、定期建物賃貸借に係る契約の締結に先立って、賃貸人において、契約書とは別個に、定期建物賃貸借は契約の更新がなく、期間の満了により終了することについて記載した書面を交付した上、その旨を説明すべきものとしたことが明らかである。そして、紛争の発生を未然に防止しようとする同項の趣旨を考慮すると、上記書面の交付を要するか否かについては、当該契約の締結に至る経緯、当該契約の内容についての賃借人の認識の有無及び程度等といった個別具体的事情を考慮することなく、形式的、画一的に取り扱うのが相当である。したがって、法38条2項所定の書面は、賃借人が、

当該契約に係る賃貸借は契約の更新がなく、期間の満了により終了すると認識しているか否かにかかわらず、契約書とは別個独立の書面であることを要するというべきである。

　これを本件についてみると、前記事実関係によれば、本件契約書の原案が本件契約書とは別個独立の書面であるということはできず、他にXがYに書面を交付して説明したことはうかがわれない。なお、Yによる本件定期借家条項の無効の主張が信義則に反するとまで評価し得るような事情があるともうかがわれない。そうすると、本件定期借家条項は無効というべきであるから、本件賃貸借は、定期建物賃貸借に当たらず、約定期間の経過後、期間の定めがない賃貸借として更新されたこととなる（法26条1項）。

　以上と異なる原審の判断には、判決に影響を及ぼすことが明らかな法令の違反がある。論旨は以上と同旨をいうものとして理由があり、原判決は破棄を免れない。そして、以上説示したところによれば、Xの請求は理由がないから、第1審判決を取り消し、上記請求を棄却することとする。

コメント

　まず、述べなければいけないことは、令和3年の借地借家法の改正により、定期借家に関する同法38条の条項が繰り下がったということです。具体的には、2項に「電磁的記録」による契約が認められたことにより改正前の2項が3項に、また、4項に説明書面の交付に代えて「電磁的方法」の提供が認められたことにより、改正

前の3項以下が5項以下に繰り下がったので、本件や次の11の「判決の要旨」を見るときには、改正前の条文であることに注意してください。

さて、1審と原審が、**定期借家**と認めたのに対して、本件判決はこれを否定しました。この違いはどこから生じたかといえば、借地借家法38条3項の「**その旨を記載した書面**」いわゆる**説明書面**について、**定期借家契約書**とは別の書面であることを要するとしたのが本件判決であるのに対して、常に契約書とは別の書面を義務付けたものではないと否定したのが1審及び原審です。否定した理由は、借家人が定期借家であることを認識していれば、別個の書面で同趣旨の説明を受けても認識に変更が生じるわけではないから、同条項の趣旨に反しない、として**実質説**に立っているのです。これに対して、本件判決は、同条項をみれば、別個独立の書面を要求していることは明らかで、借家人の認識の有無及び程度等といった個別具体的事情を考慮することなく、形式的、画一的に取り扱うのが相当であると、**形式説**に立っているのです。

法的安定性や取引の安全を考えると、借家人の認識の有無という主観的事情によって、定期借家か普通借家かが決まるというのは、問題であるといわざるを得ません。また、法律の条文の体裁からしても、形式説に軍配が上がるのは仕方のないところで、本件判決の結果はやむを得ないと思われます。

なお、本件判決に先立つ最高裁平成22年7月16日判決・判時2094号58頁が、「本件公正証書には、説明書面の交付があったことを確認する旨の条項があり、借家人において本件公正証書の内容

を承認した旨の記載もある。しかし、記録によれば、現実に説明書面の交付があったことをうかがわせる証拠は、本件公正証書以外、何ら提出されていない……これらの事情に照らすと、家主は、本件賃貸借の締結に先立ち説明書面の交付があったことにつき主張立証をしていないに等しく、それにもかかわらず、単に、本件公正証書に上記条項があり、借家人において本件公正証書の内容を承認していることのみから、法38条3項において賃貸借契約の締結に先立ち契約書とは別に交付するものとされている説明書面の交付があったとした原審の認定は、経験則又は採証法則に反するものといわざるを得ない。」として、借地借家法38条3項の説明書面の交付について厳格に解釈していました。

　本件判決も、この平成22年最高裁判決の延長線上にあるものと考えられ、説明書面及びその交付の解釈について、最高裁が一貫して厳しい姿勢を示していることが分かります。

　定期借家制度は、2000年3月1日から施行されているとはいえ、特に居住用の借家については、いまだ借家人が定期借家制度を本当に理解しているとはいえないと思われます。そこで、定期借家については、定期借家契約書とは別に説明書面を必要とした借地借家法38条3項の趣旨にかんがみると、実務の上でも厳格に対処すべきと思われます。

154

第二編　借家立退きの裁判例

第一章

総論

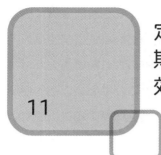

11 定期借家契約について期間満了後の終了通知の効力を認めた

・東京地裁平成21年3月19日判決
・判時2054号98頁

事案の概要

Vは、その所有する本件建物について、Yとの間で、平成16年8月に平成19年7月31日までとする定期借家契約を締結しました。Xは平成19年6月8日にVから本件建物を取得してYに対する家主となりましたが、VもXも契約期間満了前に終了通知をしたことはなく、Xは期間満了後の平成19年11月19日にYに対し、その到達後6か月の経過をもって本件借家契約が終了する旨の終了通知を送りました。そこで、Xは、Yを相手に本件建物の明渡しを求めて提訴しました。Xは提訴後本件建物をZに譲渡したため、Yの承諾を得て、Xは本訴から脱退し、Zが承継参加人として本訴を受け継ぎましたが、東京地裁は、ZのYに対する明渡請求を認めました。

判決の要旨

借地借家法38条所定の定期建物賃貸借契約のうち契約期間が1年以上のものについて、賃貸人が期間満了に至るまで同条4項所定

の終了通知を行わなかった場合、賃借人がいかなる法的立場に置かれるかについては争いがあるところ、①定期建物賃貸借契約は期間満了によって確定的に終了し、賃借人は本来の占有権原を失うのであり、このことは、契約終了通知が義務付けられていない契約期間1年未満のものと、これが義務付けられた契約期間1年以上のものとで異なるものではないし、後者について終了通知がされたか否かによって異なるものでもない、②ただし、契約期間1年以上のものについては、賃借人に終了通知がされてから6か月後までは、賃貸人は賃借人に対して定期建物賃貸借契約の終了を対抗することができないため、賃借人は明渡しを猶予されるのであり、このことは、契約終了通知が期間満了前にされた場合と期間満了後にされた場合とで異なるものではない。

　これに対し、Ｙは、定期建物賃貸借契約のうち終了通知が義務付けられた契約期間1年以上のものについては、期間満了までに終了通知をしなかった場合には、契約が期間満了により終了するという特約上の権利を放棄したものとして、賃借人は普通建物賃貸借契約における賃借人と同じ立場に立つと解すべき旨を主張し、その根拠ないし理由として、①終了通知は、法文上「期間満了により賃貸借が終了する旨の通知」と定義され、期間満了前に行うことが当然の前提とされていること、②終了通知は権利行使要件であると考えられており、それゆえに通知期間が限定されているのだから、いつでも終了通知ができるとすると期間を限定した意味がなくなってしまうこと、③賃貸人が期間満了前に終了通知を出すことを怠ったことによる不利益を無辜の賃借人に帰すことは、賃借人保護の目的を有

第二編　借家立退きの裁判例

第一章

総論

する借地借家法の解釈として不適切であること、④賃貸人が故意に終了通知を出さないことによって、定期期間の定めを恣意的に伸長できることになりかねず、賃借人の地位を極めて不安定とするもので妥当でなく、定期借家制度の根本趣旨に反することなどを挙げる。

　当裁判所は、Yの主張は傾聴すべき点を含むものではあるが、現行の借地借家法の解釈論としては採用できないものと考える。その理由は以下のとおりである。①、②について、確かに、法文上も実体上も、本来、終了通知については期間満了前に行われることを予定していること、かかる通知が賃貸人の権利行使要件であることは明らかである。しかし、同様に法文上でいえば、本来の通知期間の定めはあるものの、通知期間経過後の通知については、いつまでに行わなければならないかについての限定はないし、期間満了後に「期間の満了により建物の賃貸借が終了する旨の通知」をして契約終了を確認することは十分にあり得るところである。また、法が賃貸人に終了通知を行うことを義務付けた趣旨は、上記のとおり、賃借人に契約終了に関する注意を喚起するとともに、代替物件を探すためなどに必要な期間を確保することにあると解されるところ、期間満了後に終了通知を行うことは、少なくとも後者の趣旨に適ったものということができる。

　③について、確かに、賃貸人が期間満了後に終了通知を出している場合、期間満了前の終了通知を怠ったという面があることは否定できない。しかし、賃貸人が期間満了前の終了通知を怠ったことに対する制裁としては、同通知から6か月間は契約終了を賃借人に対して対抗することができないことが定められている。この賃貸人へ

157

の制裁の反面として、賃借人においては、この間建物の明渡しが猶予されるとの法的効果が与えられ、その一方で契約終了を認めて契約関係から離脱することもできるとされたのであって、法は、かかる制裁と法的効果を定めることで、賃貸人・賃借人間の法的均衡を図っているものと解される。これに対し、Yが主張するように、この場合に賃借人に対して普通建物賃貸借契約における賃借人と同じ立場となること、すなわち期限の定めのない普通建物賃貸借契約における賃借人となるとすると、賃貸人において契約終了を主張できないばかりか、賃借人においても直ちに契約関係から離脱することはできず、解約申入れ後3か月間を経ないと建物賃貸借契約は終了しないことになるところ（民法617条1項2号）、かかる事態は、定期建物賃貸借契約を締結した賃貸人のみならず賃借人の合理的期待ないし合理的予測に反するものといわなければならず、妥当とはいい難い。

　④について、確かにYが主張するように、賃貸人が期間満了後も賃借人に対していたずらに終了通知をしないことは、法の予定するところとはいえないし、特に建物の使用継続を希望する賃借人の地位を不安定にするものといわなければならない。しかし、終了通知義務のない契約期間1年未満の定期建物賃貸借契約についても、期間満了後も賃借人による建物使用継続に対して賃貸人がこれに異議を述べないなど、上記と同様の事態は生じ得ると解される。そして、これらの事態に対しては、期間満了後、賃貸人から何らの通知ないし異議もないまま、賃借人が建物を長期にわたって使用継続しているような場合には、黙示的に新たな普通建物賃貸借契約が締結され

たものと解し、あるいは法の潜脱の趣旨が明らかな場合には、一般
条項を適用するなどの方法で、統一的に対応するのが相当というべ
きである。Y主張のように、終了通知が契約期間内に行われたか否
かをメルクマールとする方法は、終了通知義務のない契約期間1年
未満のものには対応できないのであって、法がかかる方法を予定し
ているとも解し難い。

　したがって、本件各定期建物賃貸借契約は、本件通知から6か月
が経過した後の平成20年5月20日からこれら契約終了をYに対抗
できるものと認められる。

コメント

　本件判決は、借家人側の普通借家に転換する旨の主張について、
傾聴すべき点を含むものではあると言いながら、**定期借家契約**は期
間満了によって**確定的に終了**し、借家人は本来の**占有権限を失う**の
であり、このことは、契約終了通知が義務付けられていない契約期
間1年未満のものと、これが義務付けられた契約期間1年以上のも
のとで異なるものではない、などとして、期間満了後の通知から6
か月後の明渡請求を認めており、定期借家制度の立法化に関与した
福井教授も、同様の見解を述べています。

　しかし、普通借家に転換する可能性を否定することはできないと
思われます。借地借家法38条6項では、「期間の満了により賃貸借
が終了する旨の通知」と定義され、この通知は期間満了前に行うこ
とが当然の前提とされており、東京地裁判決もこれを認めているこ

と、同条8項で「前2項の規定に反する特約で建物の賃借人に不利なものは、無効とする。」としていること、期間が満了した以上、当初の契約書の対象期間外であるために契約書の及ばない借家となるが、同条1項で契約書のない定期借家は認められていないこと、通知を怠った家主の恣意的判断により、借家人の退去時期が左右されるのは借地借家法の趣旨に反すること、10で挙げた平成22年及び平成24年最高裁判決が定期借家の成立要件について家主側に厳しい解釈をしていることとのバランス上、終了要件についても家主側に厳格な解釈をするのが一貫した姿勢であることなどから、普通借家に転換すると考える方が自然な解釈と思われるからです。本件については、最高裁が判断しておらず、法的な決着は付いていません。

第二編　借家立退きの裁判例

第一章　総論

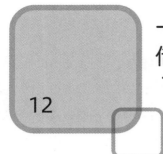

一時使用目的の借家といえるためには1年未満でなくともよい

12

・最高裁昭和36年10月10日判決
・民集15巻9号2294頁

事案の概要

　Xは、本件建物部分を含む建物を甲に賃貸していましたが、甲が本件建物部分をYに無断転貸するなどしたため、甲及びYらを相手に明渡訴訟を提起したところ、昭和24年7月にYとの関係では、昭和26年6月末日限り明け渡す裁判上の和解がいったんは成立しました。その後、Xは、Yとの間で昭和25年12月に明渡期限を延長する趣旨で、当時Xが1年後に学校を卒業し、2年間の見習いを終えて3年後に本件建物で店舗を構え独立営業するまでの間の3年間に限り賃貸し、その間にYが適当な店舗兼住宅を得た場合には右期間内といえども明け渡すべきと約し、近隣の賃料相当額をはるかに下回る賃料としました。XがYを相手に本件建物部分の明渡しを求めて提訴したところ、1審はXの請求を棄却しました。Xが控訴したところ、原審はXの請求を認めました。そこで、Yが上告しましたが、最高裁は上告を棄却しました。

161

判決の要旨

借家法上にいわゆる一時使用のための賃貸借といえるためには必ずしもその期間の長短だけを標準として決せられるべきものではなく、賃貸借の目的、動機、その他諸般の事情から、当該賃貸借契約を短期間内に限り存続させる趣旨のものであることが、客観的に判断される場合であればよいのであって、その期間が1年未満の場合でなければならないものではない。

コメント

本件判決は、借家法8条（現借地借家法40条）の一時使用目的の建物賃貸借か否かについて、1年未満の期間でなければならないものではないとしました。本件判決は、むしろ、「期間の長短だけを標準として決せられるべきものではなく、賃貸借の目的、動機、その他諸般の事情から、当該賃貸借契約を短期間内に限り存続させる趣旨のものであることが、客観的に判断される場合であればよい」というのです。

本件では、家主がその前に建物明渡請求訴訟をして裁判上の和解までしたこと、家主の本件建物の具体的な利用計画がありその内容について借家人も了解していること、3年という期間はそれほど長くなく、かつその期間内でも明渡義務が生じ得ること、賃料が相場よりはるかに低いことなどから「短期間内に限り存続させる趣旨のものであることが、客観的に判断される場合」と認定したものです。

第二編　借家立退きの裁判例

　もっとも、１審では逆の判断が出されたことを踏まえると、一時使用目的の「**客観的判断**」はそう簡単なものではないと考えられます。

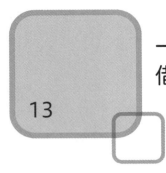

一時使用目的の借家を否定した

- 東京高裁平成5年1月21日判決
- 判夕871号229頁

事案の概要

　XはYに対し、昭和62年7月に2年間の期間で東京都杉並区内のアパートH荘の1室である本件建物を賃貸し、契約書の特約条項には期間満了時には無条件で立ち退く旨の記載がありました。さらに、Xは甲に依頼して、平成元年3月頃には契約期限には無条件で立ち退く旨の誓約書をYに作成させました。Yは期間満了後も賃料をXに支払い続けました。Xは平成2年1月同月末日までに明け渡すように請求したものの、明渡しがなされず、同年6月に建物明渡請求訴訟を提起しました。原審がXの請求を棄却したため、Xが控訴しましたが、東京高裁はXの控訴を棄却しました。

判決の要旨

　本件建物は、賃貸用のアパートのH荘の1室であり、XがH荘をマンションへ建て替える計画を有していたとはいえ、本件賃貸借契約が締結された当時、右計画が具体化していたとか、老朽化のため

建替えの必要が切迫していたとかいうことはできず、YがXの具体的な建替計画や本件建物の取壊しの計画を了解したうえ右特約条項が記載されたと認めることはできない。また、他にも転居が困難な居住者がいたため、その後も右計画が具体化したことはなく、Yが期間満了後においても継続して賃料をXに支払っていたこと等の事情をあわせ考慮すれば、本件賃貸借は、高齢で病弱なYの居住のための賃貸借であり、Yが、右建替計画が具体化しない段階においても、当然に賃貸借関係を短期で終了させることを承認する趣旨で前記の特約条項を契約書に記載したということはできず、右のような賃貸借の目的、動機その他諸般の事情からすれば、当該賃貸借を短期間に限って存続させる趣旨のものであったと認めることはできない。したがって、本件賃貸借がいわゆる一時使用のための賃貸借であるということはできない。

　Xは、誓約書が作成されたことから、XとY間に合意解約が成立したと主張する。しかしながら、誓約書の作成経緯、その記載内容に本件賃貸借関係の推移をもあわせ考慮すれば、誓約書の本文には、Yが期間満了後無条件で本件建物から立ち退く旨の記載があるが、右文言は、前記の契約書記載の特約条項の記載内容を確認するにすぎないものであり、その下部にある書き込み部分にはXが期間満了時にYに明渡しを求め、Yは転居先が見つかり次第明渡しをする趣旨が記載され、期間満了後も、Yが従前どおり居住を続け、賃料等を支払っており、平成元年10月末日までXから明渡しを請求されたことがなく、Yは、当時高齢等で転居先の確保が容易ではなかったものであり、他方、XがYに対し賃貸借終了に際し何らかの利益

になる事項を約したことがなかったことからすれば、誓約書を作成した当時、Yは、Xに建替計画があることから、期間満了時にその計画が具体化すれば本件建物を明渡すこともやむをえないものと考え、転居先を確保できれば本件賃貸借契約を終了させる意思を有していたにとどまり、Xも右のようなYの転居が困難な事情及びYの意思を了解して誓約書を作成したということができる。そうすると、XとYが誓約書を作成したからといって、本件賃貸借契約を明渡し猶予期間を設けて直ちに合意解約したと認められないだけではなく、期間満了と同時に賃貸借を終了させる期限付き合意解約をしたと認めることはできない。

コメント

本件判決は、家主に厳しい結果となりました。借家人が高齢で病弱であるのに対して、家主の建替計画の具体性に疑問があると判断したのではないかと推察します。しかし、借家人の病気や高齢をあまり強調しすぎると本件のYがそうであったように今後の借家の入居が困難になりかねないこともあり、若干の疑問があります。

それよりは、借家人が期間満了後も従前どおりの賃料等を支払い続けていることに対し、家主が期間満了であることを毅然と示して立退きを直ちに迫るという一貫した姿勢を示さなかったことに問題があると思われます。

とはいうものの、家主にしてみると、**契約書**の**特約条項**に明記し、更に**誓約書**まで書かせているのに、それでも**一時使用目的**であると

認定されないのはあんまりではないかと思われるかもしれません。しかしながら、一時使用目的の賃貸借というのはそれだけリスクを抱えているのです。やはり、せっかく**定期借家**という制度ができたのですから、一時使用目的の借家ではなく定期借家を選択すべきでしょう。

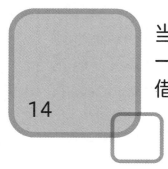

14 当初の期間2年経過後でも一時使用目的の借家と認めた

・最高裁昭和41年10月27日判決
・判時467号36頁

事案の概要

　Xは、昭和28年8月に本件家屋をYに賃貸しました。存続期間については、「昭和28年8月から昭和30年8月までの2か年とする。但し、Xの都合により契約期間内にYに対し立退きを要求しようとするとき、又はYの都合により契約期限前に借受権を放棄しようとするときは、それぞれXは要求日の1か月以前にYは立退き予定日の2か月以上前にその旨を相手方に通報することを要する。X又はYの要求により又はXが了承した場合には本契約の期限につき変更又は延長することができる」と定められ、賃料については1か月5,000円、前月の末日までに支払うこととされ、なお、YからXに対し敷金として3万円預託しました。Xは甲省勤務の国家公務員であって昭和27年6月まで東京の本省に勤務し、郷里である沼津市の本件家屋から東京へ通勤していましたが、徳島市所在の甲省徳島事務所に転勤になり、本件家屋が空家になったので、姉に頼んで姉の友人の子供であるYに本件家屋を貸すこととなり、上記存続期間の特約は、本件家屋から通勤できる土地に転勤して来るまでと

第二編　借家立退きの裁判例

第一章

総論

の意味でなされたものでした。そして、Ｘは昭和34年7月甲省静岡事務所長に任ぜられ、本件家屋から通勤可能の土地に転勤して来たとして、昭和35年1月に解約申入れをした後、Ｙに対し本件家屋の明渡しを求めて提訴しました。1審、原審ともに一時使用目的であるとしてＸの請求を認めました。Ｙが上告しましたが、最高裁は上告を棄却しました。

判決の要旨

　本件賃貸借を一時使用の目的のためであったと判示した原判決の判断は、是認できないことはなく、原判決には所論違法は認められない。

コメント

　本件判決の一時使用の認定に私は疑問を持っています。第1に、契約書の標題にも、存続期間についての特約条項にも、一時使用目的の賃貸借であると明示されていないこと、第2に、存続期間の特約条項においても期間の変更又は延長が予定されており、2年という当初期間も暫定的なものと思われること、第3に、本件判決が一時使用目的の決め手とした賃貸人の事情、すなわち、「本件家屋から通勤できる土地に転勤して来るまで」ということが文書で記載されていなかったこと、第4に、賃貸借契約成立から解約申入れまで7年以上を要していることです。

169

特に、一時使用目的の借家という以上、**契約期間の延長を予定**していることはそれ自体矛盾しているといわざるを得ません。期間が来た時に延長したいのであれば、定期借家と同様に、改めての契約、つまり**再契約**をすべきです。当初から期間延長を予定している一時使用目的の借家は、それ自体考えられないと思われます。

第二編　借家立退きの裁判例

第一章　総論

15 社宅に借家法の適用を認めた

・最高裁昭和31年11月16日判決
・民集10巻11号1453頁

事案の概要

甲は、戦時中に従業員Y1、Y2（以下総称して「Yら」という）に対し、東京都渋谷区代々木上原にある従業員専用の社宅の各1室を、それぞれ1か月18円で使用させていましたが、昭和25年3月にYらとの雇用契約が終了した後の同年10月に、甲から社宅の移転登記を受けたXが、Yらを相手に明渡請求訴訟を提起し、東京地裁は、Xの請求を認めました。Yらが控訴したところ、東京高裁は1審判決を取り消して、XのYらに対する請求を棄却しました。そこで、Xが上告しましたが、最高裁は上告を棄却しました。

判決の要旨

本件家屋の係争各6畳室に対するYらの使用関係については、原判決は、判示各証拠を総合して、その使用料は右各室の使用の対価として支払われたものであり、Yらと甲との間の右室に関する使用契約は、本件家屋が甲の従業員専用の寮であることにかかわりなく、

これを賃貸借契約と解すべきであるとしていることは原判文上明ら
かである。およそ、会社その他の従業員のいわゆる社宅寮等の使用
関係についても、その態様はいろいろであって必ずしも一律にその
法律上の性質を論ずることはできないのであって本件Yらの右室使
用の関係を、原判決が諸般の証拠を総合して認定した事実にもとづ
き賃貸借関係であると判断したことをもって所論のような理由に
よって、直ちにあやまりであると即断することはできない。

コメント

　本件判決は、**社宅**について、**借家法の適用**を認め、借家人が従業
員の身分を失っても、当然に社宅から立ち退くことにはならないと
判示しました。本件では、原審判決が述べた「世間並みの相当家賃
額」であることを重視した結果といえます。

　もっとも、次に紹介する**16**などの最高裁判決に見られるとおり、
最高裁の趨勢として社宅に関しては、従業員の身分を失うとともに、
その利用関係も消滅すると判断する方向にあると思われます。

第二編　借家立退きの裁判例

第一章

総論

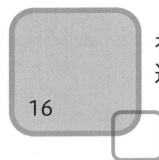

16 社宅に借家法の適用を否定した

・最高裁昭和29年11月16日判決
・民集8巻11号2047頁

事案の概要

Xは、従業員のYに対し本件家屋の1室を社宅として貸していましたが、Yが従業員でなくなったため、明渡しを求めて提訴したところ、東京地裁は、Xの請求を認めました。Yが控訴しましたが、東京高裁はこれを棄却しました。そこで、Yが上告しましたが、最高裁は上告を棄却しました。

判決の要旨

会社とその従業員との間における有料社宅の使用関係が賃貸借であるか、その他の契約関係であるかは、画一的に決定し得るものではなく、各場合における契約の趣旨いかんによって定まるものと言わねばならない。原判決がその理由により引用した第1審判決の認定によれば、Xは、その従業員であったYに本件家屋の1室を社宅として給与し、社宅料として1か月金36円を徴してきたが、これは従業員の能率の向上を図り厚生施設の一助に資したもので、社宅

料は維持費の一部に過ぎず社宅使用の対価ではなく、社宅を使用することができるのは従業員たる身分を保有する期間に限られる趣旨の特殊の契約関係であって賃貸借関係ではないというのである。論旨は、本件には賃借権の存在を証明し得る証拠があるにかかわらず、原判決はこれを無視してその存在を否定し法律関係の認定を誤った違法があるというのであって、帰するところ原審の適法にした証拠の取捨判断、事実の認定を非難するにほかならないので採用することができない。

コメント

本件では、15で紹介した最高裁判決と異なり、賃貸借関係ではないとして借家法の適用を否定しました。

もっとも、本件判決が述べている「有料社宅の使用関係が賃貸借であるか、その他の契約関係であるかは、画一的に決定し得るものではなく、各場合における契約の趣旨いかんによって定まるもの」と、15の判決の「社宅寮等の使用関係についても、その態様はいろいろであって必ずしも一律にその法律上の性質を論ずることはできない」との判示は、ほぼ同じ趣旨です。したがって、基本的には、使用料が相場の賃料と比べてそれほどの差がなければ賃貸借に傾く一方、相場と比べて非常に安く社宅の維持費の一部に留まる程度であれば賃貸借が否定されることになると思われます。

この後の最高裁昭和35年5月19日判決・民集14巻7号1145頁、最高裁昭和41年4月19日判決・集民83号239頁、最高裁昭

第二編　借家立退きの裁判例

和44年４月15日判決・判時558号55頁は、いずれも社宅の利用関係について借家法の適用を否定しています。

第一章

総論

17 公営住宅建替事業に借家法の要件具備は要しない

・最高裁昭和62年2月13日判決
・判時1238号76頁

事案の概要

東京都Xは、老朽化した都営の木造住宅について、改正前の公営住宅法による建替事業を施行することとし、都知事が同法及び東京都営住宅条例に基づき、Yに対し、建替事業計画について建設大臣（現在は国土交通大臣）の承認を得た旨通知した上、期限を定めての明渡請求をして提訴しました。Yは、借家法の要件具備が必要であるなどとして争いましたが、東京地裁、東京高裁ともにXの請求を認めました。そこで、Yが上告しましたが、最高裁は上告を棄却しました。

判決の要旨

公営住宅法3章の2（筆者注、改正後は4章）の諸規定は、公営住宅の建設の促進及び居住環境の整備を目的とする公営住宅建替事業（以下「事業」という。）について、事業主体が一定の要件及び手続のもとに画一的かつ迅速に事業を施行しうるようにするととも

第二編　借家立退きの裁判例

第一章

総論

に、入居者に対して仮住居の提供、新たに建設される公営住宅への入居の保障及び移転料の支払等の措置を講ずべきものとしているのであるから、事業の施行に伴い事業主体の長が同法23条の6（筆者注、改正後は38条）に基づいて当該公営住宅の入居者に対し明渡請求をするためには、右の要件及び手続を充足するほかに、借家法1条の2所定の要件を具備することを要しないものと解するのが相当である。本件において、原審の適法に確定した事実関係のもとにおいては、XのYに対する公住法23条の6（筆者注、改正後は38条）基づく本件明渡請求は同法所定の要件及び手続に欠けるところがないとしたうえ、これを認容すべきものとした原審の判断は、正当として是認することができる。

コメント

　老朽化した**公営住宅**の**建替事業**は、画一的でかつ迅速な施行を要求される公共性の極めて強い事業といえます。そのために、公営住宅法が制定されて、このような場合の入居者に対する明渡請求について、入居者の個別的事情に左右されずに手続を行えるようにしたものです。しかし、それは借家法における家主と借家人の使用の必要性などの個別事情を考慮することなく、明渡しを認めることになり、公営住宅法と借家法の関係が問題となるわけです。

　公営住宅における地方公共団体と入居者の関係も、借家関係であるという点では、私人間の場合と異なることはなく、公営住宅法に特別の定めがない限り、借家法の適用があると考えられます。逆に、

177

公営住宅法に特別の定めがある場合には、一般法よりも特別法が優先するという法理により公営住宅法が適用されることになります。そして、公営住宅法では、入居保障や移転料など入居者への一定の保護も用意しており、入居者にとって、借家法と比べ必ずしも不利益であるとは言い難いところもあり、本判決は妥当であると思われます。

　なお、最高裁平成2年10月18日判決・民集44巻7号1021頁が、民間の場合と異なり、公営住宅の入居者死亡による相続人の承継を否定しています。

第二編　借家立退きの裁判例

第一章　総論

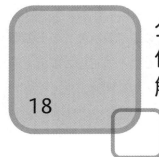

18 公営住宅について借家法による解約申入れと認めた

・最高裁平成2年6月22日判決
・判時1357号75頁

事案の概要

　東京都Xから都営住宅の1室の使用許可を受けたYが、自宅を購入して転居した後も長男を居住させるなどして使用を続けてました。そこで、Xは東京都営住宅条例の20条1項6号（筆者注、現在は39条1項10号）の「知事が都営住宅の管理上必要があると認めたとき」に該当するとして、使用許可を取り消し、明渡しを求めて提訴しました（公営住宅法にはそのような明渡事由はありません）。東京地裁、東京高裁ともにXの請求を認めたため、Yが上告しましたが、最高裁は上告を棄却しました。

判決の要旨

　原審は、公営住宅法に基づく公営住宅の使用許可による賃貸借についても、借家法が一般法として適用され、同法1条の2に規定する正当の事由がある場合には、同条により解約の申入れをすることができ、東京都営住宅条例20条1項6号（筆者注、現在は39条1

項10号）は適用されないものとしたうえ、適法に確定した事実関係の下において、同号の使用許可の取消しの意思表示をその主張事実から借家法1条の2による解約申入れとし、その正当の事由を肯認し、権利の濫用に当たらないとして、Xの本件明渡請求についてこれを認容したものであって、右判断は正当として是認することができる。

コメント

17では、公営住宅法において建替事業をする場合に、借家法に対する特別の規定を設けていることを認めました。これに対して、本件では公営住宅法にそのような規定がないのに、条例で使用許可の取消事由を追加して定めてもその適用はないとした上で、一般法である借家法に基づく解約申入れとしては認めた、というものです。

使用許可を受けた者が既に退出している以上、借家法に基づく解約申入れとしての効力を認めたのはやむを得ないと思われます。

なお、最高裁昭和59年12月13日判決・民集38巻12号1411頁も、公営住宅に無断増築をして割増賃料の請求にも応じなかった入居者に対する明渡請求について、「公営住宅の使用関係については、公営住宅法及びこれに基づく条例が特別法として民法及び借家法に優先して適用されるが、法及び条例に特別の定めがない限り、原則として一般法である民法及び借家法の適用があり、その契約関係を規律するについては、信頼関係の法理の適用があるものと解すべきである。」として、信頼関係を破壊するとは認め難い特段の事

情があるときには明渡しを請求することはできないとしつつ、その
ような特段の事情は認められないとして、東京都の明渡請求を認め
ました。同判決が、条例について、「公営住宅法に基づく」もので
あれば特別法として借家法に優先するとしたものの、本件判決では、
取消事由を追加した場合には、公営住宅法に基づくものではないと
判断したと考えられ、両判決の違いは微妙なものといえます。

19 ケース貸しに借家法の適用を否定した

・最高裁昭和30年2月18日判決
・民集9巻2号179頁

事案の概要

Xは、Y1ないしY6(以下総称して「Yら」という。)に対し、それぞれ本件建物であるデパート売場の一部を貸していましたが、本件建物の増改築をするために解約申入れをしたことから、YらがXを相手に妨害排除を求める仮処分を申し立て、仮処分決定を得ました。そこで、Yらは仮処分決定の認可を求めて提訴したところ、福島地裁平支部が仮処分決定を取り消したため、Yらが控訴しましたが、仙台高裁はこれを棄却しました。そこで、Yらが上告したところ、最高裁は上告を棄却しました。

判決の要旨

Yらは、Xとの契約に基づきXの店舗の1階の一部の場所において、商品什器を置いて、それぞれ営業を営んでいるものであるが、右契約の内容について、原判決が、「疏明せられたもの」とするところによれば①Yらの使用する前示店舗の部分はあらかじめXから

示されて定められたものである。②右部分は、営業場として一定している ものではあるが、同時に、右営業場はデパートの売場で、したがって売場としての区画がされているに過ぎず、これを居住に使用することは許されず、殊にXは店舗の統一を図るため商品の種類品質価格等につきYらに指示する等Yらの営業方針に干渉することができるのは勿論、X経営のデパートたる外観を具備し、又はそのデパートの安全を図るため右売場の位置等についてもXにおいて適当の指示を与えることができるのであって、たとえば防火等の必要あるときは右売場の位置の変更を指示することができるものである。③Yらは自己の使用する営業場の設備を自己の費用で作り店舗の造作をなし得る約であるが、同時に、右設備は定着物でなく移動し得るものに限られ、かつ右造作等を設置する場合は必ずXの許可を要し、Xの営業方針に従わなければならない。④Yらは当初定められた種類の営業をそれぞれ自己の名義で行い、したがってその租税も自己が負担するものであるが、同時に、右営業は名義の如何を問わずXの所有とされ、Yらにおいて営業権又は営業名義の譲渡賃貸書換をすることはできない。⑤Yらは自己の資本で営業し店員の雇入解雇給料支払はYらにおいてするものであるが、同時に、その営業方針は統一され、使用人の適否についてもXの指示に従うべき定めである。⑥Y1はXに対し当初売上金の1割を支払うこととしたがその後昭和25年4月以後右支払金は月額4万円と改定され、その余のYらはXに対し2か月分の権利金名義でY2は金9万円、Y3は金3万円、その他のYらは金6万円宛支払う約である。⑦YらはXに対し前示営業場1枡につき1日金100円宛支払う約であったが、

同時に、右権利金は出店料に対し権利金として支払うものであり右日掛金は右1枡分の出店料として維持費名義で支払う定めであって、Y1については右権利金の支払に代え前示のように売上金の歩合で支払うものである。なお前示契約はY1との間では期限の定めがなくその余のYらとの間では2箇年の存続期間の定めがあったものであるが、互いに都合により1箇月の猶予期間をおいて契約解除をし得る定めであり、かつ、前示のように営業方針について、Xが干渉するほか、包装用紙もこれを一定せしめXにおいて調製の上、Yらに分譲する、というである。

　以上の事実関係に徴すれば、Yらは、Xに対し、Xの店舗の一部、特定の場所の使用収益をなさしめることを請求できる独立した契約上の権利を有し、これによって右店舗の一部を支配的に使用しているものとは解することができないから、原判決が、Yらは右店舗の一部につき、その主張のような賃貸借契約又は少なくとも借家法の適用を受くべき賃貸借に基づく占有権を有することの疎明十分ならずとしたのは相当であって、これと反対の見解に立って、右契約に対し民法賃貸借に関する規定又は借家法の適用ありと主張する論旨は採用することはできない。

コメント

　スーパーやデパートなどの**場所貸し**あるいは**ケース貸し**といわれるものについては、本件のように借家法の適用が認められないことが多いと思われます。

第二編　借家立退きの裁判例

第一章

総論

　本件判決では、その理由として７つあげていますが、特に、１番目の「使用する前示店舗の部分はあらかじめＸから示されて定められたもの」、２番目の「売場としての区画がされているに過ぎず、……売場の位置の変更を指示することができる」の２つが重要な点であると思われます。つまり、売場位置の指定及び変更の権利を貸主に握られている以上、借家法の適用が認められないのはやむを得ないところです。また本件判決では明示してませんが（原判決文では争いがあるとしていますが）、指定された各売場が壁やドアなどで物理的、機能的に独立性を有しているかについても疑問があり、借家法の対象となる借家とはいえないと思われます。

居住用建物の借家人が死亡した場合に同居していた事実上の養子はそのまま居住できる

・最高裁昭和37年12月25日判決
・民集16巻12号2455頁

事案の概要

Xは、その所有する神戸市垂水区所在の本件家屋を乙に賃貸していましたが、乙が昭和30年12月に死亡した後、乙と同居していた乙の事実上の養子であるYが本件家屋を不法占拠しているとして、Yを相手に明渡しを求めて提訴しました。1審、原審ともにXの請求を棄却したため、Xが上告しましたが、最高裁は上告を棄却しました。

判決の要旨

Yは、昭和17年4月以来、琴師匠の乙の内弟子となって本件家屋に同居してきたが、年を経るに従い、子のなかった乙は、Yを養子とする心組を固めるにいたり、晩年にはその間柄は師弟というよりはまったく事実上の母子の関係に発展し、周囲もこれを認め、乙死亡の際も、別に相続人はあったが親族一同了承のもとに、Yを喪主として葬儀を行わせ、乙の遺産はすべてそのままYの所有と認め、

第二編　借家立退きの裁判例

乙の祖先の祭祀もYが受け継ぎ行うこととなり、乙の芸名の襲名も許されたというのであり、叙上の事実関係のもとにおいては、Yは乙を中心とする家族共同体の一員として、Xに対し乙の賃借権を援用し本件家屋に居住する権利を対抗し得たのであり、この法律関係は、乙が死亡し同人の相続人等が本件家屋の賃借権を承継した以後においても変わりがないというべきであり、結局これと同趣旨に出た原審の判断は正当として是認できる。

コメント

　本件判決は、**居住用建物**の借家人が**死亡**した場合に、その借家人と**同居**していた**事実上の養子**が借家人の相続人の賃借権を援用することにより、そのまま**居住できる**としたものです。その後、最高裁昭和42年2月21日判決・民集21巻1号155頁は**内縁の妻**について、最高裁昭和42年4月28日判決・民集21巻3号780頁は**内縁の夫**について、いずれも居住する権利を認めています。もっとも、昭和42年2月21日判決では、居住する権利を主張できるとしても相続人らと共同の借家人になるわけではないとして、家主の相続人らに対する解除の有効性を認め、内縁の妻に対する解除後の家賃相当損害金の支払を認容する一方で、解除までの家賃支払債務は否定しました。

　ちなみに、相続人がいない場合については、居住の用に供する場合に限定していますが、昭和41年の改正により、旧借家法7条の2で、事実上の養子や内縁関係の夫婦について、借家人の権利義務

を承継すると定められ、現借地借家法36条で同趣旨の規定が置か
れています。

第二編　借家立退きの裁判例

第一章　総論

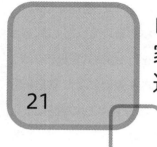

21 自力救済条項があっても家財などの廃棄処分は違法である

・浦和地裁平成6年4月22日判決
・判タ874号231頁

事案の概要

　Xは、埼玉県川口市内の借家を所有し、借家の1室である本件貸室について、昭和62年11月にYを借家人、ZをYの連帯保証人として借家契約を締結しました。本件契約書第7条には、「賃借人が本契約の各条項に違反し賃料を1か月以上滞納したときまたは無断で1か月以上不在のときは、敷金保証金の有無にかかわらず本契約は何らの催告を要せずして解除され、賃借人は即刻室を明け渡すものとする。明渡しできないときは室内の遺留品は廃棄されたものとし、賃貸人は、保証人または取引業者立会いの上随意遺留品を売却処分の上債務に充当しても異議なきこと」という本件条項があります。Yは、平成元年フィリピンに行った際に現地で逮捕され、その後平成2年10月まで帰国ができませんでした。Yは、本件家賃について、平成元年12月分までは内妻乙を通じて支払いましたが、その後は支払いませんでした。Xは、平成2年1月に偶然会った乙に家賃の延滞の事実を話し、所在を尋ねたところ、関係ないと言われました。そこで、Xは、顧問弁護士の甲に相談したところ、しば

らく様子を見るように言われました。その後もYと連絡を取れず、未払い状態が続いたため、甲は、本件条項がある以上、Zの同意があれば本件貸室内の物品を処分して明渡しを行っても適法であると考え、平成2年6月に「本件借家契約は、本件条項により本日解除され、明渡しが完了したことを確認する。本件貸室内の遺留品は、本日、同建物内において廃棄処分した」旨記載されている明渡確認書を用意し、本件貸室の中を見たZに対し、本件明渡確認書への署名押印を求めました。Zは、Yの荷物はXが倉庫に保管すべきと抗議しましたが、甲が法的に問題ない、Zには迷惑が掛からないと言ったので立会人、保証人として署名押印しました。

同年10月に帰国したYが、本件貸室に入ろうとしたところ、鍵が交換されていたため中に入れず、Xに尋ねて事情を知り、Xと甲を相手に不法行為に基づく損害賠償請求をしたところ、浦和地裁は、Xと甲の責任を認め、連帯して267万円の支払いを命じました。

判決の要旨

本件条項は、要するに賃借人が賃料を1か月以上滞納した場合もしくは無断で1か月以上不在のときは、無催告で解除され、賃借人の室内の遺留品の所有権は放棄されたものととして、法の定める手続によらず処分することができるというものであり、賃借人が予め賃貸人による自力救済を認める内容であると考えられるところ、自力救済は、原則として法の禁止するところであり、ただ、法律の定める手続によったのでは権利に対する違法な侵害に対して現状を維

持することが不可能又は著しく困難であると認められる緊急やむを得ない特別の事情が存する場合において、その必要の限度を超えない範囲内で例外的に許されるに過ぎない。したがって、Xらが主張するように本件廃棄処分が本件条項に従ってなされたからといって直ちに適法であるとはいえない。

さらにXらは、自力救済として違法性は阻却されると主張する。前記認定したとおり、確かにYは6か月余も連絡先不明のまま賃料を滞納しているが、法律に定める手続、すなわち訴訟を提起し、勝訴判決に基づき強制執行をすることができるのであり、右手続によってはXの権利を維持することが不可能又は著しく困難であると認められる緊急やむを得ない特別の事情があったと認めることはできない。

Xは、顧問弁護士である甲に任せていたといっても、本件廃棄処分当日本件貸室に入って中の状況を確認しているなど前記認定の本件廃棄処分に至るまでのXの関与の程度に鑑みれば、甲が適法であると判断したことを信じたということのみで、同人に過失がなかったということはできない。

平成2年当時単身の成人が、平均的レベルの生活をしていた場合、通常保有する家財の標準的価額（時価）は、おおむね200万円程度であったと考えられる（たとえば、V保険会社平成2年10月発行の「住宅、家財等の簡易評価基準」には、独身世帯の家財の時価評価額を180万円としたうえ、実態に即してプラス・マイナス20％以内で調整する旨の記載がある。）。そして、前記認定したYの職業、生活状況等を総合勘案すると、本件廃棄処分によってYの被った財

産的損害は250万円を超えないものと認めるのが相当である。

　前記認定した物品を再び購入するには相当な労力が必要であることは、Y本人尋問の結果により認められ、このことと、Yは帰国後所持金がなく宿泊場所の確保もままならない不安な状況であったこと、前記認定の本件不法行為の態様その他諸事情を併せ考えると、Yが受けた精神的苦痛に対する慰謝料は金60万円と認めるのが相当である。

　Yが、連絡先不明のまま6か月にもわたって賃料を滞納したことは前記認定のとおりであり、乙やZに対して適切な指示をしていなかったという点でYに過失があったというべきである。右の過失と前記認定の本件廃棄処分の全事実関係、特に甲は弁護士であることなどを総合考慮すると、Yの過失割合は3割と認めるのが相当である。よって、右過失相殺により、Yの損害は金217万円となる。

　Yが、本件訴訟追行をY訴訟代理人に委任したことは本件記録上明らかであり、本件事案の態様、審理経過、請求認容額等諸般の事情を考慮すると、本件不法行為と相当因果関係のある弁護士費用は、金50万円と認めるのが相当である。

コメント

　自力救済の怖さを思い知らされる判決です。特に、本件では弁護士に相談したところ、その弁護士が自力救済を行ったというもので、同業者としては俄かに信じられないところです。

　最高裁昭和40年12月7日判決・民集19巻9号2101頁は、使

用貸借が終了した土地上に建築された仮店舗の周囲に土地所有者が設置した板囲いを、仮店舗所有者が実力で撤去した行為について、「私力の行使は、原則として法の禁止するところであるが、法律に定める手続によったのでは、権利に対する違法な侵害に対抗して現状を維持することが不可能又は著しく困難であると認められる緊急やむを得ない特別の事情が存する場合においてのみ、その必要の限度を超えない範囲内で、例外的に許される」と、自力救済の原則禁止を明確に述べて、土地所有者の不法行為責任を認めているのです。

　本件判決も、この最高裁判決の判旨をほぼそのまま引用したうえで、家主と弁護士の不法行為責任を認めました。

　弁護士は、法令を遵守するものであり、家主が法令違反をしようとする場合には全力でこれを止めなければなりません。その結果、依頼者や事件を失ったとしてもそれは仕方のないことです。

　なお、本件のような自力救済を認める条項が消費者契約法に違反する可能性があることについては、適格消費者団体による差止訴訟を認めた２の令和４年最高裁判決を参照してください。

第二章

正当事由による立退き

22から24は、解約申入れの是非についての裁判例です。特に、期間途中の解約権留保特約の有効性については未だ決着が付いていません。

25は、いったん成立した正当事由がその後の事情により消滅するか、26は、当初の解約申入れ時に正当事由が備わっていなくともその後備わればよいのかという点が争点となりました。

27は、正当事由として家主の自己使用に限らないことを認め、28は、正当事由の判断には当事者双方の使用の必要性を総合的に考慮するとしました。

29から31は、借入金や相続税の支払いのために売却する前提としての明渡請求です。29は正当事由を認める一方で、30と31は正当事由を否定しました。その違いがどこにあるのかみてください。

32は、賃貸中の建物を買い受けた者に正当事由が認められるという当然のことを判示したものです。

33から37は、主に家主側の事情を考慮して正当事由の有無を判断しています。38から42まででは、主に借家人側の事情を考慮しています。43と44は、建物の賃貸借に関する従前の経過ないし借家の利用状況との関係で正当事由を判断しています。

45から47は建物の現況について、倒壊のおそれがあるかどうかを判断するに当たり、裁判所がどの点を重視しているか参考になります。

48から51は、家主が代替建物について、自己物件を提供したり、斡旋することについて、裁判所が相当に重視していることが分かります。

第二編 借家立退きの裁判例

第二章 正当事由による立退き

22 法定更新後は期間の定めのない契約となり解約申入れができる

・最高裁昭和28年3月6日判決
・民集7巻4号267頁

事案の概要

Xは、その所有する福島県河沼郡所在の本件建物を昭和20年3月にYに対し昭和22年3月までの期間で賃貸したところ、期間後の昭和23年5月に解約の申入れをして、同年5月以降本件建物を占有しました。YがXを相手に明渡請求訴訟を提起したところ、福島地裁若松支部及び仙台高裁は、いずれもYの請求を棄却しました。そこで、Yが上告しましたが、最高裁はYの上告を棄却しました。

判決の要旨

原判決認定の事実によれば、本件賃貸借は、昭和22年3月の期間満了前Xにおいて更新拒絶の通知をしなかったため、右期間の満了と同時に更新されたところ、Xはその後同23年5月正当の事由に基づき解約の申入れをしたというのである。而して期間の定めある賃貸借が借家法2条に基づき更新されたときは期間の定めがない賃貸借となるものであるから、賃貸人はその後正当の事由がある限

りいつでも解約の申入れをすることができることは、さきに当法廷の判示した通りであるから（昭和27年1月18日判決・民集6巻1号1頁）本件賃貸借は右解約の申入れによりその後6か月後の経過によって終了したものと認むべきものである。

コメント

　本件判決が末尾で引用している最高裁昭和27年1月18日判決・民集6巻1号1頁は、当初の期間満了の6か月前までに**更新拒絶**の通知をしたがその時点では正当事由が具備されていなかったため**法定更新**された場合に、期間満了後は**期間の定めのない契約**となるので解約申入れができると判示したものです。そこで、当初期間満了時前に更新拒絶の通知をせずに法定更新となった本件について、同様に解約申入れを認めており、結論に異存ありません。

　ところで、法定更新の場合に旧借家法2条は、「前賃貸借と同一の条件をもって更に賃貸借をなしたるものとみなす」と規定していたものの、期間については触れていなかったので、旧借家法の時代には法定更新後の期間が前の契約と同じ期間か、期間の定めのない契約となるのかなどで学説が入り乱れていました。そこで、最高裁が期間の定めのない契約となると2つの判決を出して決着させたものです。そして、これらの最高裁判決を受けて、借地借家法26条1項但し書末尾で、法定更新の場合には「ただし、その期間は定めがないものとする。」と明記したものです。

　では、法定更新の場合には常に期間の定めのないものとなるかと

第二編　借家立退きの裁判例

いえば、そうとも限りません。当初の借家契約書に、「自動更新条項」として、「賃貸借期間満了日の6か月前までに更新拒絶の通知がない場合、本契約は自動的に更新され、賃貸借期間満了日の翌日から2年間継続し、以後も同様とする。」というような定めがあった場合には、この特約が優先されて少なくとも最初の2年の期間は延長されると考えます。期間の定めのないものよりも期間の定めのある方が借家人にとっては不利とはいえない（むしろ有利）ので、借地借家法30条の強行規定に反して無効とはならないと思われるからです。東京地裁平成29年4月11日判決・ウェストロー・ジャパンも法定更新後1回の期間延長を認めています。

第二章

正当事由による立退き

199

解約権留保特約は有効である

- 東京地裁昭和36年5月10日判決
- 判時262号22頁

事案の概要

Xは、Yに対し昭和29年11月に東京都大田区所在の本件建物を5年の期間で賃貸しましたが、期間内でも解約申入れできる旨の解約権留保特約をしていました。Xは、昭和34年3月に同特約に基づき解約申入れをしましたが、Yがこれを拒絶したため、明渡請求訴訟を提起したところ、東京地裁はXの請求を棄却しました。

判決の要旨

Yは、解約権留保の特約は本件のごとく期間の定めある家屋賃貸借契約においては、借家法6条に反し無効であると主張する。この点に関しては諸説があるが、期間を定めた条項を解約権留保の条項より重く見て、期間を総体に動かし得ないものと解さねばならぬ根拠に乏しい。これと逆に解約権留保特約条項を重く見れば、期間の定めは無意義ないしは意義の薄い規定となるだけで、借家法6条の問題は生じない。右の2つの条項は相容れない面が大きいけれども、

第二編　借家立退きの裁判例

全面的に矛盾するものでなく、両立し得る余地のある条項である。してみると契約条項はできる限り有効に解釈すべきであるから、両者を一様に有効視することは許されてしかるべきである。よって、この点に関するＹの主張は採用しない。

コメント

　期間の定めのある借家契約でありながら、期間途中の解約申入れを認める**解約権留保特約**を定めていることがあります。本件判決が述べているように、期間途中の解約申入れを認めるのであれば、期間を定めた意味がないという見方も当然あり得ます。だからといって、直ちに、解約権留保特約は無効であるとまで言い切っていいのかは難しいところです。家主が借家人に対して当初定めたその期間は一応保証したもので、一般的な期間の定めのない契約における解約申入れよりは正当事由の具備が家主側に厳しくなるといえなくはないからです。その意味で、本件判決が「両立し得る余地のある条項」として有効性を認めたのも分からなくはありません。もっとも、結局のところ、本件判決では正当事由を否定しています。

第二章

正当事由による立退き

201

中途解約権を認めた特約条項は不利益条項であるから明確な規定でなければ認められない

- 東京地裁平成20年3月21日判決
- ウエストロー・ジャパン

事案の概要

甲は、Yに対し昭和50年頃東京都千代田区所在の4階建ての本件建物の1階及び2階の一部の本件貸室を賃貸し、平成17年12月から3年間の更新をしましたが、予告期間を6か月前までとする期間内解約の定めがありました。Xは、平成18年12月に甲から本件建物を買い取り、その直後にYに対し、解約申入れをしました。Xは、主位的に解約申入れに基づく明渡請求を、予備的に更新拒絶に基づく期間満了時の将来請求としての明渡請求をしました。東京地裁は主位的請求を棄却し、予備的請求を却下しました。

判決の要旨

本件賃貸借契約における解約権留保特約の有無について、13条は、「解約の予告期間は6か月前として、Yはその期日まで、賃貸借物件を使用すると否とに拘わらず、賃料並びに管理費等の支払及び本契約の一切の義務を履行しなければならない。又、解約の際は、Y

が施したる造作等は原型に復して明け渡し、鍵の返還をなすこと。」
と規定し、直前の12条には、「本契約解除並びに終了事由」として、
「Yが契約の更新を行わない旨の予告を6か月前に行い、契約期間
が満了したる時。」との規定がある。これらの文言を対比すると、
12条は、借地借家法26条1項でいう期間の定めのある賃貸借の場
合の更新拒絶の意思表示を6か月前までに賃借人がしなければなら
ないことを注意的に規定し、13条は、賃借人に対し期間終了まで
の間の義務（主として賃料の支払義務）が免除されないことを規定
しているものと解するのが相当である。

　確かに、4条(2)の但し書きにある「中途解約」は、「中途解約権
の行使」を前提としているかのように解釈する余地があるものの、
4条(2)自体は、保証金の返還時期を規定することに主眼があるから、
この条項を根拠として、ここから中途解約権の行使が認められると
の結論を導き出すことは困難といわざるを得ない。賃借人にとって
は、中途解約権を認めた特約条項は不利益条項であるから、中途解
約権を認めるためには、契約において明確な規定をもって定められ
るべきものであるところ、本件賃貸借契約書には、明確な規定は存
在しない。よって、Xの、13条によって、当事者双方に期間内解
約が認められているとの主張は採用することができない。

　Xは、①文理解釈から13条の主体は当事者双方であるとしたり、
②期間内解約権の留保は、当事者双方について、期間満了まで契約
に拘束することが不合理である場合を考慮して定められたものであ
るから、特段の事情がない限り、当事者双方に解約権の留保がある
ことは自然なことであるなどと主張するが、上述のとおり、期間内

の解約は、賃借人にとって不利益事項であるから、Xの立論は、これまた採用することができない。

コメント

　本件判決より50年以上前の東京地裁昭和27年2月13日判決・下民3巻2号191頁は、「賃貸借期間中といえども賃貸人は6か月前の予告で解約できること」という特約について、「2年の約定が賃貸借関係そのもの以外のいかなる法律関係の継続期間を意味するか全く理解し得ない」などとして**解約権留保特約**を無効としました。

　また、本件判決より後の東京地裁令和4年7月11日判決・ウェストロー・ジャパンは、解約権留保特約について、借家人が特に争っていないにもかかわらず、あえて「その有効性については争いがある」と指摘しているほどです。

　23の東京地裁判決を含め以上の裁判例を概観すると、裁判所の大勢としては、解約権留保特約について及び腰になっているといわざるを得ません。

　したがって、借家契約書に解約権留保特約を入れるとしても、家主側としては、それに依拠するよりは期間満了に対する更新拒絶の通知に基づく正当事由の主張をすることが無難であるといわざるを得ません。

　なお、本件判決では、予備的請求としての将来給付の訴えについて、期間満了時の正当事由の要件具備の判断が困難であるとして却下しました。将来請求についての一つの事例として紹介します。

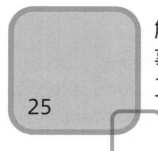

解約の効力発生後の事情によって正当性を喪失しない

・最高裁昭和28年4月9日判決
・民集7巻4号295頁

事案の概要

甲は、Yに対し旭川市内の2階建ての本件家屋を賃貸していましたが、昭和22年9月頃Xに本件建物を売却しました。Xは、上川郡和寒町から片道約2時間かけて旭川市に通勤していたので、Yに対し本件家屋明渡請求訴訟を提起し、昭和23年3月30日に送達された訴状において解約申入れをしました。旭川地裁は、本件家屋の内1階の6畳の明渡しを認めましたが、その余の請求を棄却しました。双方が控訴しましたが、札幌高裁は解約申入れの効力が発生した後の昭和23年12月頃にX宅を広げたことや昭和24年6月頃に本件家屋の隣にXの家族の一部が転居したこと、昭和25年1月頃以降は同転居先にXの表札が掲げられていることなどを理由に原判決を変更して、Xの請求を全面的に棄却しました。そこで、Xが上告したところ、最高裁は原判決を破棄し、札幌高裁に差し戻しました。

判決の要旨

　原判決は、本件解約の申入れを結局本訴状送達の日である昭和23年3月30日に行われたものと認定したことは所論のとおりである。そして、借家法1条の2によれば、建物の賃貸人は正当の事由ある場合でなければ解約の申入れをなすことができないものであること勿論であるが、その正当の事由あることは解約申入れの有効要件に外ならないものであるから一旦有効になされた解約の申入れが事後の事情の変動によりその正当性を喪失し無効に帰すべきいわれはない。しかるに、原判決は、前記解約申入れ当時のXの生活状態のほか、解約申入れの効力発生後である昭和23年12月頃又は昭和24年6月以降における事情、とりわけ第1審判決後の昭和25年1月頃以降においてXに存した事情をもって本件解約申入れの正当性を否定しているのである。されば、本論旨は、その理由があって、原判決は破棄を免れない。

コメント

　本件判決は、**正当事由**は解約申入れの**有効要件**ではあるが、その後の事実を踏まえて、いったん成立した正当事由が**消滅**するわけではないと判示しました。つまり、原判決が解約申入れの後の事実を踏まえて正当事由を否定したのは許されないと判断したものです。

　あくまで、解約申入れの時点までの事情を踏まえて正当事由の有無を判断すべきとしているのです。口頭弁論終結までに裁判所に現

れた事情を全く無視してよいのか、疑問がないわけではありません
が、最高裁昭和28年7月23日判決・集民9号751頁も同様の判
断をしています。

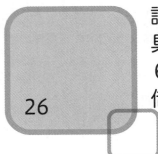

26 訴訟係属中に正当事由が具備するに至った時から6か月の経過により借家契約は終了する

・最高裁昭和41年11月10日判決
・民集20巻9号1712頁

事案の概要

Xは、Yに対し酒田市所在の本件建物を賃貸していましたが、昭和33年6月に解約申入れをして、家屋明渡請求訴訟を提起しました。山形地裁酒田支部はXの請求を棄却しましたが、仙台高裁秋田支部は、解約申入れ当時の正当事由は否定したものの、その後Xが履物商を廃業して甲寺から賃借していた建物を返還して狭い建物に転居したことやYの子供らが本件建物から転出していることなどの事情を踏まえ、本訴維持により解約申入れが継続していたとして昭和38年12月に正当事由を具備したことを理由にXの請求を認めました。そこで、Yが上告しましたが、最高裁は上告を棄却しました。

判決の要旨

建物の賃貸借契約の解約申入れに基づく該建物の明渡請求訴訟において、右解約申入れをした当時には正当事由が存在しなくても、賃貸人において右訴訟を継続維持している間に事情が変更して正当

事由が具備した場合には、解約申入れの意思表示が黙示的・継続的になされているものと解することができるから、右訴訟係属中正当事由が具備するに至った時から6か月の期間の経過により該賃貸借契約は終了するものと解するのが相当であり、このような場合に、所論のように、正当事由が存在するに至った後に、口頭弁論期日において弁論をなし又は期日外においてとくに別個の解約申入れの意思表示をなすこと等を、必ずしも必要とするものではない。

コメント

　本件判決は、明渡請求訴訟の係属中は解約申入れの**意思表示**が継続しているとみなした結果、家主の建物使用を必要とする事情がより強くなる一方、借家人の方では居住者の一部が転居するなど建物使用を必要とする事情が弱くなる、あるいは建物の老朽化が顕著になるなどの事情が加わって家主の**正当事由**が**具備**され、その時点から6か月が経過した後に、裁判の口頭弁論が終結すれば、家主の解約申入れによる借家契約の終了を認めると判断しました。最高裁昭和29年3月9日判決・民集8巻3号657頁も同旨の判断です。

　もっとも、家主としては、訴訟を開始する時点で正当事由が具備されているものとして、明渡請求訴訟を提起するのが本来のあり方です。訴訟係属中に事情が変わって正当事由が具備されることを期待するのは筋違いであり、訴訟提起時点で特に家主の建物使用の必要性について、きちんと事実を固めておくことが訴訟の王道といえます。

最高裁は、25ではいったん正当事由が具備されればその後の事情によってその効力を失わないとした一方で、本件判決では当初の解約申入れで正当事由が具備していなくとも訴訟係属中に正当事由を具備すればよいとしており、意外に家主に好意的な判断をしているといえなくもありません。

第二編　借家立退きの裁判例

27 正当事由には家主が自ら使用することを必要とする場合に限らない

・最高裁昭和27年10月7日判決
・民集6巻9号772頁

事案の概要

東京都Xは、東京都台東区浅草所在の本件建物を大正13年以来昭和20年4月の閉鎖まで公設小売市場としてきましたが、Yに対し同年5月に約32坪を、昭和21年2月に約88坪を機械製造工場としていずれも昭和25年3月までの期間で賃貸しました。その後、Xにおいて公設小売市場の再開の必要性を認め、Yに対し更新の拒絶をしました。Yがこれを拒否したため、Xが提訴したところ、東京地裁はXの請求を認めました。Yが控訴しましたが、東京高裁もXの請求を認めました。そこで、Yが上告しましたが、最高裁はYの上告を棄却しました。

判決の要旨

借家法1条の2にいわゆる正当事由がある場合とは、必ずしも賃貸人において賃貸建物を自ら使用することを必要とする場合に限らないことはもちろんであって、原審認定の事実によれば、Xが本件

賃貸借の更新の拒絶をなすにつき正当事由ありと、認めるに十分である。所論は、右と異なる独自の見解に立ち原審の正当な判断を攻撃するものであって、理由がない。

コメント

　旧借家法１条の２は、「建物の賃貸人は自ら使用することを必要とする場合その他正当の事由あるにあらざれば」更新拒絶又は解約申入れができないと規定していました。そこで、借家人側からすると、家主自身が使用する場合以外は正当事由は認められないという解釈をしたくなるのも分からないではありません。現に、本件のＹは、上告理由において、「Ｘは自ら使用するものではない、すなわち公設市場再開は小売商人たる第三者をしてこれを使用せしむるものであってＸ自らの使用ではない」と主張したのです。

　これに対して、最高裁は、「必ずしも賃貸人において賃貸建物を自ら使用することを必要とする場合に限らないことはもちろん」と家主自身が使用する場合に限らないことを明確に判示しました。

　そもそも、**所有権**の内容は，「その所有物の使用、収益及び処分をする権利」であると民法206条に定められており、**使用**だけでなく**収益**、すなわち他に賃貸する権利を含んでいるのであり、家主が第三者に使用させるために現在の借家契約について更新拒絶などをすることが認められるのは当然といえます。

　もっとも、家主の代理人として交渉をしていると、借家人の中には今でも旧借家法のこの条文を持ち出して家主の正当事由は認めら

れないという主張をする人がいるので、本件判決を挙げる意味があると思われます。なお、借地借家法28条も、旧借家法1条の2の「自ら」を削除しており、誤解のないように改めたといえます。

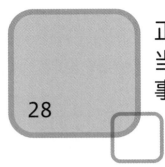

正当事由は当事者双方の事情を考慮する

- 最高裁昭和25年6月16日判決
- 民集4巻6号227頁

事案の概要

　Xはロシア人ですが、甲がハンガリー人のYに賃貸していた神戸市所在の2階建ての本件建物を、昭和22年6月に自ら使用する目的で甲から買い取り、同月にYに対し解約申入れをしました。Xは、交渉ではYとの同居を求めたが、Yがこれを拒んだため、本件建物の明渡しを求めて提訴しました。神戸地裁は、本件建物の1階部分の内の事務室1室の明渡しと炊事場、便所、玄関、廊下の共同使用を命じました。双方が控訴したところ、大阪高裁は1審判決を変更してXの請求をすべて棄却しました。Xが上告しましたが、最高裁は、Xの上告を棄却しました。

判決の要旨

　借家法第1条の2に規定する建物賃貸借解約申入れの「正当の事由」は賃貸借の当事者双方の利害関係その他諸般の事情を考慮し社会通念に照らし妥当と認むべき理由をいうのであってもとより賃借

第二編　借家立退きの裁判例

第二章

正当事由による立退き

人側の利害のみを考慮して判定すべきものではないことは言うまで
もないところである。論旨は本件において原審はＹ側の利害のみを
考えＸ側の利害を考えていないから正当事由の解釈を誤っていると
主張するのである。しかし原審は当事者双方の利害関係を考慮し社
会通念に照らし本件解約申入れについて正当の事由がないと判断し
たものであることは原判文上明らかであるから論旨はその理由がない。

コメント

　原審の大阪高裁は、理由の初めに「他人が賃借居住中であること
を知りながらその家屋を買い受けた者は、たとえ自らこれを使用す
る必要があっても、その賃借人に明渡しを求めても酷でないという
ような特別の事情がない限り、正当の事由があるものとはいえな
い」と述べていることから、本件のＸは原判決が借家人に寄り過ぎ
ていると思ったのか、借家人側の利害のみを考えていると上告理由
で述べています。

　しかしながら、原判決文を読めば、Ｘが借りている借家からの立
退きを要求されている事実なども認定した上で「双方側のいろいろ
の事情……を比べ合わせて考えると」と述べているとおり、Ｘの事
情を無視しているわけではありません。

　結論として、本件のＸの請求を棄却したのはやむを得ないところ
であると思われます。なお、借地借家法28条は、「建物の賃貸人及
び賃借人が建物の使用を必要とする事情」として、家主と借家人の
双方の使用の必要性を考慮することを明確に定めています。

215

29 借金返済のため売却する必要性を認めた

・最高裁昭和27年3月18日判決
・民集6巻3号342頁

事案の概要

　Xは、Y1に対し本件建物1を、Y2に対し本件建物2を賃貸していましたが、祖母と二人暮らしで学業半ばの身にあり、納税するために借り入れた約45万円の借金の返済や学資、家計費の捻出のために、本件建物の1、2を売却して資金を調達する必要があるとして、Y1、Y2を相手に建物明渡請求訴訟を提起しました。福岡地裁はXの請求を棄却しましたが、Xが控訴したところ、福岡高裁はXの請求を認めました。そこで、Yが上告しましたが、最高裁はYの上告を棄却しました。

判決の要旨

　所論は、原判決が、賃貸借解約の申入れについて賃貸人に正当の事由があるかどうかを判断するに当たって、証拠なくして事実を認定し審理不尽、理由不備の不法があると非難するに帰するのであるが、その論拠の一つとして、Xが原判決認定のような生活に窮した

事実があったにしても、Xの実父母並びに親権者、また叔父らの親せきがいるのであるから、これらが救済すべきものであると主張するが、このような主張は、法律上何等の根拠がないばかりでなく、この論を推し進めると人が種々の事情から経済上窮迫に陥った時、自分の所有家屋があっても、たまたま他人に賃貸してある場合は、常に、これには手を付けず、まず親族らの救助を受けて切り抜けなければならないこととなり、社会通念からいっても一般的に当てはまるこのような道義的責任ありとは認められない。次にまた、論拠として、原判決の認定のようにXの借金等を支弁するため、本件の建物2棟の外、なお別件として明渡訴訟を提起している殆ど同様の建物2棟までを、これに引き当てなければならないとすれば、この4棟の建物の価格を、空家として、また賃借権付として、いくらくらいになるかを審理しない限り、単なる憶測に過ぎないと主張するが、Yは原審においてこのような主張をしていないから、原審がこれについて判断をしていないのは当然であるし、また原判決は、証拠によって、Xが「他に賃貸中の本件家屋2棟を含めての貸家4棟を、他に売却して調達する以外には、その自滅を避け得る方途を見出し難いまでの窮地に追い詰められている」と認定しているのであるから、さらに4棟の建物を評価し、審理をしなければならないものではない。更に論拠としてYらは、本件家屋を戦時中から借り受けていたので、互いに協力して空襲よりこれを守り今日に至ったのであるから、原判決は、本件建物が従来から賃貸されていたものでないことを審理確定しない限り、空家として売却することができる理由が不明であって、原判決のとおりであれば、Xは本件家屋を空

家として売却することにより、不当に利得することとなると主張するが、家屋に居住する者が空襲より家屋を守ることは当時の社会情勢からいって当然の責務でもあるから、仮に本件家屋が戦災を免れたことは、Ｙの協力に負うところがあったとしても、これをもって通常直ちにＹらに法律上主張することができる権利が成立するとは考えられないし、また家屋居住者が、家屋を守る尽力をしなくても、焼失しなかった家屋も多くあるのであり、本件家屋が、特にＹらの行為によって戦災を免れたものであるとのことは、原審においても、主張立証のない事項であるから、上告審においてこれを理由として原判決を攻撃することはできない。さらにまた論拠として、原判決は、賃借居住者がいては買手が付かない現状であるため、本件建物の明渡しを求めるのやむなきに至ったと認定しているのは、その証拠がなく、単なる独断であると主張するが、賃借人のいる家屋は、売却するのに、空家よりはるかに困難であることは、我が国の現状においては一般的に公知の事実であるから、原判決の認定をもって独断というのは当たらない。

コメント

　本件の借家人は、様々な主張をしていますが、最高裁はことごとくこれらを退けています。私が、ここで特に注目したのは、最後の判旨です。**借家人**が**居着き**のままでの家屋の**売却**は空家よりもはるかに**困難**であることは公知の事実であるとの点です。売却自体が困難というよりは、借家人がいると大幅に価格が減額されるので、本

件でいえば借金を返済するだけの価格で売却することは困難である
という意味と捉えればよいのではないかと思います。

　いずれにせよ、最高裁が借金返済のために売却処分する前提とし
て借家人に対する明渡しの正当事由を認めたことは、大きな意義を
有すると考えます。

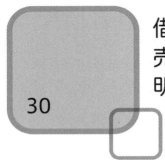

借入金返済のために売却する前提としての明渡請求を否定した

・東京地裁平成21年1月28日判決
・判例秘書

事案の概要

　Xは、昭和63年3月に姫路駅前の土地上に9階建ての本件ビルを建築し、2階部分の内の377.19㎡の本件建物をイタリア料理の飲食店として自ら経営していました。Xは、その後従業員の退職等により飲食店の経営が困難になったため、平成14年6月Yに対し本件建物を飲食店目的で賃貸し、Yは相当の費用をかけて内装等を整えて飲食店を経営してきました。Xは、数店の飲食店を経営していましたが、設備投資などのために多額の借入をする一方、平成17年度の売上が落ち込んだこともあり、平成19年1月頃約16億円の借入金返済の見直しをして債務整理をすることになり、本件ビルの売却を検討することとしました。同年8月に本件ビルのテナントであるV信用金庫が28億円で本件ビル及びその敷地を購入することとなり、平成25年2月までに本件ビルの全テナントの退去が条件とされました。Xは、V信用金庫との交渉中の平成19年7月にYに対し、平成25年2月限りの本件建物の明渡しを求めました

が、Ｙはこれを拒絶しました。そこで、ＸはＹを相手に本件建物の明渡請求訴訟を提起しましたが、東京地裁は請求を棄却しました。

判決の要旨

①平成17年度ないし平成20年度のＸの借入金は、17億6,532万円余から16億3,572万円余であり、同期間のＸの支払利息は4,265万円余から4,860万円余であること、②これに対し、平成17年度ないし平成20年度のＸの営業利益は3,369万円余から4,826万円余であり、平成18年度ないし平成20年度には、Ｘの経常損失が、それぞれ720万余、155万円余、169万円余となっていること、③ＸとＶ信用金庫は、平成19年8月Ｖ信用金庫がＸから本件ビルのテナントとの間で締結している建物賃貸借契約から建物定期賃貸借契約への切替が平成20年3月までに完了することが停止条件とされ、その完了後、同年4月までにＶ信用金庫が内入金として5億6,000万円を支払い、残代金22億4,000万円は平成25年3月までに支払うものとされたこと、その後、上記売買契約の内容につき、定期建物賃貸借契約への切替日、内入金の支払日、金額等が変更されたこと、④Ｘは、ＹとＶ信用金庫を除く本件ビルのテナント全てとの間で最も遅いものであっても平成20年3月までに、契約期間の終期を平成25年2月とする建物定期賃貸借契約を締結したことが認められ、これによれば、Ｘが本件解約申入れをしたことについて、経営上の必要性があったことは窺われる。

しかしながら、平成20年度のＸの営業利益は4,252万円余あり、

殊に安定した家賃収入が1億7,858万円余もあることから、平成20年度の経常損失が169万円余となっているものの、平成20年度において、XはX代表者に対して1億970万円の貸付金を有しており、Xの唯一の株主であり、X代表者及びその妻がそれぞれ代表取締役及び監査役を務める甲社に対して未収金4,919万円余を有している上、X代表者及びその妻である監査役に対し、合計1,860万円の役員報酬を支払っていることが認められるのであり、これによれば、経常損失を回避し、利益を計上することも可能と考えられ、Xが本件ビル及びその敷地を売却しなければXの経営が直ちに危機に瀕するというような逼迫した状況にあるとは認め難い。

また、確かに、本件ビル及びその敷地を28億円で売却することができれば、約16億円の借入金を全額返済しても約12億円の余剰資金が残ることになり、Xの経営上、非常に好ましいことと思われ、それ故、Xは、本件ビルからのテナントすべての退去というV信用金庫との間の売買契約上の約定を動かすことのできない前提として、本件建物明渡の必要性の大きさを強調するが、仮に現状において債務整理をしなければXの経営が直ちに危機に瀕するという状況にあるとしても、債務整理の目的であれば、必ずしも約12億円もの余剰を生み出す必要はないのであって、そうして考えてみると、V信用金庫との間の売買契約のみがXに残された唯一の債務整理の方法とは言い難く、たとえば本件ビルのいわゆる居ぬきの譲渡も考えられるところであり、本件建物明渡の必要性が、Xがいうほど大きいものとは認め難い。

さらに、Xの主張によっても、本件ビルのテナントの明渡しは平

成25年２月末日まで猶予されており、実際、Y以外のテナントの明渡しは同日までに明渡しをすれば足りるにもかかわらず、Yに対してのみは４年も早い現時点で明渡しを求めなければならない必要性があるとは到底理解できない。

　一方、Yは、本件建物での継続的な営業を前提に、相当の費用をかけて内装等を整え、これまでの６年間の営業により固定客を獲得し、収益を上げていることは容易に推測され、即時明渡しを求められた場合には、新たな店舗の開店準備の費用、その間の休業による減益等多大な損失を被ることも、また容易に推測されるのであり、Yが本件建物の使用を継続する必要性は小さくない。

　したがって、以上のとおりの双方の事情を比較すると、たとえ、XがYに対して代替店舗の紹介をしたり、立退料5,000万円の提示をしていることを考慮しても、本件解約申入れに正当事由があるとは認められない。

コメント

　本件判決は、借入金返済のために９階建てのビルの２階部分を賃借している居酒屋経営の会社に対する明渡請求について、売却して借入金返済後の余りが出るのであれば居ぬきで売却すればよいなどとしてこれを否定しました。しかしながら、居ぬきであれば、売買代金が相当に減額されるはずで、そうであれば借入金全額の返済も難しくなります。本件判決の論旨は、その意味で机上の空論に近いところがあります。本件判決は、家主が営業利益を出し続けている

ことなども理由に挙げていますが、他方で、理由は判然としません
が、経常損失も続いているので、家主の経営に問題があることは確
かなようです。したがって、家主の必要性は相当に高いものといえ、
ある程度の立退料の支払を条件にして正当事由を認めてもよかった
のではないかと思われ、本件判決の結論には疑問があります。

　とはいえ、単に借入金返済のためだけでは、裁判所がそう簡単に
正当事由を認めるわけではないことに注意が必要です。

第二編　借家立退きの裁判例

第二章　正当事由による立退き

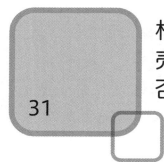

31 相続税支払のために売却する必要性を否定した

・東京地裁平成22年3月31日判決
・ウェストロー・ジャパン

事案の概要

　Xは、Xの代表取締役をしていた所有者甲1から東京都世田谷区所在の本件建物を転貸目的で借り受けてYに賃貸していましたが、甲1の死亡により本件建物を相続した甲2から、約2億5,000万円の相続税の支払のための資金調達等を理由として本件建物の賃貸借契約の終了の申入れを受けました。そこで、Xは、Yに対し、平成21年2月に本件賃貸借契約について解約の申入れをして本件建物の明渡請求訴訟を提起しました。東京地裁は、Xの請求を棄却しました。

判決の要旨

　本件解約申入れに係る正当事由の評価根拠事実に関しては、①甲1が平成20年2月に死亡し、甲2がその遺産の全部を相続したところ、その遺産の価額が非常に高額であったため、甲2が2億5,164万円の相続税の納付義務を負うに至り、玉川税務所長の許可

を得て上記相続税の全額を平成21年から平成40年まで分納することになったものの、その利子税の負担を軽減するため、できるだけ早期に上記相続税を完納したいと考えていること、②甲2が甲1から相続した遺産は、そのほとんどが不動産であり、しかも、それらの不動産の多くは、いわゆる相続税対策のために金融機関から融資を受けて購入したものであり、担保権が設定されているため、甲2は、上記の相続税の納付資金をねん出するために換価するに適した不動産としては、本件敷地を含む1筆の土地（本件建物とそれに隣接して建てられている甲2所有のアパートの敷地を併せたもの）のほかは、甲2の自宅の敷地の他にはないと考えていること、③甲2の敷地は、それを全部売却すれば、その売却代金で前記の相続税を完納できるほどの価値を有しているものの、甲2としては、上記敷地が祖父母の代から住み続けた土地であることから、できれば上記敷地の全部を売却することは避けたいと思っているところ、仮に、本件建物及び前記のアパートを賃借人から明け渡してもらった上で、前記の1筆の土地を売却できれば、自宅の敷地については、その5分の2程度を売却せずに済むものと見込んでいること、以上の各事情を認めることができる。

　なお、Xは、本件建物は、老朽化が進行しており、耐震基準を満たしていないのみならず、準防火地域に存在するにもかかわらず、準耐火建築物になっていないとか、屋根や庇が若干傾いており、倒壊等万が一の危険が危惧される状況にあるなどと主張するところ、本件建物は、昭和16年に建築されたものであり、老朽化が進行していることは認められるものの、それを直ちに取り壊さなければ、

倒壊するなどして隣接建物等に被害を及ぼしかねないほどに老朽化が進行しているとは、直ちには認められないから、本件建物の現況に関する事柄は、本件解約申入れに係る正当事由の評価根拠事実に当たるとまではいえず、事情に過ぎないというべきである。

　他方、①Ｙらの現在の健康状態はいずれも思わしくないところ、特に、Ｙは、平成18年以来重度の狭心症を患っており、健康状態が極めて悪く、出生以来住み続けている本件建物において療養生活を送るのが望ましいと考えられること、②Ｙらの収入は、Ｙが受給している月額18万円ほどの年金収入の他は、Ｙの妹乙が本件建物において開いているピアノ教室に通ってくる生徒からの謝礼金及び音楽大学のピアノ講師として得ている報酬が月額6万円ほどあるにすぎず、現在の本件建物の家賃月額7万7,000円を大きく超える住居費をねん出することが困難である上、仮にＹらが本件建物を明け渡すことになれば、乙は、生徒にピアノ演奏の指導をしたり、ピアノ演奏技術の維持・向上を図るための練習場所を事実上失うことになることから、ピアノ教師としての稼働を継続することが極めて困難になり、その結果、Ｙらの経済状況は、更に窮境に陥るものと見込まれること、③Ｙらは、既に高齢に達している上、いずれも未婚であるため、別居している実弟はいるものの、頼ることのできる配偶者や子はなく、加えて、前記のとおり経済状況も思わしくないことから、本件建物の他に適当な住居を賃借することが困難であると考えられることなどの事情が認められ、これらの事情がＹらの生存を左右しかねないほどの重大性を有していることにかんがみると、それらは、いずれも本件解約申入れに係る正当事由の評価障害事実

に当たるものと解するのが相当である。

　以上のＸ、Ｙ双方の事情を比較考量する限り、Ｙらが本件建物の使用を継続しなければならない必要性は、Ｘが本件建物の明渡しを受けなければならない必要性をはるかに上回るものといわざるを得ない。

　そして、Ｙらが本件建物の使用を継続しなければならない必要性が、Ｙらの生存を左右しかねない事情に由来するものであることからすれば、仮に立退料の提供をもって本件解約申入れに係る正当事由を補完するのであれば、その金額は、Ｙらの今後の生存をある程度保証するに足りる金額にならざるを得ず、Ｘが本訴において提供している200万円の立退料あるいはそれを許される限度で増額した金額では、到底足りないことが明らかである。

コメント

　私は、本件判決に違和感を持ちました。第１に、狭心症などで健康状態が悪く経済的に厳しい高齢者に対する明渡請求は生存を左右しかねないと繰り返していることです。第２に、建物の老朽化について、正当事由の評価根拠事実に当たるとまではいえず事情に過ぎないと決めつけている点です。

　第１の点ですが、古い借家に居住している高齢者は多かれ少なかれ健康状態に問題を抱えており、経済的にも厳しい状況に置かれていることは事実です。だからといって、本件のように、億単位の税金の支払資金の捻出のための売却を目的とした明渡要求に対し、生

存を左右しかねないという論理で、正当事由を否定することには論理の飛躍があるのではないかと思われます。これを認めてしまうと、高齢者（ほとんどが病弱で経済的に苦しい）に対する明渡請求は、正当事由がほぼ認められないことになり、それではかえって、高齢者への賃貸の道を閉ざすことになりかねません。もっとも、家主側としても、立退料については相当程度増額してもよかったと思われます。

　第2の点ですが、準防火地域において70年以上経過した木造建物が老朽化していることは明らかで隣接建物に被害を及ぼしかねないほどでなければ正当事由の評価根拠事実（それ自体よくわからない言葉ですが）に該当しないというのも行き過ぎと思われます。もっとも、この点についても、家主側としては、耐震診断を求めて、客観的な数字を提示できればよかったと思われます。

賃貸中の建物を買い受けた者も解約申入れの正当事由を有する

・最高裁昭和 30 年 6 月 7 日判決
・民集 9 巻 7 号 865 頁

事案の概要

甲がYに対し昭和21年春頃、愛媛県伊予郡上灘町所在の本件建物を賃貸したところ、昭和26年4月にXに対し本件建物を売り渡し、Xは昭和27年5月所有権移転登記を経由しました。Xは、Xの兄宅に住んでいましたが明渡しを求められたため、本件建物を一家5人の居住用とするために同年9月送達の建物明渡請求の本訴状においてYに対する本件借家契約の解約申入れをしました。松山地裁、高松高裁ともにXの請求を認めました。そこで、Yが上告しましたが、最高裁はYの上告を棄却しました。

判決の要旨

論旨は、要するに原審が本件解約申入れを許容したのは、借家法1条、1条の2の解釈を誤ったものであるというのであって、その理由としては、(1)借家法1条はもっぱら借家権侵奪目的を有する家屋買受人のみに備えるための規定であり、したがって家屋の賃借人

は、かかる借家権侵奪目的を有する家屋買受人に対しては、同条を根拠として従来の賃借権を対抗し得る。(2)借家法1条の2の「賃貸人」中には、借家権侵奪目的の買受人を含まない。(3)賃貸中の家屋を第三者が買い受けた場合、新所有者が解約できるのは、所有権取得後、事情の変動により新所有者が自ら使用する必要を生じた場合に限ると主張する。しかしながら、借家法1条は、建物賃借人の地位の安定を図る目的で、賃借権が元来単なる債権関係であるため賃貸借契約の当事者間にのみ効力を有するにすぎないのを、法律の規定によってその効力を拡張し、その権利の目的物たる建物につき物件を取得した第三者に対しても効力を生ぜしめたものである。それ故、賃貸中の建物を買い受けて所有権を新たに取得した第三者は、借家法1条の規定があることによって初めて法律上当然に従来の賃貸借関係を承継して賃貸人となるのであるから、同条は賃貸中の建物を買い受けてその所有権を取得した者である以上、自己使用の目的を有したと否とを問わず、すべての建物の新所有者に適用ある規定であって、所論のように借家権侵奪目的の家屋買受人のみに備えるための規定ではない。そしてまた、借家法1条の2は、正当の事由のある場合に限り建物の賃貸人が解約権を有することを規定しているのであるから、同条により解約権を行使するには、建物の賃貸人たることと、正当事由の存することとの二要件が備われば足りるのである。そして、賃貸中の建物を自己使用の目的で買い受けて所有権を取得した者であっても、借家法1条によって賃貸人となることには変わりはないのであるから、同条1条の2の「賃貸人」中には、かかる者をも含むものと解すべきである。ただ問題となるのは、

右のような賃貸人には、いかなる場合に解約申入れの正当事由が存
するかであるが、かかる場合における正当事由の存否は、旧賃貸人
の下において従前に発生した事由に限局するとか、あるいは新賃貸
人の下において新たに発生した自己使用の必要事情のみとかに、形
式的に制限すべきではなく、賃貸借承継の前後を問わず、あらゆる
事情を参酌して、結局において賃借人側の居住の安定と、賃貸人と
なった者の側の自己使用の必要との双方の利害を実質的に比較考量
した上、解約を正当と認むべき事由が存するかどうかを判断しなけ
ればならないのである。そして、原審認定の下においては、本件解
約申入れに正当事由があるとした原判決は十分首肯するに足りるか
ら、論旨は理由がない。

コメント

　賃貸中の建物を買い受けた者が借家人に対し解約申入れをすると
必ず言われるのが、借家人がいると分かっていながら買い受けたの
は、最初から借家人を立ち退かせるのが目的だろうというものです。
本件のＹは、「借家権侵奪目的」という言葉を使用して解約申入れ
ができないとし、かつ正当事由の範囲を限定して主張しています。
これに対して、本件判決は、これらの主張を退け、第三者であって
も解約申入れができること、正当事由について形式的な制限を否定
しあらゆる事情を参酌できると判示しました。
　現在でも、賃貸中の建物を買い受けた者からの解約申入れに対し
ては、正当事由の中身に入ることなく「地上げ屋」などと非難する

ことがままありますが、本件判決に照らしても、いかに的外れな主張であるかが分かります。要するに、正当事由といえるかどうかという実質的な判断が求められているのです。

家主が住宅と診療所の明渡しを求められているなどの事情から借家人の事情を考慮しても明渡しを認めた

・最高裁昭和36年11月7日判決
・民集15巻10号2425頁（福岡高裁昭和32年7月9日判決・民集15巻10号2438頁）

事案の概要

　Xは、Yに対し戦後間もなくから熊本市所在の本件家屋を賃貸し、Yはその一部を昭和26年9月頃Zに転貸していました。Xは、昭和28年1月にYに対し解約申入れをし、同年9月にはZを含めて、熊本簡裁に明渡しの調停申立てをしましたが、不調に終わりました。そこで、Y及びZに対し家屋明渡請求訴訟を提起したところ、熊本地裁はXの請求を棄却しましたが、福岡高裁は原判決を取り消してXの請求を認めました。Y及びZが上告しましたが、最高裁は上告を棄却しました。ここでは、具体的事実が述べられている福岡高裁判決の一部を取り上げます。

判決の要旨

　(1)X家は代々医業を営みXの父も医師であって、かつ本件家屋で開業していたが、後他に転じて本件家屋を貸家として賃貸していたところ、昭和4年8月同人が死亡し、当時幼少であったXに代わっ

て母が本件家屋を管理し引き続いてこれを他に賃貸していた、その後Xは歯科医大を卒業し、終戦後の昭和21年頃復員して歯科医師となり、昭和25年頃からVから同人所有の熊本市内の家屋を賃借して母と共に居住し、歯科診療所は右住居とは別にW社の事務所の2階の一部を借り受けて歯科医を開業し、弟甲は将来Xと同様歯科医師になることを志望して東京に遊学していたこと、(2)ところが昭和27年1月以来Vは同人の長男を別居させる必要からXに対しその賃貸家屋の明渡しを求めてきた。Xはその転居先に窮し、Yらに対し本件家屋の明渡しを要求しこれが実現するものと期待して右Vの要求に対し事情を訴えて延期を求めていたところ、予期に反してYらが明渡しに応じないことから昭和28年9月熊本簡裁にYらを相手取り本件家屋の明渡しの調停の申立てをなし、Yらとの間は調停不成立に終わったので、Xはやむなく本訴を提起するに至ったが、Vはこれを待ちかねXを相手取り熊本簡裁に明渡しの調停申立てをなし、長男を別居させて文具商を営ませる必要上つよくこれが明渡しを求めるとともにX一家の転居先のない実情に同情し同人の次男の居住する家屋の内の二室を本件家屋の明渡しがあるまで暫定的に提供居住せしめることを承認したので、Xも無碍にVの申出を拒否しかね昭和29年3月同家屋を同年5月末日限り明け渡すことを約して調停成立し、現にこれを明け渡して右次男宅の二室を借り受けて居住していること、(3)X方の家族は前記解約申入れ当時は母、弟の3人家族であったが、その後Xが妻帯して4人家族となり前記二室では甚だしく手狭を痛感していること、(4)Xが歯科診療所として借り受けている前記W社の事務室の2階の一部は同社の都合により

これが明渡しを求められていること、(5)Xは本件家屋以外に土地家屋を所有せず、弟が歯科を卒業し国家試験にも合格したので本件家屋を改造して歯科診療所を開設し、弟とともに歯科医を開業する計画を有していること、したがって一部明渡しを得ただけでは到底Xの右計画の実現も期し得られないことが認められる。

他方、Yの事情としては、(1)Yは約20年前より本件家屋をXより賃借居住してきたこと、(2)Yは老齢の母の他弟の家族を加えて12名の家族数であって、本件家屋で履物商を営んでいたこともあったが営業不振のためその後メッセンジャー営業に転じ、弟が病弱のためもあって極めて貧しく生活をしていることが認められる。

以上認定の当事者双方の事情を比較考量し、更にYがXから明渡しを求められてからすでに3年余を経過していること及びYが営んでいる前記営業がその性質上場所的に本件家屋を離れることによる打撃もさることながら、現在の住宅事情がこれまでに比べて幾分緩和せられている傾向にあることをも合わせ考えるときは、Xが自己使用のためにYに対してなした本件賃貸借の解約の申入れは正当の事由ある場合に該当するものと認めるのが相当とする。

コメント

本件は、家主、借家人双方の事情を詳細に検討して、**家主の正当事由**を認めました。借家人にとっても本件家屋を使用する必要性が相当にあることは認められますが、一部無断転貸していることや**借家人の必要性を上回る**家主の必要性が認められたもので、やむを得ない結論と思われます。

第二編　借家立退きの裁判例

第二章　正当事由による立退き

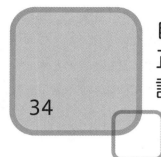

34 自社ビル建替えを正当事由として認めた

・東京高裁平成元年3月30日判決
・判時1306号38頁

事案の概要

　Y1は、東京都豊島区西池袋所在の5軒長屋の内の南側2戸分の本件建物を甲の前主から賃借して、自ら居住するとともに、代表を務めるY2社の酒類販売業の店舗用としても使用していました。前主から本件建物を買い受けた甲が、Y1に対し、昭和56年に解約申入れをして、昭和59年5月にY1、Y2を相手に建物明渡請求訴訟を提起しました。もっとも、Xが昭和58年3月に、本件建物を買い受けたため、本訴訟の原告の地位を甲から承継しました。Xは、本件建物を解体して本社ビルを建て替える自己使用の必要性があるなどと主張しましたが、東京地裁はXの請求を棄却しました。そこで、Xが控訴したところ、東京高裁は原判決を変更して、Y1、Y2は1億6,000万円の支払を受けるのと引換えに本件建物を明け渡すように命じました。

237

判決の要旨

　Xの本件建物明渡の必要性は、市街地再開発の一環としての本件ビル建築を目的とするものであって、直接には営利を目的とするものではあるが、本件土地は、Xの取得前から再開発を要する土地としてそれへ向けての動きのあった土地であって、本件ビル建築は、豊島区及び地元住民の総意である本件土地周辺地域の活性化及び防災、不燃化等の公益目的に沿うものであり、Ｙ１は、長年にわたり本件建物で営業を継続し安定した営業地盤を培うに至ったものであって、その居住の必要性は低いものとはいえないが、本件建物は既に老朽化しており、遅くとも今後数年間のうちに法律上朽廃と目すべき状態となって、賃借権が消滅する運命にあること、その他諸事情を考慮すると、ＸにおいてＹ１に対し１億6,000万円の立退料を提供する場合には、本件建物明渡の正当事由を具備するものと認めるのが相当である。

コメント

　本件判決は、本件建物を含む付近一帯が豊島区の**市街地再開発**の目的に沿うことなどを理由に、自社ビルの**建替え**を目的とした解約申入れに正当事由を認めました。

　もっとも、本件建物が転々譲渡されている経緯や家主の建替えの資金力の有無についての検討がなされていないことなどから、本当にＸ自身の本社ビルの建替え目的があったのか若干の疑問を持ちました。Ｙが主張するように、大企業のダミーとして本訴を追行した

第二編　借家立退きの裁判例

可能性もあり、そうであるのならば、Xは正直に大企業への転売目的であることを主張するか、あるいはその大企業が堂々と名乗りを上げて訴訟をすべきではなかったかと思われます。

ビル建替え目的の正当事由を否定した

・東京地裁平成29年1月23日判決
・ウェストロー・ジャパン

事案の概要

Xは、Yに対し、平成21年6月に西武池袋線甲駅直ぐにある地下1階地上4階建ての乙ビルの1階部分の本件建物を焼き鳥店舗目的で賃貸しましたが、平成26年7月に解約申入れをして、本件建物の明渡請求訴訟を提起しました。東京地裁は、Xの請求を棄却しました。

判決の要旨

本件ビルは昭和42年に建築されたもので、築年数は当時すでに47年を経過し、外観上も老朽化が進んでいて、今後の修繕のために概ね10年の間に5,440万円の負担を要する状況にあったことのほか、耐用年数からして経済的には寿命が尽きようとする時期に差し掛かっていたことが認められる。また、建築時期からみていわゆる現行の耐震基準に適合するものでないことも明らかといえる。

しかしながら、上記のような建物の現況からしても、本件店舗や

その他の部分が賃借使用に耐えられないような状態にあるとまでは認められず、むしろ所要の修繕をすればビルとして維持していくことができることが認められる。そして、修繕のための5,440万円の費用も、一時に必要とされるものではなく、10年の間に順次支出すべきものにすぎないから、今後も本件ビルの賃貸を継続する限りは、Xの経営規模からして、その修繕費用が経営に直結するような多大な経済的負担を生じさせるものであるとは認め難い。また、X及びYがそれぞれ依頼した不動産鑑定士も、耐震性については何ら具体的に言及するものではなく、外観のみから建物の構造耐力などを推し測ることもできない。

　加えて、Xが建替計画の根拠として提出する書面は平成27年7月付のものであり、少なくとも本件解約申入れの時点では、どのようなテナントを誘致する商業ビルとし、そのためにどのような構造、設備を備えたビルを建築するかなどについて、具体的な計画が策定されていたとは認められない。Xは、Yを除くテナントとの間の契約を定期建物賃貸借に切り替えているが、賃貸期間は最長で平成29年1月までと設定されており、他のテナントとの関係でも、即時の立退きを交渉、要求しているものではない。

　以上を総合すると、Xにおいて、本件建物の倒壊を防ぐなど建替えをしなければならない差し迫った危険性があるとか、経営上の要因により早急に土地の収益性の向上を図る必要性に迫られているなどといった事情は認められず、要するに、老朽化が進んでいることから、費用をかけて維持修繕していくことと比較すれば、これを機に建替えをし、併せて現行耐震基準にも対応させることを選択する

方が、経済合理性の観点から望ましいといった程度の事情にとどまる。

　他方、Yの営む焼き鳥店は、法人経営に切り替わっているとはいえ、Yが同法人における本件店舗と別店舗における売上の中から受け取る報酬や給与によって自身の生計を維持していることに変わりはない。そして、本件店舗及びそれと同程度であるという別店舗の売り上げ規模からして、Yが生計を維持していくためには、別店舗があるとはいっても、本件店舗において従前同様の売上を維持していく必要性が高いと考えられる。

　また、たとえば、本件店舗をXが提示した代替物件に移転するとなれば、駅出口が異なることから常連客の客足に影響を及ぼすことは避けられない上、客との対面によるテイクアウト販売も難しくなることからすると、本件店舗におけるのと同じ態様で、同程度の集客や売上が得られる保証はない。仮にそれが可能であったとしても、改装などによる相応の費用負担を余儀なくされるであろうことを考えれば、同物件への移転は容易ではないと考えられる。

　加えて、Yは、本件店舗において初めて焼き鳥店を開店し、個人経営であったものを法人化し、本件店舗以外に別店舗を構え、当初開店資金を完済するなど、ようやく焼き鳥店経営を軌道に乗せたばかりの段階にあるといえるところ、こうした段階にあるYに対し、わずか5年後の1回目の更新時期に、本件店舗の移転を求め、再び同等の収益を上げられるまでの経営努力と負担とを余儀なくさせることは酷であるといえる。

　以上の事情を総合考慮すると、Yによる本件店舗における営業継

続の必要性、すなわち本件建物使用の必要性は極めて高いといえる。

　以上指摘したＸ、Ｙ双方における本件建物使用の必要性を比較すれば、Ｙが本件建物の使用を継続する必要性は、Ｘが建て替えのために明渡しを求める必要性と比較して、極めて高いといえる。

　Ｘは、本件賃貸借契約締結の翌月には本件ビルの建替計画を決定しているのであるから、本件契約締結当時においても、近い時期に立退きや定期建物賃貸借への転換をＹに対して求めなければならない事態になりうることは容易に予測できたと推察されるのであって、それにもか関わらず、Ｙが焼き鳥店の新規開店目的で賃借することや、そのために長期使用を意図していることを認識しながら、「何回でも」更新できるなどと謳った契約書をもって本件賃貸借契約を締結しているという事実を全体的に考察すれば、本件解約申入れは、Ｙに対する関係で不誠実であると評価されてもやむを得ないというべきであって、このことは、Ｘの側の正当事由を否定する方向に働く事情といえる。

　Ｘは、明渡しと引換えに財産上の給付を申し出たり、代替物件を提示したりしているものの、そうした申出は、それ自体で正当事由が認められる性質のものではなく、建物使用の必要性等の事情を比較衡量した結果賃貸人側に一応正当事由が認められるという場合において、これを補完する要素として考慮できる事情に過ぎない。

　しかしながら、上記で示した諸事情を総合考慮すると、そもそも主たる考慮要素である建物使用の必要性についてはＹの方が極めて高いというべきであり、そのほかにＸの正当事由を基礎付ける特段の事情があるとは認め難い本件においては、上記財産上の給付等の

申出をもってしても、正当事由を補完することはできないというべきである。

コメント

　本件判決は微妙な事案と思われます。本件ビルは50年以上経過して老朽化が進んでおり、他のテナントについては、**定期借家契約**への**切替え**が進んでいることから、本件のＹの立退きが確定すれば、建替えができる状況にあったと思われるからです。

　もっとも、最後の方で裁判所が指摘した点、すなわち、「何回でも」更新できるなどと謳った契約書をもって本件賃貸借契約を締結しているという事実が、裁判所の家主に対する印象を極めて悪いものにしたと考えられ、結論としてはやむを得ないと思われます。

第二編 借家立退きの裁判例

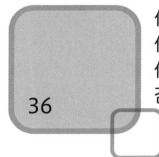

36 借地の明渡しを求められた借地人による借地上の建物の借家人に対する明渡請求を否定した

・東京地裁平成 8 年 1 月 23 日判決
・判タ 922 号 224 頁

事案の概要

　甲は、Ｖから昭和 26 年頃本件土地を建物所有目的で借地し、本件建物を建築しました。甲は、昭和 36 年 2 月頃本件建物を店舗目的でＹ 1 に賃貸し、Ｙ 1 が代表取締役をするＹ 2 の既製洋服の販売店舗として使用してきました。Ｖは、昭和 63 年に甲を相手に期間満了を理由に、東京地裁へ本件建物収去土地明渡請求訴訟を提起し、平成元年にＶから本件土地の所有権を取得したＷが同訴訟の地位を引き継ぎ、東京地裁は、平成 4 年 9 月に甲に対し、2 億円余の支払を受けるのと引換えに本件建物収去土地明渡を命じました。

　双方が控訴しましたが、甲が平成 4 年 11 月に死亡し、Ｘ 1 ないしＸ 4 （以下「Ｘら」という。）が本件建物を相続して、同訴訟の当事者となりました。東京高裁は、平成 5 年 6 月に双方の控訴を棄却し、Ｘらが上告をしましたが、最高裁は平成 7 年 3 月に上告を棄却し、1 審判決が確定しました。これにより、Ｘらは本件建物収去土地明渡の義務を負うこととなりました。

　Ｘらは、Ｙ 1 に対し、同年 5 月に本件借家契約の解約申入れをし

て、本訴を提起しましたが、東京地裁は、Xらの請求を棄却しました。

判決の要旨

Xらは、Xらが主張するとおり、本件借地関係1審判決が確定したことにより、Wに対し、WがXらに明渡料2億円余の弁済の提供をすれば直ちに本件建物を収去して本件借地を明け渡さなければならない義務を負うものであり、その義務履行のためにはYらに本件建物を明け渡させる必要があることも明らかであるが、Yらとしては、Wに対して本件建物を収去する義務を負うべきいわれがないのみならず、Xらに対してもXらがWに対してなすべき本件建物の収去のために本件建物を何等の補償なく明け渡して協力することは、慣行的にはあり得るとしても、法律的にはその義務を負うまでには至らないものといわなければならない。かえって、Y1は、Xらに対しては、Yらが主張するとおり、本件貸家契約に基づき本件建物を使用収益させることを請求する権利を有するのである。

もっとも、WがXらに明渡料の弁済の提供をした上、Yらに対しても本件建物からの退去及び本件借地の明渡しを請求する権利を行使することになれば、Yらは、本件建物の使用収益の限度とはいえ本件借地を使用することができる占有権原を主張立証することに成功しない限り、Yらによる本件建物の使用収益がWの本件借地に係る土地所有権に対する侵害となり、結局、本件建物からの退去及び本件借地の明渡しの義務並びに相当額の使用損害金の支払義務を免れないことになる。

第二編　借家立退きの裁判例

第二章

正当事由による立退き

　しかしながら、Ｘらが専らＷに対し本件建物を収去する義務を履行するために本件建物を占有する必要というものは、当然には借家法の定める建物賃貸人の自己使用の必要性を充足するものとはいえないから、右の収去義務の履行の必要のみをその理由とする本件解約申入れは、結局のところ、借家法の定める正当事由を具備するものとは認められない。

コメント

　第一編の25でも述べているとおり、借地上の建物の借家人は、借地人である家主が訴訟で敗訴して土地所有者に対し**建物収去土地明渡義務**を負う場合には、「**親亀・子亀論**」から借家人も土地所有者に対し土地明渡をしなければなりません。

　しかしながら、本件の訴訟を提起したのは、土地所有者ではなく**家主**です。土地所有者に対し建物収去土地明渡義務を負う家主が借家人に対し借家契約の解約申入れをした場合に、正当事由があるとして借家人が借家の明渡義務を負うかどうかという問題です。

　本件判決は、「何らの補償なくその義務を負うまでには至らない」「自己使用の必要性を充足するものとはいえない」などと判示して、家主の正当事由を否定しました。親亀・子亀論からすると、自己使用の必要性をあっさりと否定するのはどうかと思われますが、家主が立退料を提示しなかったのも訴訟戦略的にいかがかと考えます。

　なお、家主が地主に対し建物買取請求権を行使すれば、その結果地主が家主となるので借家契約が続くことになります。裁判所がそこまで見通して家主の請求を棄却したかは分かりかねますが。

247

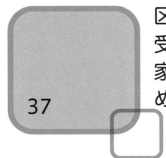

区分所有建物の建替決議を受けた区分所有者による借家人に対する明渡請求を認めた

・東京地裁平成20年7月18日判決
・判例秘書

事案の概要

Xは、東京都渋谷区所在の11階建ての本件ビルの1室である本件建物を所有していますが、平成11年10月に本件建物をY1に賃貸し、Y1は平成17年に設立されたY2とともに事務所として使用してきました。本件ビルについては、平成18年7月に区分所有法に基づく建替決議がなされ、平成21年3月までに全入居者が退去し、同年4月から解体撤去工事を行う予定です。

Xは、当初Y1のY2への無断転貸を理由に契約を解除して建物明渡請求訴訟を提起しましたが、平成20年1月に送達された訴え変更申立書において、平成21年3月末日限りの明渡しを求めたことにより解約申入れをしたとして予備的に将来請求を行いました。東京地裁は、Xの将来請求を認め、Yに対し、平成21年3月限りの明渡しを命じました。

判決の要旨

本件ビルは老朽化しており、平成7年以前から老朽化による建替えの必要性が管理組合で議論されてきたこと、昭和28年頃というその建築年からして耐震性に不安のあることも窺われるから、今日同ビルは、建て替えるのが相当な状況にあるというべきであり、このため、平成18年7月には区分所有法62条1項による建替決議が行われ、なお、設計変更に伴う再度の建替決議が予定されていることは認められるものの、既に建替えは区分所有者の全員が既定の方針と理解してその準備が進められており、今後の計画として、平成21年5月以降、同ビルの解体撤去工事が予定されているため、同年3月末日を同ビルからの退去期限とすることも関係者の共通認識となっていることが認められる。加えて、本件契約では、本件明渡条項により、本件ビルが老朽化に伴い建替えが決定し、取壊し日が確定した場合には、本件契約は終了するものとする旨が定められているのであるから、Yらは、その場合には本件契約が終了することを予期し得たということができる。以上の事実ないし事情によれば、Xが本件契約を終了させることは、上記退去期限である平成21年3月末日に終了するものとする限りにおいて正当事由があるというべきである。

Yらは、本件明渡条項は、借地借家法39条に違反するので、無効であると主張する。確かに、本件明渡条項が建替決議の成立のみをもって他に何らの正当事由なくして本件契約を解除し得るものとする趣旨と解する限りにおいては無効というべきであるが、同条項は、将来本件ビルの建替えがあり得ること、その際にはXは本件契

約を終了させる意志であることをＹ１に予告したものとして正当事由を構成する一要素として考慮することを妨げないものというべきである。

　Ｙらは、本件建物が場所的利便性と低廉性を兼ね備えた物件であり、Ｙらはその利益を享受してきたところ、同様の条件を満たす物件は他に求めることができず、本件契約の終了によってＹらはその利益を失うこととなるから、Ｘは相当の立退料をＹらに提供することによって初めて正当事由を満たすこととなる旨主張する。しかし、本件建物が場所的利便性と低廉性を兼ね備えた物件であるのは、たまたま都内有数のターミナル駅である渋谷駅の至近に老朽化した本件ビルが存在したことに依存しているのであって、Ｙらがその利益をいつまでも享受し得ないことは、同ビルの老朽化の程度、その近隣地域が商業・オフィス街として発展を続けていること及び本件明渡条項の存在に照らし、本件契約締結当時から予期し得たはずのものであるし、本件建物の比較的低廉な賃料額が本件契約締結以来増額されずに来た経過をも併せ見れば、Ｙらがその利益を喪失することに対してＸがＹらに対し立退料その他の経済的給付を行うべきものと認めることはできない。

　以上の認定判断によれば、Ｘは、平成19年10月の本件契約の更新を予め拒絶した事実が認められるとしても、そのころには未だ本件ビルの解体撤去までに相当な期間があったのであるから、Ｘが同ビル解体撤去のためにそのころ更新拒絶をする必要性ひいては正当事由があったとは認められず、当該更新拒絶により本件契約が終了したとは認められない。

第二編　借家立退きの裁判例

　しかしながら、Xは、遅くとも本件訴え変更申立書がYらに送達された平成20年1月以降、本件契約について解約申入れの意思を表示していたというべきところ、その解約申入れは、本件ビルの解体撤去のための同ビルからの退去期限とされている平成21年3月末日を本件契約の終了の日とする限りにおいて正当事由があると認められるから、同請求は理由があるというべきである。

コメント

　本件判決は、区分所有法に基づく建替決議と本件明渡条項を重視して、家主の立退料なしでの明渡請求を認めました。もっとも、本件明渡条項は、取壊し予定の借家を定めた借地借家法39条の要件を満たさないとすれば、そのような条項を正当事由の一要素として考慮してよいのか若干の疑問があります。また、賃料の低廉性は、一般的には差額賃料の補償の観点から立退料を増額させると考えられることから、本件判決の論旨には疑問がないわけではありません。しかしながら、区分所有法に基づく建替決議がなされていることは、正当事由を根拠づける大きな要素であり、借家人側の主張に対しては立退料で調整すべきであったのではないかと思われます。

　なお、東京地裁平成20年1月18日判決・ウェストロー・ジャパンは、建替決議の成立及び総戸数19戸の内17戸の立退きの完了を認めながら、建替えの必要性が立証されていないとして正当事由を否定しています。建替決議が成立していること自体建替えの必要性を区分所有者が認めたものといえるので、同判決には疑問がありま

251

すが、こうした判決が出ていることもあえて紹介する次第です。現在であれば、いずれも定期借家契約で対処が可能ですが、古い借家であればそうもいきません。

　本執筆時点において、このような借家人に対して、家主の正当事由の有無に関係なく、管理組合の決議に基づいて立退きを請求することを可能にする旨の区分所有法の改正手続が進んでいます。

第二編　借家立退きの裁判例

第二章　正当事由による立退き

38

借家人が自ら他に住居を有するなどの事情から家主の正当事由を認めた

・最高裁昭和28年4月23日判決
・民集7巻4号408頁

事案の概要

Xは、昭和17年1月にX名古屋工場の工員として入社したY1に対し、本件家屋を福利厚生施設たる社宅として賃貸したところ、Y1は昭和20年9月にXを退職し、同22年12月に郷里岐阜県下へ転居し、本件家屋には、Y1の妻の母Y2と妻の姉のY3が居住していました。Xは、Y1に対し、昭和24年1月をもって本件家屋賃貸借契約について解約申入れをして、名古屋地裁に対し家屋明渡請求訴訟を提起したところ、名古屋地裁はXの請求を認めました。Yらが控訴しましたが、名古屋高裁はこれを棄却しました。そこで、Yらは上告しましたが、最高裁は上告を棄却しました。

判決の要旨

Y1がXの工員として、昭和17年1月Xからその所有に係る従業員福利施設たる本件家屋を賃料1か月23円にて期間の定めなく賃借したが、同20年9月Xの工員を退職し、自らは岐阜県下にも

253

住居を有し、妻子をこれに居住せしめつつ本件家屋には妻の母であるＹ２及び妻の姉であるＹ３を居住せしめており、他方、本件家屋は従業員福利施設である社宅の関係上従業員以外の者には使用せしめないことを原則としているところ、Ｘは現在約60世帯の住宅困窮従業員を擁しているためＸの従業員をもって組織する労働組合からも強く本件社宅の使用を求められている状態であるというのである。そして、右事実によれば、ＸがＹ１に対してなした本件賃貸借解約申入れに借家法１条の２にいわゆる正当事由あるものとした原判示は相当であって、原判決には所論のような違法はない。

コメント

　社宅について旧借家法や借地借家法の適用があるか否かについては、第一章総論の15、16で述べたように、裁判例は分かれていますが、本件判決では旧借家法の適用があることを前提にしています。

　とはいえ、社宅である以上、従業員以外には使用させないことを原則としていること、60世帯の住宅困窮従業員がおり、労働組合からもこれらの者の使用を求められていることは家主側の使用の必要性として大きいものがあります。他方で、借家人自身は妻子とともに他に転居しており、居住しているのは妻の母と姉であることから借家人自身の使用の必要性が高いとは必ずしもいえないと思われます。

　本件判決が、結論として家主の正当事由を認めたのは、やむを得ないと思われます。

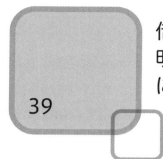

39 借家人一人に対する明渡しを認めたがもう一人に対する明渡しを否定した

・東京地裁平成22年3月25日判決
・ウェストロー・ジャパン

事案の概要

連棟式の長屋の西側が本件建物1で東側が本件建物2で、昭和12年頃建築され、東京都世田谷区所在の下北沢駅南約350ｍに位置しています。甲が、本件建物1及び2を所有していましたが、乙に対し昭和19年9月に本件建物1を賃貸し（その後乙が死亡しY1が借家人となる）、同年10月に本件建物2をY2に賃貸しました。X1が平成18年9月に本件建物1、2を買い受け、同月にY1及びY2に対し、それぞれの借家契約について解約申入れをして、平成19年8月にYらに対し、建物明渡請求訴訟を提起しました。X1は、平成20年6月に本件建物の所有権をX2に移転し、同年7月にX2の訴訟承継参加を受けて、Yらの承諾を得て本件訴訟から脱退しました。東京地裁は、Y1に対する明渡請求を認める一方、Y2に対する明渡請求を棄却しました。

判決の要旨

　Ｙ１は、本件建物１において父母と生活していたが、乙死亡後は本件契約の賃借人となり、賃料を支払っていた。Ｙ１自身は川崎市に居住し、母の丙一人で本件建物１に居住していたが、平成20年６月から特別養護老人ホームに入所し、本件建物１には居住していない。

　Ｘ１、Ｘ２は、本件土地を購入し、本件建物を取り壊し、本件土地上に木造の建物２棟を建てようと計画し、本件土地の時価は１億3,040万円、本件建物の価格53万9,000円であるところ、本件土地及び本件建物を9,018万4,022円で購入した。本件建物は昭和12年頃建築された木造平屋建ての連棟式の長屋で全体的に老朽化が進み、一部に床下の根太のたわみがあるが、物理的に相当期間の使用に耐えるものである。

　Ｘ２が本件建物の明渡しを必要とするのは、本件開発のために投入した資金を回収し、更に利益を得るためのものであると認められる。そして、鑑定の結果によれば本件土地の時価が１億3,040万円であるところ、これより約4,000万円も低い価格で本件土地及び本件建物を取得していることからすれば、本件建物に居住している賃借人が複数存在しており、賃貸借契約の解約の実現に困難が伴うことを認識しながら本件建物を取得したものであることが推認される。したがって、本件土地が世田谷区の下北沢駅周辺地区計画において住商共存・協調地区Ｂとされ、本件土地の最有効利用が中低層の共同住宅としての利用であり、平屋建ての本件建物を存続させること

は、本件土地の所有者であるＸ２が本件土地を有効活用する利益を損なうものであり、本件開発を実行しなければ、Ｘ２に損失が生じることを考慮しても、Ｘ２の生じる不利益は自らの判断で招いた結果であることは否めず、このことをもってＸ２の本件建物１の明渡しを受ける必要性が切実であるとはいえない。

　他方、丙は既に特別養護老人ホームに平成20年6月から入居していることからすれば、本件解約申入れ時において、丙が本件建物に長期間にわたり居住する必要性は乏しくなっていたものと推認されること、Ｙ１は川崎市に自宅を有しており、丙が本件建物に居住しないのであれば、Ｙ１が本件建物に居住する必要はなかったと認められ、Ｙ１及び乙において、本件建物１の補修や増改築の費用を負担していたことを勘案しても、本件建物に居住する必要性が切実であるとはいえない。上記諸事情に加え、Ｘ２は正当事由を補完する条件として本件建物１の明渡しと引換えに900万円を立退料として支払うとしていること、鑑定の結果によれば本件建物に係る借家権価格は1,165万円であるところ、これはＹ１の本件建物１に居住する必要性が切実であることを前提とし、かつ丙が新規に賃借する場合の移転補償及び家賃補償を考慮した金額であると認められるところ、上記の通り、Ｙ１の本件建物１に居住する必要性は切実であるとはいえないこと、丙の特別養護老人ホームに要する費用の全てが移転補償及び家賃補償の対象となることは認め難いことを併せ考慮すれば、Ｘ２が主張する900万円の立退料は相当であり、これによってＹ１の本件建物１を使用する必要性が緩和される結果、Ｘ１の解約申入れは正当事由を具備するものと考える。

X2の本件建物2の明渡しを受ける必要性が切実であるとはいえないことは上記のとおりである。他方、Y2は、88歳ないし89歳の高齢の女性であり、昭和19年から現在まで本件建物2に居住し続けており、20年ほど前から本件建物で一人暮らしをしていること、Y2の夫、長男は既に死亡し、京都に住む二男以外はY2の面倒をみる人がいないこと、京都に住む二男は毎日のようにY2に電話をしており、Y2はときには京都の二男宅に滞在することもあるが、嫁姑の関係もあって、同居することは困難であること、Y2は、平成15年5月に心臓にペースメーカーを入れ、平成16年11月に乳がんのため左乳房摘出、平成21年3月に大腸がんの手術を受け、月に1回の割合で渋谷の東邦大学大橋病院に通院しているが、品川にいる高齢の妹が病院に行く際に付き添ってくれていること、Y2は、買物、掃除、洗濯、食事等はすべて一人で行っており、1週間に一度午前9時から午後5時までデイサービスを行っている施設に通うほかは、介護ヘルパーの助けを受けていないこと、近所の知人や民生委員の人が周りにいて、Y2の生活を側面から支えていることを考慮すれば、高齢のY2が他所で生活することは、困難であり、本件建物2に居住する必要性は切実であると認められる。

　上記諸事情を比較考慮すれば、X1のY2に対する解約申入れには正当事由があるとは認められない。X2は、立退料を支払うことにより正当事由を補完できると主張するところ、Y2の本件建物2に居住する必要性は切実であり、立退料が支払われたとしても、その必要性が緩和され、切実でなくなるとはいえず、Y2の本件建物2に居住する必要性がX2の本件建物の明渡しを求める必要性を上

回っていることは明らかであり、Ｘ２の請求はいずれも理由がないこととなる。

コメント

　同じ連棟式の長屋の各建物ですが、被告２人に対する**結論が分かれました**。Ｙ１については、自ら居住していないことに加え、その母親も特別養護老人ホームに入居したことから、借家を使用する必要性がほぼないと思われ、**明渡し**が**認められた**のは当然といえます。むしろ、誰も居住していないのに900万円もの立退料を提示する必要があったのか家主側の戦略に疑問があります。

　他方で、Ｙ２については、現実に居住していること、90歳に近い高齢であること、60年以上居住し20年一人暮らしをしていること、心臓にペースメーカーを入れて、乳がん、大腸がんの手術を受け定期的に病院に通院していることなどから**居住の必要性**が**切実**であるとしました。これに対して、家主側に対する東京地裁の見方は厳しいものがあります。時価より約4,000万円低い金額で買い取ったこと、投入した資金の回収と利益を得るためのものであること、居住している借家人が複数存在して解約実現に困難が伴うことを認識して取得したことなどをわざわざ指摘していますが、若干違和感があります。

　不動産を取得する者は、自分が直接に利用するのでなければ、投下資本の回収と利益を図る目的であることはむしろ当然のことであり、立退料がどの程度になるかわからない中で相場よりも低い金額

で取得するのでなければ経済合理性がありません。そして、まさに本件判決が示したように、家主側が解約実現に困難が伴うことを認識していたのもその通りでしょう。つまり、本件判決が家主側の必要性について述べていることは、いずれも殊更に家主側の必要性を貶めるほどのことではないと思うからです。

　もっとも、本件での解約申入れが所有権移転登記をした直後であることや、その買主も２年足らずで所有権を移転しているというのに対して、Ｙ２が60年以上居住し続けていて身体的にも厳しい状況にあることを踏まえると、本件判決の結果はやむを得ないと思われます。

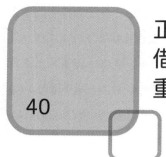

40 正当事由について借家人側の利害のみを重視すべきでないとした

・最高裁昭和26年9月14日判決
・民集5巻10号565頁

事案の概要

8人家族のXは、11人家族のYに対し、昭和20年9月に名古屋市中区所在の甲家屋と乙家屋を一括して賃貸しましたが、昭和21年7月にXが疎開先の家屋からの立退きを迫られて名古屋に転住する必要が生じました。そこで、XはYと交渉して、甲家屋の1階部分の明渡しを受け、移り住みました。ところが、Xは、家財道具を預けている場所からの引き取り方を求められたことや甲家屋の1階部分だけでは手狭であることから、Yに対し、昭和23年1月に甲家屋の2階部分について解約申入れをして、家屋明渡請求訴訟を提起しました。名古屋地裁、名古屋高裁のいずれもXの請求を認めました。そこで、Yが上告しましたが、最高裁は上告を棄却しました。

判決の要旨

借家法1条の2に規定する建物賃貸借解約申入れの「正当事由」とは、賃貸借の当事者の双方の利害関係その他諸般の事情を考慮し、

社会通念に照らし妥当と認むべき理由を言うのであって、所論のように特に賃借人側の利害のみを重視して判定すべきものではない。原審は、当事者双方の利害関係を考慮し、社会通念に照らし、本件甲家屋2階をXに使用させることが公平妥当であると判断していることが判文上明白であって右判断は正当であるから論旨は理由がない。

コメント

XもYもいずれも大家族でしたが、戦後間もなくの当時としては珍しくはない人数といえます。甲家屋と比べて乙家屋は電車通りに面して面積も広く、YはXよりも家族人数が多いとはいえ、甲家屋の1階部分だけしか利用してないXと比べればはるかに利用している面積が広いといえます。Yは、将来の道路拡張により乙家屋の一部が縮小させられるという反論をしていますが、その時期は未知の将来であるとして、現在の時点で根拠とはなし得ないと原判決も述べています。

解約申入れの正当事由について、**家主側**だけの**必要性**で**判断**するのが**不当**であると同様に、**借家人側**だけの**必要性**で**判断**するのも**不当**です。本件判決は、「特に賃借人側の利害のみを重視して判定すべきものではない」と述べている通り、正当事由の有無については借家人側に偏った判断についても否定的であり、あくまで家主と借家人の双方の諸般の事情を考慮し、社会通念に照らして妥当と認められる理由があるかを判断すべきとしています。全く異論ありません。

第二編　借家立退きの裁判例

第二章　正当事由による立退き

サブリースにも借地借家法28条の適用があるとしてテナントと直接契約するための更新拒絶を否定した

・札幌地裁平成21年4月22日判決
・判タ1317号194頁

事案の概要

Xは、乙及び丙との間で、平成3年10月に本件建物の内Xが使用する1階、2階部分を除いた本件建物賃貸部分について、サブリース目的で平成4年9月から平成9年8月までは乙に一括賃貸して乙が丙に転貸し、平成9年9月以降平成19年8月までは丙（ただし、平成9年3月に丙の地位をYが承継）に賃貸する旨の本件契約を締結しました。Xは、平成19年2月に乙及びYに対し本件契約を更新しない旨の通知をして、Yが本件建物賃貸部分について賃借権を有しないことを確認する旨の訴訟を提起しました。札幌地裁は、Xの請求を棄却しました。

判決の要旨

本件契約は、平成4年9月から平成9年8月まで乙がXから本件建物賃貸部分を賃借して丙（平成9年3月以降はY）に転貸していた期間も、その後YがXから本件建物賃貸部分を賃借していた時期

263

も、Xが乙ないし丙（平成9年3月以降はY）に対して本件建物賃貸部分を使用収益させ、その対価として乙ないし丙（平成9年3月以降はY）がXに対して、賃料を支払うというものであって、その契約の性質は建物の賃貸借契約と認められるので、本件契約には借地借家法が適用され、同法28条の規定も適用されると解される。さらに、借地借家法は、建物の賃貸借が居住目的であると事業目的であるとに係らず適用されるものであり、また、賃貸人又は賃借人の属性（商人、大企業、社会的弱者）によって適用に相違があるものでもないので、本件契約がYにおいてテナントに転貸して収益を上げることを目的とするサブリース契約であることによって、同法28条の規定の適用があるとの前記の結論が否定されることにはならないというべきである。そして、同法28条の規定は強行法規であるから、たとえ、本件契約において、賃貸人の一方的意思によって契約の更新を拒絶しうる旨の特約を設けたとしても、その特約は同法30条の規定により無効と解される。

　このような前提に立てば、本件契約の更新拒絶について同法28条の「正当の事由」が認められるか否かを判断するに当たっては、同条に規定されている「建物の賃貸人及び賃借人（転借人を含む。以下この条において同じ。）が建物の使用を必要とする事情のほか、建物の賃貸借に関する従前の経過、建物の利用状況及び建物の現況並びに建物の賃貸人が建物の明渡しと引換えに建物の賃借人に対して財産上の給付をする旨の申出をした場合におけるその申出」などの事情を考慮して判断することになるのであって、本件契約がサブリースであることが、上記の「建物の賃貸人及び賃借人が建物の使

用を必要とする事情」の一要素として考慮されることはあっても、サブリース契約であること自体が、同法28条の正当の事由を認める方向での独立の考慮要素となるものではない。そして、Xが、本件建物賃貸部分の使用を必要とする理由は、本件建物賃貸部分を直接テナントに賃貸することによって、本件契約の賃料以上の収益を上げようとすることにあるというべきところ、Yは、本件契約の契約期間中、自らの企業努力によってテナントを確保し、本件建物賃貸部分の転貸を企業の主要な収入源としているのであるから、本件建物賃貸部分の使用についてのXとYの必要性の比較の観点からは、直ちに、同法28条の正当の事由を認めることにはならないというべきである。

したがって、サブリース契約が、賃貸人である建物所有者と賃借人である管理会社の共同事業としての性格を有するものであり、賃借人が賃貸人と比べて経済的弱者であることを前提に賃借人の保護をその理念としている借地借家法の理念には整合性を有しない面があることを理由に、同法28条の正当の事由の適用について、本件契約がサブリースであることが重要な要素となるとのXの主張は失当といわざるを得ない。

コメント

賃貸人は、自分がサブリース契約に基づいて受領する賃料よりも、サブリース会社である賃借人がテナントから受領する賃料の総額の方がかなり高いことを知ると、サブリース会社を外してテナントと

直接契約をしたいと思うようになりがちです。そこで、賃貸人は、契約期間満了を機会に、サブリース契約について、更新拒絶をすることがしばしばあります。

　本件のＸは、サブリースの特殊性を強調して正当事由においてサブリース契約であることを重要な考慮要素とすべきと主張しましたが、本件判決は、これを否定しました。収益を上げるという意味では、賃貸人も賃借人も同じですから、サブリース契約であることを特別視する意味はなく、本件判決は妥当なものと思われます。

　東京地裁平成24年1月20日判決・ウェストロー・ジャパンは、家主がそもそも旧借家法の適用自体を否定するという主張をしたのに対して、同法の適用を認めたうえで、家主の正当事由を否定しました。また、同判決や東京地裁平成23年6月9日判決・ウェストロー・ジャパンは、借家人（サブリース会社）の家賃収益を重視しています。

　いずれにしても、サブリース会社である借家人は、自らの企業努力でテナントを誘致して収益を確保しているのですから、それをいわば横取りするような家主の主張については、裁判所としても認容し難いところと思われます。

第二編　借家立退きの裁判例

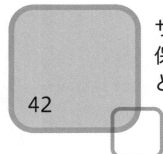

42 サブリース会社の保安管理の不十分さを理由とする正当事由を否定した

・東京地裁平成4年9月14日判決
・判時1474号101頁

第二章　正当事由による立退き

事案の概要

　Xは、昭和55年9月にYに対し、東京都渋谷区所在の8階建てビルの内のXが居住する8階部分を除く1階から7階までの本物件について、10年間の約定で第三者に転貸する目的で賃貸しました。本物件内では、店舗の一部でのボヤ火災やガス漏れ事故の発生、テナントによる無断工事などが相次ぎました。そこで、Xは、期間満了時に、①旧借家法の適用はないとして期間満了による契約終了、②同法の適用があるとしても、上記のような保安管理上の問題等が存するとして、正当事由による更新拒絶、③保安管理義務違反を理由とする契約解除を主張して本物件の明渡請求訴訟を提起しました。東京地裁は、Xの請求をいずれも棄却しました。本件では、②について述べます。

判決の要旨

　Xは、本物件につき、Yから明渡しを受けることができても、自

267

ら使用するのではなく、引き続き他へ賃貸するつもりであると認められるし、Xが本件の更新拒絶の正当事由として主張するところも、主として、Yによる本物件の保安管理が不十分であるというのであり、本件では、Xのいわゆる自己使用の必要はおよそ問題にならない。

　しかし、そうであっても、弁論の全趣旨によれば、Yにしても、本物件を自ら使用するのではなく、引き続き他へ転貸するつもりであると認められるところでもあるから、右不十分さの内容及び程度いかんによっては、すなわち、たとえば、Yによる保安管理が劣悪でXとの間の信頼関係を害し、それがためXがY以外の者に賃貸したいと考えるのも無理からぬものがあると客観的に認められるような場合には、借家法1条の2の正当事由が肯定されることもあろう（なお、右不十分さが債務不履行を構成し、信頼関係を破壊する程度に至れば、解除事由となろう。）。

　本件建物の保安管理は、Yの不動産活用部及びYから委託を受けた乙が行ってきた。Yは、本物件を賃借して以来、随時階段、揚水ポンプ等の補修、タイルの張替え、塗装、水質検査等を行い、平成2年には従来の火災報知機に加えてガス漏れセンサー及びガス漏れ受信機を設置したほか、近年は毎年1回以上はテナント会議を開催して、火災通報・消火器訓練を実施するとともに店舗、排気ダクトの清掃と避難通路、非常階段の放置物の撤去等を指示してきた。

　しかし、転借人はいずれも飲食店関係で、必ずしも十分な協力が得られなかった上、事務所としての使用と比較して電気、ガスその他可燃物の使用が多く、ガス漏れ事故が現に発生しているし、人の

268

出入りが激しいため、本件建物本体及び付帯設備の傷みも相当に進行している。Xが指摘するようにYの保安管理や転借人に対する指導監督が十分に行き届いていなかった点があることは否定し難く、Y及び乙の管理体制を更に充実整備する必要があったといわざるを得ないが、他方過去に発生した火災やガス漏れ事故は、幸いにして生命、身体等に被害を及ぼすような大事には至っていない。

　以上の諸事情を総合的に考慮すると、Yによる本物件の保安管理には十分でない点もあるが、しかし、その不十分さは、客観的かつ全体的にみる限り、特に劣悪であるとかXとの信頼関係を害するとまではいえず、Xが本物件をY以外の者に賃貸したいと考えるのも無理からぬものがあるとは認め難い。

　他に、本件全証拠を検討してみても、本物件の更新拒絶に正当事由があると認めるべき事情は見当たらない。

コメント

　本件判決でまず気になったのが、家主が自ら使用するのではなく、引き続き他へ賃貸するつもりであると認められることから、自己使用の必要はおよそ問題にならない、との論旨です。他に賃貸する、つまり**収益**を上げることも旧借家法１条の２及び借地借家法28条の「**使用の必要性**」に含まれると思われるからです。

　次に、本件判決が指摘するとおり、保安管理の劣悪さが正当事由を肯定する理由となることについては、旧借家法１条の２の「その他正当の事由」あるいは借地借家法28条の「建物の賃貸借に関す

る従前の経過、建物の利用状況及び建物の現況」に係ることといえるので、異存ありません。そして、本件の具体的な保安管理について、不十分ではあるにしても、相応の管理はしているので、**信頼関係を害するとはいえない**として正当事由を否定したのは同感です。

　なお、正当事由として認められないのに、信頼関係を破壊するような債務不履行が認められないのは当然といえます。

　ちなみに、東京地裁令和3年5月20日判決・ウェストロー・ジャパンも、借家人の管理不行き届きなどを強調して信頼関係が破壊されている旨の家主の正当事由の主張について、本件と同様に否定しています。前の事例と合わせてみると、サブリースないし転貸借において、家主の正当事由が認められるのは極めて難しいといわざるを得ません。

43 永久貸与という文言があっても解約申入れの正当事由を認めた

・最高裁昭和27年12月11日判決
・民集6巻11号1139頁

事案の概要

Xの夫甲は、Yに対し、昭和12年7月に本件家屋を医業経営のために賃貸し、昭和21年1月に甲から本件家屋を譲り受けたXが、賃貸人の地位を承継しました。借家契約書には「右家屋はYに永久貸与すべきことを約す」という文言が記載されていましたが、Xは、自ら借りている借家について家主から退去を求められたことから、Xを含む6人家族の居住用及び長男が元々営んでいたラジオ商の再開のために、Yに対し、同年10月に本件借家契約の解約申入れをして、家屋明渡請求訴訟を提起しました。横浜地裁は、Xの請求を棄却しましたが、東京高裁は、原判決を取り消してXの請求を認めました。Yが上告しましたが、最高裁は上告を棄却しました。

判決の要旨

原判決は、甲第4号証（乙第1号証）に「永久貸与」というのは、「長くお貸しいたしましょう。長くお借りしましょう」という合意

をあらわすもので、賃貸借の存続期間を定めたものではないと解するのが相当である旨判示したものである。そして、原判決が右のごとく判示したのは、人が物品の売買、家屋の貸借のような日常の生活関係において永久という言葉を使用する場合には確定的な長さを意味しないこと並びに証人丙の原審における証言によって判示のごとき作成の経緯を知ることのできる甲第5号証（乙第2号証）の各条を検討し、ことにその第11条に留意して本件賃貸借の期間に関する当事者間の意思表示の内容を判断したものであること原判決の判示に照らし明瞭であって、その判断には論理又は経験則に反する点は認められないし、また、特別の事由なくして何らの効果を生じない意義に解したものとも言えない。

コメント

「永久貸与」という文言について、Ｙは、当時の民法の最長期間が20年であるから20年の期間となり、期間が来たら更新して貸すという意味だと主張しました。これに対して、原判決は、永久貸与とは、単に「長い間」という意味であって、長い間とは場合によって違うので、確定的な長さを意味せず、結局「期間の定めのない契約」としていつでも解約の申入れができると解釈しました。最高裁もこの解釈を認めたものです。

本件の契約目的では医業経営となっていましたが、Ｙは実際には別の市で医院を経営しており、本件家屋は居住用に利用されていました。原判決は、そのような借家人の使用実態との対比で家主の自

己使用の必要性が上回ると判断したもので、妥当な結論と思われます。

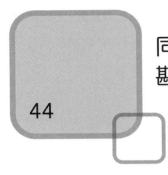

同居者の使用も 斟酌できる

- 最高裁昭和25年11月16日判決
- 民集4巻11号582頁

事案の概要

Yは、Vから別府市所在の本件家屋を賃借していましたが、甲が昭和21年2月に本件家屋を、娘婿のXらが外地から引き揚げてくるとして、Xらの住居用にVから買い受けました。Xは、昭和22年5月に本件家屋を甲から贈与を受け、Yに対する家主の地位を承継しました。Xは、同年11月に本件家屋の明渡しを求めて解約申入れをし、家屋明渡請求訴訟を提起しました。大分地裁は、Xの請求を認めましたが、福岡高裁は1審判決を取り消してXの請求を棄却しました。Xが上告しましたが、最高裁は上告を棄却しました。

判決の要旨

原判決は、Xの解約申入れについて正当の事由があるか否かを判定するのに、所論のごとく単に結局Yが看板業を経営しているから、Xの解約申入れについて正当理由はないと結論したのではなく、判示のごときその他の当事者双方の事情並びに本件家屋に対する当事

者双方の使用収益の衡量とりわけ新家主たるＸ側に存する自ら使用することを必要とする程度、その他の事情の外従来の借家人であるＹの居住の安全を害しないようにするため、新家主の採った処置を特に考慮に入れた結果、Ｘの解約の申入れにつき正当な事由がないものと認めたものである。そして、原審における所論準備書面によるもＸが原審において看板業がＹの先夫の子乙のもので、Ｙ自身の営業でないこと、又はＹが右乙及びその家族を本件家屋に同居させ故意に移転明渡しを困難ならしめたこと等を主張したものとは認められない。したがって、原判決には所論のような争点に対する判断遺脱の違法があるとはいえない。また、原判決は、所論看板業に関しては、「Ｙ家は、亡Ｙの夫が昭和6年9月本件家屋を賃借以来約20年に亘りこれに居住し借り受け当時家主の承諾を得て屋根や内部の畳、建具等を改造して現在のようになし、看板業、菓子小売等の営業をなし、Ｙは、家族4名とともに本件家屋中の6畳、4畳及び2畳の三間に起居し、右6畳の一部を使用して菓子、下駄等の小売商を営み、乙が右家屋中の土間を使用して看板業を営んでいる」旨認定しているのであって、その認定には証拠上の違法は認められない。

　したがって、原判決の認定によれば、所論看板業は、従前よりのＹ家の営業であって、Ｙは息子としてこれを担当せしめていることを判示したものといわなければならないし、また乙並びにその妻子3名が旧民法におけるＹの家族ではないにしても、右認定の如きＹの営業を担当している現在同居の親族の趣旨においてＹの家族4名と判示してＹの本件家屋の使用利益の衡量に参酌しても違法であるとはいえない。

コメント

「**建物の利用状況**」としては、借家人自身だけでなく、本件では借家人の**同居**の**親族**の看板業としての営業も含むとしたもので、異論ありません。

第二編 借家立退きの裁判例

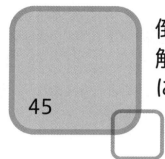

45 倒壊の危険があり家屋を解体する必要がある場合に正当事由を認めた

・最高裁昭和29年7月9日判決
・民集8巻7号1338頁

事案の概要

Xは、Yに対し、昭和2年に青森県八戸市所在の本件建物を賃貸しましたが、昭和20年9月の隣家からの火災による類焼にあい、Yが応急処置したものの倒壊の危険があるなどとして、昭和24年12月に解約の申入れをし、本件家屋明渡請求訴訟を提起しました。青森地裁八戸支部は、Xの請求を棄却しましたが、仙台高裁は1審判決を取り消してXの請求を認めました。Yが上告しましたが、最高裁は上告を棄却しました。

判決の要旨

本件建物は、Xが昭和2年5月頃貸家として建てた3戸建て2階家中の中央と東端の部分であって、三等材を使用して建てられたバラック式建物であるところ、昭和20年9月隣家からの火災にあいその西端部分は相当ひどく類焼したもので現在空家のまま放置されてあること、Y賃借部分も一部延焼したので現にYも数回応急的処

置を施しようやく使用に堪えている状態にあること、本件係争部分を含む全体の建物は西方に向かって相当傾斜しており突発の暴風又は強度の地震等の場合は倒壊の虞れが多分にあること、本件建物は八戸市の中央繁華街に位置しいわゆる目抜きの場所であるのみならず、付近に八戸市営バスの停留所もあって交通頻繁であるから、かかる場所に倒壊の危険がある建物を放置しておくことは治安上からも許されないこと、本件建物の敷地は街路より約1尺5寸ないし2尺低く土台の上端は下水道上端より5寸程低位にあるため下水が横溢すれば溢水する虞れがあり、そのため常に湿気を呼びやすく衛生上の見地からも地盛をする必要がある、というのである。

　本件建物が右のごとき状況にあるとする以上、所有者たるXにおいて、右建物を解体するの必要上、賃借人に対し右建物の賃借関係の廃罷を要求することは、借家法1条の2にいわゆる賃貸借の解約の申入れをなすに正当の事由ある場合に該当するものといわざるを得ないのである（なお、原判決は、Xは昭和21年中から度々Yに対し本件建物もひどくなったからこれを取り壊してその跡をX企画の建物建築の敷地としたい旨を話し、Yも昭和24年当初までは格別異存のあるような態度を示さなかった事実を認定しているのであって、原判決も所論のようにY側の事情を全然考慮に入れなかったという非難には値しないのである。）。論旨は採用することができない。

278

コメント

　本件判決は、専ら「**建物の現況**」を重視して正当事由を認めました。すなわち、**倒壊の危険性**という治安上のリスク及び下水の溢水という**衛生上のリスク**を回避するために建物の解体のための明渡請求を認めたものです。これに対して、家主の建替えの話は括弧書きであることからも、建物の解体目的自体を家主の主たる使用の必要性と認めたともいえます。

　なお、本件判決後も、最高裁昭和33年7月17日判決・集民32号857頁は、「屋根、たる木、外壁、庇等の損傷の程度が著しく、これらの部分はそのままでは殆ど使用に堪えなくなっていること、そしてその建築以来約60年の歳月を経過し建物全体としての耐用命数もここ数年を出でないというのである。してみれば本件建物の所有者たるXとしては保安ないし衛生の必要から本件建物をもはや現状のままに放置し得ず、これに根本的な大修理を加うるか、或いはこれを取り壊すためYらに対し本件解約申入れをなすのやむなき事態にあったものというべきであり、このような事態こそ、家屋賃貸借の解約申入れについて、いわゆる正当の事由ある場合に該当するものと解するを相当とする。」として、本件判決と同様な判示をしています。

　また、最高裁昭和39年4月24日判決・集民73号413頁も、所沢市内の繁華街にある建物について、マーケット式店舗の一部に接続しているところ、本件建物及び付近の建物の状況は、50年以上経過し、土台が痛み、柱も曲がっており、衛生的環境が不良でかつ火災発生の危険性もかなり高く消防署から査察の結果、防火上市内

の最も危険な建物として改造方の注意があり、保健所からも設備改善方の注意を受け、家主がその改築についての具体的な計画を持ち、マーケット内の各店舗使用者から改築の承諾を得ていることなどから、マーケット改築のときは本件建物も解体するのが自然であるなどとして、解体を理由とする正当事由を認めています。

第二編　借家立退きの裁判例

第二章　正当事由による立退き

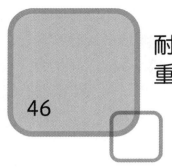

46 耐震診断を重視する

・東京地裁令和2年1月16日判決
・ウェストロー・ジャパン

事案の概要

　本件建物は、東京メトロ駅から140メートルにあり昭和47年4月に建築された鉄骨造陸屋根3階建の建物です。Xは、Yに対し、本件建物の内の本件貸室を平成11年4月に飲食業店舗目的で賃貸し、Yはタイ料理店を営んでいました。Xは、Yに対し、本件建物の現況について耐震性に問題があるなどとして平成29年4月末期限の更新拒絶通知をし、本件建物明渡請求訴訟を提起しました。東京地裁は、3,000万円の支払と引き換えに本件貸室の明渡しを命じました。ここでは、本件建物の現況（耐震性）についてのみ触れます。

判決の要旨

　本件建物は、昭和47年に建築され、建築後約44年を経過した古い建物である。そして、甲の一級建築士が行った耐震診断の結果によれば、本件建物のIs値は、X方向が1階から3階まで全ての階

について、Y方向は1階及び3階について、国土交通省の告示で、地震の振動及び衝撃に対して倒壊し、又は崩落する危険性が高いとされている「0.3」を下回っていることが認められる。これに対し、Yは、本件建物の耐震性に問題が生じた原因は、Xが本件建物を違法に増築し、柱の根巻部分の補修を怠ってきたことにあると主張する。しかし、乙が行ったこれらの点を修正した耐震診断結果によっても、本件建物のIs値は、X方向、Y方向とも、1階及び3階について、「0.3」を下回っているから、Yが指摘する点は、本件建物が、地震の振動及び衝撃に対して倒壊し、又は崩落する危険性が高い建物であるとの診断結果を左右するものとはいえない。

Yは、本件建物の耐震性に問題があるとしても、直ちに建替えの必要性があるとは認められず、耐震補強工事が可能であるとも主張する。しかし、甲の一級建築士らの意見によれば、鉄骨ブレースの設置による耐震補強工事の費用総額は2,700万円前後になり、同工事を行ったとしても、耐震性に問題がないと判断できる期間は10年程度と考えられるとされている。

また、本件は、審理の過程で調停手続に付され、専門家調停委員が関与して意見書が作成され、後に証拠として提出されているが、これによれば、乙が提案する補強案では、補強ブレースが1、2階の部屋の中央を横断し、かつ1階の通路を塞ぐこととなり、補強後の使い勝手が悪くなることが指摘されている。なお、乙の代表者の意見書によれば、耐震補強費用は約980万円とされており、その理由として、本件店舗がアジア系の飲食店であることから、「鉄骨表しのペンキでの仕上げで良いために一般の補強工事費よりも安価に

出来」るとしている。しかし、本件建物には、Y以外のテナントも存在するし、今後、Y以外の者に賃貸する場合も想定されるのであるから、本件店舗がアジア系の飲食店であることを理由に、一般の補強工事費よりも安価な工事で足りるとの意見は採用できない。

　以上によれば、Xが、本件建物の耐震補強工事を選択せずに、建替工事を選択することには経済的合理性が認められるというべきである。

コメント

　第一編の29で述べたように、正当事由の一要素である**「建物の現況」**との関係で、最近は耐震診断書が提示されることが多く、裁判例をみても耐震指標としての「Is値」の数値が0.3未満か0.6未満かあるいは0.6以上かが建物の老朽化ないし危険性判断の目安とされるようになりました。

　本件判決もその一例といえますが、耐震工事費用との関係でも詳細な検討がなされていることが特徴的だと思われます。判旨自体には異論ありません。

47 耐震診断のための建物立入りを拒否したことを正当事由として考慮した

・大阪高裁令和3年12月23日判決
・公刊物未搭載

事案の概要

XはYに対し、吹田市所在のJR甲駅前に近い二戸一の半分の2階建て延べ床面積約60㎡の本件建物を理容店目的で賃貸していましたが、老朽化に加え、平成30年に発生した大阪北部地震や台風などにより倒壊の危険性が高まったとして、本件建物を含む全体の建物を解体して新たに収益物件を建築する目的で、同年9月に解約申入れをして建物明渡請求訴訟を提起しました。大阪地裁は300万円の立退料の支払と引換えの明渡しを認めたため、Yが控訴したところ、大阪高裁は、360万円の立退料支払と引換えの明渡しを命じました。Yが上告受理申立てをしましたが、最高裁は上告不受理決定を出しました。

判決の要旨

Yの訴訟追行態度や、原審で請求認容判決が言い渡された後、控訴審では本件建物内部への立入りを拒否しないと主張していたにも

かかわらず、当裁判所が付した民事調停手続で結局耐震診断等をするに至らなかったという事情は、本件建物の図面のみを資料とした耐震診断で倒壊する可能性が高いとの判定結果であったことを考慮すると、当事者の衡平の見地から、本件解約申入れを正当化する要素として考慮すべきである。これらの事情に、これまでに認定した本件建物の来歴及び現況に照らせば、本件建物の耐震性等についての鑑定書や診断書等はないものの、本件建物は老朽化が進み、耐震強度が相当程度低下していると認められ、Xにこのような建物に多額の費用を要する耐震補強工事を求めるのは相当ではない。むしろ、建物所有者が建物の安全確保を強く求められる立場にあることに鑑みれば、これを取り壊して建て替える必要性があるというべきである。

コメント

　本件は、私が家主側代理人として取り扱った事件です。二戸一の残り半分はXの関係者が利用していたので、そちらの**耐震診断**はして、証拠として提出しましたが、本件建物についての耐震診断は、立入りが難しいと予想されて訴訟を提起するまでは行いませんでした。そこで、1審、控訴審を通じて借家人に対し、耐震診断のための立入りを求めましたが、借家人からいずれも最終的には拒絶されました。

　1審判決も本件判決も、このような借家人の**訴訟追行姿勢**に対して公平の見地から家主側の正当事由の一要素として明渡しを認めた

ものです。

　借家人としては、自分が利用している建物について、耐震診断のための立入りを拒絶しても、現に利用できているのだから正当事由は認められるはずがないと信じている人が少なからずいますが、そのような姿勢が訴訟上のリスクとなることを指摘したいと思います。

第二編　借家立退きの裁判例

第二章　正当事由による立退き

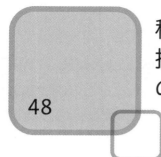

移転先として家屋を提供した事実を正当事由の一理由とした

48

・最高裁昭和25年2月14日判決
・民集4巻2号29頁

事案の概要

　甲が、東京都文京区所在の本件家屋1をY1に、本件家屋2をY2（以下、総称して「Yら」という。）に賃貸していたところ、昭和21年10月にXにいずれの家屋も売却し、Xが家主としての地位を承継しました。Xは、同胞のインド人の宿泊と自らの居住のためにとして昭和23年2月にYらに対し各借家契約について解約申入れをし、Xが所有する三鷹の家屋を移転先として提供しましたが、これを拒絶されました。Xは、Yらを相手に家屋明渡請求訴訟を提起しましたが、東京地裁はXの請求を棄却しました。Xが控訴したところ、東京高裁は原判決を取り消して、Xの請求を認めました。Yらが上告しましたが、最高裁はYらの上告を棄却しました。ここでは、Yらの上告理由のうち、Xの家屋提供に係る点のみ取り上げます。

287

判決の要旨

　原判決においてXが三鷹の家屋をYの移転先として提供した事実をもって解約申入れの正当事由の一理由としたことは、Xが法律上三鷹の家屋をYに賃貸すべき義務を負担したためではなく、Xは温情をもって争議解決に努力した事実とYが移転先を求める等の努力をしなかった事実と相まって解約申入れの正当事由の一理由としたにすぎないから、所論のごとく判決主文において三鷹の家屋をYに引き渡すべき旨を言い渡すべきいわれはない。なお、三鷹の家屋の構造等の説明をしないからとてXが自己所有の家屋を提供して争議の円満解決を図ったという事実を認め得るから、所論のごとき審理不尽の違法はない。

コメント

　本件の借家人は、上告理由の中で、三鷹の家屋を移転先に提供することをもって解約の正当事由とするのであれば、XとYの各家屋引渡しの同時履行の関係を認め、XからYに三鷹の家屋を引き渡すのと引換えにYの本件家屋の引渡しを命ずべき旨の、**引換給付**の判決を言い渡すべきであったと主張しました。

　これに対して、本件判決は、Xが三鷹の家屋の提供を申し出たのに対して、Yが移転先を求める努力をしなかったこととの対比から正当事由の一理由としたに過ぎないから引換給付判決までは不要としました。

288

もっとも、その後の最高裁判決では、後で紹介する裁判例にみられる通り、家屋の提供や立退料の支払いについて、これを条件とするか、もしくは引換給付とする判決が主流となっていきました。そして、こうした流れを受けて、借地借家法28条において、財産上の給付を条件とするか引換えとして正当事由を認める場合があることを明文化しました。

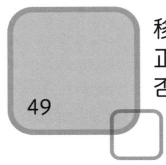

移転先を提供しても正当事由を否定した

・最高裁昭和27年12月25日判決
・民集6巻12号1263頁

事案の概要

Xは、Yに対し、昭和11年9月に大阪市東住吉区所在の建坪約20坪の本件家屋を賃貸し、Y夫婦及び息子が居住していました。Xは、建坪約10坪の家屋の別家屋にX夫婦及び息子の3人暮らしをしていたところ、妻の母親を引き取りかつ息子が嫁を迎えることになったとして、昭和22年7月にX現住家屋との入れ替わりを求めて本件家屋の借家契約について解約申入れをしました。大阪地裁、大阪高裁はいずれもXの請求を棄却しました。Xが上告しましたが、最高裁は上告を棄却しました。

判決の要旨

借家法1条の2にいわゆる自ら使用することの必要性は今日の社会情勢の下においては、単に個人的、主観的な見地から観察するだけでは足らず、社会的、客観的な立場から諸般の事情を考慮総合して考察することを要することは、すでに当裁判所の判例とするとこ

ろであるから、原判決が当事者双方の利害関係を比較して判断の根拠としたのは何ら違法でない。また、原判決が適法な証拠に基づいて認定した判示諸事実から、本件解約の申入れに正当の事由がないと判断した原判示は相当であるから、原判決には同条の解釈適用を誤った違法はない。

コメント

　上記判決の要旨だけを読んでもよく分かりません。大阪高裁の判決理由をみると、「Ｙは製薬会社の社長の地位にあること、右息子は米会話の自宅教授をしており、Ｙ方は極めて荷物が多く押入だけに収容しきれない状態であることが看取され、右認定を左右する資料がない。それで、如上の認定に寄る時は、本件家屋はＸの希望するようにＹが本件家屋からＸ現住家屋に入れ替わるとすれば、Ｙの社会上の地位からいっても、又その息子の自宅教授の上からいっても、甚大の支障が起こることは疑いがないところで、殊に比較的広い本件家屋にも十分な収容力のないほどの多数の荷物の処理にたちまち難渋することは火をみるよりも明らかである。そうしてみれば、Ｘが本件家屋と現住家屋の入れ替わりをしないために受ける不利益は、Ｙが同じ入れ替わりをするために被る日常生活上の損害や苦痛とは、到底比べものにならぬほど僅少であると、いわなければならない。そこで、以上の理由から、Ｘの本件家屋の賃貸借解約の申入れは結局正当の事由がないものと断定せざるを得ない。」と判示されています。

この判決文を読んで違和感を覚えませんでしたか。「製薬会社の社長の地位にあること、右息子は米会話の自宅教授をしており」というのは、一般人と比べて、会社の社長や教授を重く見ているように見受けられます。また、「Xが本件家屋と現住家屋の入れ替わりをしないために受ける不利益は、Yが同じ入れ替わりをするために被る日常生活上の損害や苦痛とは、到底比べものにならぬほど僅少である」とまでいわれると、家主の正当事由が認められることはまずないと考えこんでしまいます。入れ替わりということは、どちらも明渡しをするのですから、それに係る手間暇はさほど変わらないはずだからです。

　ただ、本件の本論に戻すと、明渡しを求める正当事由の一つの理由として家主の現住家屋との入れ替わりを提案する方法もある、しかしそれが認められるのはそう簡単ではない、ということでしょうか。いずれにしても、私は、本件判決は行き過ぎではないかと思います。

第二編　借家立退きの裁判例

第二章　正当事由による立退き

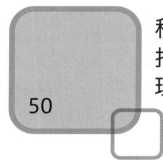

50 移転先の斡旋などを拒絶するには相当の理由がなければならない

・最高裁昭和29年4月20日判決
・判時27号6頁

事案の概要

Xは、Yに対し本件家屋を賃貸していましたが、当時X自身が居住していた借家の家主Vから明渡しを求められたことから、Yを相手に本件家屋の明渡請求訴訟を提起しました。東京高裁がXの請求を棄却したため、Xが上告したところ、最高裁は原判決を破棄し、東京高裁に差し戻しました。

判決の要旨

借家法の制定された当時は家主の貪欲からいわゆる地震売買が盛んに行われ借家人の居住の安全が不当に脅かされる事件が頻繁に生じたので、これを阻止せんとしたのが借家法1条の2制定の主たる理由である。

それ故家主が自ら使用せんとする場合は絶対的理由と解されていたのである。しかるにその後住宅難が烈しくなり借家人が移転先を求めることが漸く困難となるに従い解釈を漸次変遷して借家人の立

場が重く考えられるようになったのである。それ故借家人が明渡しを求められても移転先を容易に求め得る場合、その他住居に困らない場合はこのことを考慮に入れなければならない。本件において原審の認定したところによると、Xは、①自らYのために移転先を配慮しあるいは売家又は貸家などを斡旋した事実あり、②あるいはYと本件家屋を折半して居住することも差し支えなき旨申し出でたにかかわらず、Yはこれをも拒絶したというのである。かかる拒絶をするには相当の理由がなければならない。原審がこの拒絶を是認するには相当首肯するに足る理由の説明がなければならない。しかるに、この点につきYの拒絶が正当の理由があったか否かにつき原判決には具体的に何らの説明がない。前記①の点についてはXの斡旋した家屋がいかなる家であったか、真実Yの営業に不適当であったか否か等について十分審理判断しなければならない。前記②については何がゆえに同居できないかについて詳細の説明がなければならない。原審の認定したところによれば、本件家屋はYの家族だけが住居するには広すぎるものであり、現に一部を他人に転貸までしているのである。普通からいえば十分Xと同居し得べき広さがあるはずである。原審は広さは問題ないというけれども、広さが第一に問題となるべきは当然である。原審の認定によれば、Yは同業であるとの理由で拒絶したというのであるけれども同業であれば当然拒絶の正当の理由となるとは限らない。同営業者が同居すれば多少とも不利益である場合が多いであろうことは想像できないではないけれども大して不利益を受けない場合もあろうし、また却って利益になる場合も絶無とは限らないであろう。また、多少不便不利益であろ

うとも、今の世の中では多少の不利益は忍ばなければならないことになるはずである。

　本件具体的の場合につき詳細の事情を調べて正当な拒絶の理由があるか否かの判断をしなければならない。要するに、原審がＸはＶの請求を拒絶しておればよいのであって、本件解除は何ら理由なきものとしたのは誤りであり、Ｘ側から見れば解除につき相当の理由をもっているものというべきである。それ故、Ｙとしてこれを拒絶するにはそれ相当の理由がなければならない。しかしてＸがＹの移転先として売家、貸家等を斡旋したにかかわらず、それを拒絶し、なお折半居住の要求をも拒絶するにつき相当な理由があったか否かにつき原審は審理不尽もしくは理由不備の違法があるものといわなければならない。

コメント

　１段落目の**地震売買**についての判示は実は誤解です。借地人が土地に賃借権の登記をさせてもらえないことから、かつては地主以外の第三者に借地権を対抗できなかったために、地主が第三者に仮装売却して借地人を追い出すことがしばしばあり、このような借地人の不安定な地位を、地震が起きたら家がなくなるという意味で地震売買といわれたのです。これは、その後、借地人が借地上の建物に登記をすることによって第三者への対抗力を有することになり、地震売買はなくなりました。

　以上は寄り道です。本筋に戻ります。本件判決が原審に差し戻し

た理由は2つあります。第1に、家主自身が居住する家の明渡しを求められている事情について簡単に拒絶できると判断したのは誤りであるとの点ですが、これもここでの本論ではありません。第2の理由です。家主が**移転先の斡旋**をしたこと及び**借家の折半居住**、すなわち家主が利用するために半分だけでも返してほしいという要求です。

　ここで、特に注目すべきなのは、移転先の斡旋です。家主が借家人のために移転先の斡旋をすることは、家主自らも汗をかいているということを裁判所に理解してもらうために是非とも必要だと思います。無論、その結果がうまくいくとは限りません。言いたい放題の借家人もいます。しかしながら、家主がそこまで借家人のために努力する姿を裁判所に示すことができれば、正当事由の判断に必ず良い影響を与えます。本件判決は70年以上前の古い判決ですが、現在でも十分意味のあるものといえます。

第二編　借家立退きの裁判例

第二章　正当事由による立退き

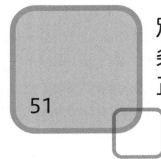

51 別の家屋の提供を条件として正当事由を認めた

・最高裁昭和32年3月28日判決
・民集11巻3号551頁

事案の概要

Xは、Yに対し昭和19年10月に名古屋市瑞穂区所在の2階建ての本件家屋を期限の定めなく賃貸しましたが、昭和24年11月に自らを含め4人家族で居住する目的で3人家族のYに対し、離れ家の平屋建てを提供することを条件に解約申入れをして、家屋明渡請求訴訟を提起しました。名古屋地裁は、Xの請求を棄却しましたが、名古屋高裁は原判決を変更し、Xが離れ家についての賃貸借の提供をし、かつ引き渡すことを条件として、Yに対し本件建物の明渡しを命じました。Yが上告しましたが、最高裁はYの上告を棄却しました。

判決の要旨

原判決は、Xが離れ家についての賃貸借の提供をなしかつ引き渡すことをもって、本件家屋に対する明渡しの執行の条件と定めたに過ぎないことが判文上明らかである。されば、Yが右賃貸の提供を

承諾しかつその引渡しを受けるか否かは全く自由であって、ごうも強制されることはないものといわなければならない。それ故、所論1は採用できない。

　次に、Xが原判決を執行するには、Yに対して離れ家の賃貸借の提供及びその引渡しの提供をした上、裁判所に対してその事実を証明して執行文の付与を受ければ足り、Yにおいてこれが承諾をすると否とを問わないものであるから、論旨2も採用し難い。

コメント

　借家人は、上告理由1において、Yが離れ家の提供を拒否していることが明らかであるのに、提供を条件付きで明渡しを認めることは、裁判所が離れ家の契約を強制することになり司法権の限界を超えるものであると主張しました。また、上告理由2において、金銭支払いと異なり家屋の提供は供託の方法がないので、執行できないような原判決は違法であると主張しました。

　本件判決は、まず上告理由1について、家主が**別の家屋の提供**をしても、それを承諾するかどうかは自由であるから、強制にはならないと判示しています。確かに、別の家屋の提供を承諾しないことは自由です。しかしながら、それを承諾しなくても明渡しの義務は免れないので、次に住む家屋を探さざるを得ず、間接的には承諾を受け入れざるを得ないともいえますが、やむを得ないところでしょうか。

　上告理由2については、**別の家屋の賃貸借の提供**及び**引渡しの提**

第二編　借家立退きの裁判例

供をすればよく、借家人の賃貸借の承諾を問わないとして、執行に
問題ないと判示しています。この点は特に問題ないと思われます。

第三章

■

立退料なしで
認められた正当事由

■

■

■

62以下で述べるように、最高裁が昭和38年に立退料を正当事由の補完要素と位置付けて以来、裁判所は、一般的に家主が借家人に立退料を支払うのと引き換えに借家の明渡しを認めてきました。

しかしながら、事案によっては、家主が立退料の提供をせずに無条件での明渡しを求めることがありますし、また家主が予備的に立退料の提供をした場合でも、裁判所があえて無条件での明渡しを命じることもあります。

この章では、立退料なしで家主の正当事由を認めて借家人に無条件での明渡しを命じた平成元年以降の10の裁判例を取り上げました。

52は、明渡しを求められれば受諾する旨の念書の存在を重視した事例、53は、同業者に対する明渡しを認めた事例、54は、建物の地盤崩壊の危険性を指摘した事例です。

55は、家主の自己使用の必要性を認めた事例です。56は、住都公団の建替事業、57は、都市計画事業で、いずれも公共性を重視しています。

58は、生活保護受給者に対し、区役所から転居費用が出ることを踏まえて立退料を不要とした事例です。

59は、建物競落人の元所有者の関係者の借家人に対する明渡しを認めた事例です。

60と61は、いずれも姉・弟もしくは親子という関係にある家主が借家人に対して明渡しを求めた事例で、61は建物の使用実態がほぼありません。

借地借家法28条の各要素でいえば、55、56、57は家主の建物

302

使用を必要とする事情、61は借家人の建物の使用を必要とする事情ないし建物の利用状況、52、53、58、59、60は建物の賃貸借に関する従前の経過、54は建物の現況について、それぞれ裁判所が注目して、立退料の提供がなくとも正当事由を認めたものと思われます。

明渡しを求められれば受諾する旨の念書を差し入れた

・東京地裁平成元年8月28日判決
・判タ726号178頁

事案の概要

Xは、昭和40年7月本件建物を賃貸し、昭和45年7月、昭和50年7月、そして昭和55年7月に本件契約は更新されました。Xは、昭和60年1月に更新拒絶の意思表示をし、期間満了後の同年8月Yの使用継続に対し異議を述べました。Xは、主位的請求には一時使用契約の主張を、予備的には更新拒絶の正当事由がある旨の主張をしました。東京地裁は、主位的主張は否定しましたが、予備的主張を入れて、無条件での明渡しを命じました。

判決の要旨

Xは定年退職後、職がないまま66歳を迎えており、老後の生活設計のため本件土地を利用して貸しビルを建築して収入を揚げたいとの希望を有しており、その願いは切実なものであると認められる。一方、Yは本社及び車庫等を含む営業施設一切を本件建物に置き、

ここを営業の拠点としており、20年間にわたり培って来た顧客、取引先との関係はこの場所を中心として形成されたものであって、本件土地建物がYの営業のため極めて重要な施設であることは明らかである。このように本件建物ないし本件土地は、X、Yいずれにとってもこれを使用する必要性大であるということができ、甲乙つけ難いものがある。ところで、本件契約が締結されその後3回にわたって更新されてきた経緯は前認定のとおりであって、Xが権利金、保証金、更新料等、賃料以外の特別な経済的な利益を取得した事実は認められない。しかも、Yの担当者はXに対し契約締結及び各更新時において毎回、短期間借用したい旨或いはあと1回だけ貸してほしい旨等を申し述べており、昭和50年及び昭和55年の更新時にはさきに認定したような念書を差し入れているのである。Xが更新に応じたのは、Yが念書まで差し入れ、しかも親会社が連帯保証人として名を連ねているからこそ、これを信用し、次の期間満了時には明渡ししてもらえるとの期待を抱いたからであると認められる。右念書の記載は前認定のようなものであって、それ自体が契約の性質ないし内容を決定し或いは限定するものということはできないが、継続的な契約関係で当事者間の信頼関係を基礎とする賃貸借契約においては、このような念書を何らの意味ももたないものとみるのは相当でなく、少なくとも、一方当事者においてそこに記載された文言に従って相手方当事者が契約関係に対処するであろうと期待し信頼することは当然であり、このような期待ないし信頼は保護されてしかるべきであると考えられる。したがって、Xとしては、期間満了時において明渡しを求めればYが協議に応じ妥結のための努力を

するであろうと期待することは、当然のことであったというべきである。そして、Ｘは契約更新の都度、全く異議なしにこれに応じたものではなく、むしろそのたびに明渡しを希望しその旨を告げていたものであり、だからこそＹも親会社連署の念書を差し入れてまでＸの意を迎えようとしたものとみられるのである。一方、Ｘは次回の期間満了時には明け渡してもらえるとの期待の下に短期間の契約であることを前提に更新に応じていたものであり、それが本件契約において更新料等の授受がなかったことの一つの原因をなしていたものとも推測される。したがって、Ｙとしては、少なくとも、最初に念書を差し入れた昭和50年以降は、Ｘから明渡しの申入れを受けた時には実質的に協議して可能な限り明渡しの方向で妥結できる程度の準備ないし方策を講ずることが期待されていたというべきである。ところが、Ｙは昭和55年の更新時においても、また昭和60年の期間満了の際にも、Ｘからの明渡しの申入れに対して見るべき内容のある提案をして明渡しのための協議しようとの態度に出た事実はうかがわれず、単に漠然とＹの使用の必要性及び資力不足を強調して明渡しを拒むという態度に終始しているのである。このようなＹの態度は前記のような念書を差し入れた契約当事者としては、不誠実なものというべきであり、Ｘの期待ないし信頼を裏切るものといわなければならない。

　ところで、本件契約が締結された当初からの経緯をみると、Ｙ自身はその規模ないし経済力が強大なものとはいえないにしても、常に親会社が後ろ盾になっていることが明らかであって、他に移転する場合の困難さといっても、このような親会社或いは系列会社等の

協力を得ることができれば、緩和される余地はあるといえる。

そして、当初の契約締結時から満20年を経過し、貸主から賃貸建物の明渡しを求める時期としては他の要因を抜きにしてもそれ自体で十分理由がある年月を経たものといい得ることに照らし、また本件建物は昭和26年頃建築されたもので老朽化の程度がかなり進んでいるとみられること、その他契約継続中においてYが無断で水道工事及び改築したことがXのYに対する信頼を裏切るものであったこと等をも考えると、Xの更新拒絶は正当事由のあるものということができる。以上のとおりであるから、本件契約は昭和60年7月限り終了したものである。

コメント

本件建物の必要性については「甲乙つけ難いものがある」という判示からすると、立退料なしでの明渡請求は認められないように思われます。ところが、これまでの3回の**更新時の経緯**、特に2回目に「明渡しを申入られた時は、その主旨に従い両者協議の上受諾することを誓約し、保証人相添え念書を差し入れます」旨の親会社との連名の**念書**を差し入れ、3回目も同文の念書を差し入れており、これが裁判所の心証に大きな影響を与えたものと推測され、また、他にも建物の老朽化や無断工事による信頼を損なう行為等もあり、本件判決に至ったものと思われます。このような念書は借地借家法に違反するという意見もありますが、これを重視する裁判例もあるということで紹介しました。

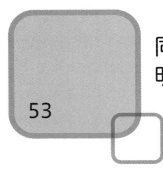

53 同業者に対する明渡しを命じた

・東京地裁平成2年3月8日判決
・判時1372号110頁

事案の概要

Xは、Yに対し、昭和54年9月に東京都江東区白河所在の木造平家建て308.66㎡の本件倉庫を1か月45万円、期間1年で賃貸しましたが、その後1年ごとに契約を更新してきました。Xは、昭和60年2月に本件倉庫の賃貸借契約が同年8月をもって満了した後は更新を拒絶する旨を通知し、本件倉庫の明渡請求訴訟を提起しました。東京地裁は、Xの請求を立退料なしで認めました。

判決の要旨

以下の①から⑫までの各項記載の事実は、Xがした更新拒絶に正当の事由が存することを基礎付けるものであると認められる。

① 本件倉庫の賃貸借契約に当たり権利金、保証金又は敷金は授受されなかった。
② XとYはともに倉庫業を行う同業者である。
③ 本件倉庫の賃貸借契約の期間は1年と定められていたが、期間

の満了の都度更新され、Xが更新の拒絶の通知をした昭和60年
2月当時までに既に約5年半が経過し、その間に5回の更新がさ
れていた。

④　本件倉庫は、昭和29年に建築された木造亜鉛メッキ鋼板葺平
家建ての建物で、既に相当老朽化していて、高価品や医薬品、精
密機械等の付加価値の高い物品を保管するには適しない状況にあ
る。

⑤　Yは、本件倉庫を賃借して以来、これを顧客から預かる物品の
保管用に使用してきているが、入出庫の頻度は週1回程度で荷動
きは少なく、また、保管されている物品に高価品は見られない。

⑥　本件倉庫の賃料は、契約当初から1か月45万円のまま改定さ
れずに今日に至っているが、本件倉庫周辺の倉庫の賃料の相場と
比べて相当低額であり、他方、Yは、本件倉庫を利用して年間
1,200万円の保管料収入を得ている。

⑦　本件土地周辺は、本件倉庫の賃貸借契約締結後、急速に土地の
高度利用が進み、高層建築物が増加し、また、地価も著しく高騰
している。

⑧　Xの本件土地の地積は4,893.12㎡であり、その地上には本件
倉庫の他4棟の建物が存在し、いずれもXが倉庫として利用して
いるが、これらの建物の内1棟以外は昭和20年代又は昭和30年
代に建築された古い建物であり、いずれも平屋建ての建物であり、
利用効率が周辺の利用状況と比べて著しく低い。

⑨　Xは、本件土地上に存する建物を取り壊し、その跡に地上7階、
地下1階建て延べ床面積172,265㎡のオフィスビルを建築し、

事務所等として賃貸する計画を有している。

⑩　本件土地は、その南側と西側が公道に接しているが、本件倉庫
は、本件土地の二方が公道に面している南西の角地部分に存して
いる。

⑪　Ｙは、物品の運送、梱包、保管等の業務を営んでいるが、その
売上げ及び利益の中心は運送部門から挙げており、物品の保管の
業務の比重はそれほど高くはない。

⑫　Ｙが本件倉庫に代わるべき賃貸倉庫を他に求めることは、その
場所、広さ、階数、賃料等の条件いかんによって容易ではないに
しても、不可能なことであるとは考えられない。

以上に認定した諸事実を総合すれば、Ｘにおいては、本件土地の
周辺の客観的な状況の変化等に応じ、本件倉庫その他本件土地の上
に存する建物を取り壊し、その跡に近代的な建築物を建設し、もっ
て本件土地を有効に活用する必要があるものと認められ、したがっ
て、ＸのＹに対する本件倉庫の賃貸借契約の更新拒絶については正
当の事由があると認めるのが相当である。

Ｙは、本件倉庫の借家権の価額を評価すれば、２億円から４億円
に相当すると主張する。そして、借家権が一定の財産的価値を有す
るものとして取引の対象となることがあり得ることは、裁判所に顕
著な事実である。しかしながら、Ｙ主張の本件倉庫の借家権の評価
額は、それが何らの瑕疵のないものであることを前提とするもので
あることは、その主張自体から明らかであり、本件におけるように、
その存否が争われている場合にも当てはまるものであるとは到底考
え難いのみならず、その点を除外しても、その評価が適正であると

認めるに足りる証拠はない。

　Ｙは、Ｘのした更新の拒絶に正当の事由が存しないことの根拠として、さらに、Ｘが超大企業であり、その総売上げがＹのそれの約2,500倍にも及んでおり、その力がＹとは比べものにならないこと、Ｘは全国に多数の土地建物を保有していること、Ｘは、本件倉庫の明渡しを受けることによって、莫大な利益を得ることになると主張する。しかしながら、Ｙ主張の右各事情は、たとえそれが真実であるとしても、それ自体、正当の事由の存否の判断に重要な意味を有するものであるとは認め難い。

　そうすると、Ｙの主張するところをもってしては、Ｘがした更新の拒絶に正当の事由が存することの前記判断を覆すに足りない。

コメント

　本件の家主は、物流業界のリーディングカンパニーともいえる超大企業です。そのような家主が同業者の借家人に対し明渡しを求める場合には、**立退料の提示**をするのがむしろ**一般的**ともいえます。現に、本件の借家人も借家権価格が２億円から４億円に相当すると主張しており、家主が予備的請求として一定の立退料の支払と引換えの明渡しを求める戦略もあり得ました。

　しかし、本件の家主は、立退料の提示をせずに、実際に本件判決は**立退料なしでの明渡し**を命じました。

　もっとも、本件判決が家主の正当事由として挙げた12の理由は、立退料をゼロとする決定的なものとは思えません。たとえば、⑥の

賃料が据え置かれたままで周辺相場と比べて低いことは、むしろ立退料を引き上げる根拠とされる場合もあり得ます。本件の家主は、借家人が同業者であるだけに、ここで立退料の提示をすることにより他に波及することを避けたかったのではないか、と推測します。結果的に、立退料なしでの明渡しが認められましたが、担当裁判官によっては、逆の結果もあり得たものの、それでも構わないとの判断があったかもしれません。

第二編　借家立退きの裁判例

第三章　立退料なしで認められた正当事由

建物の地盤崩壊の危険性を認めた

54

・東京地裁平成3年11月26日判決
・判時1443号128頁

事案の概要

Xの父甲が、東京都世田谷区所在の昭和2年に建築の本件建物を、昭和20年3月にY1の父乙に賃貸しました。その後、甲も乙も亡くなり、Xが賃貸人の地位をY1が賃借人の地位を承継しました。Y1は本件建物でY1が代表者であるY2に転貸し、Y2は薬局を経営しています。Xは、平成元年にY1に対し本件建物の賃貸借契約を解約する旨の意思表示をして、Y1、Y2を相手に建物明渡請求訴訟を提起しました。東京地裁はXの請求を認めました。

判決の要旨

Yらが本件建物を薬局として長年使用し、今後も使用する必要性を否定し難く、またXは本件建物以外にも不動産を所有しているものの、本件建物が既に建築後60余年を経過し、老朽化が著しいばかりか、地盤崩壊等の危険性すらあること、Xが本件建物を取り壊して今後の生活の基盤となる新しいビルを建築する必要性が高いと

313

認められること、Ｙ１は本件建物を住居としては使用してないこと、Ｙ１が本件建物以外にも不動産を所有していること、本件建物の近隣には、Ｙ１が現住するＹ１の母所有にかかるＹビルが存在すること、したがって、他の薬局との競合という問題はあっても、Ｙらにおいて薬局の移転先を見つけることは不可能ではないこと、その他諸般の事情を総合すると、Ｘの賃貸借契約の解約申入れは、Ｙ１との関係において正当事由が認められ、かかる正当事由に基づく賃貸借契約の終了は、転借人であるＹ２との関係においても正当なものというべきである。

コメント

本件判決は、家主の正当事由として縷々述べていますが、一番の決め手は**建物及びその地盤の危険性**が高いことと思われます。建物自体が老朽化が進み、柱も床も傾斜しており、土台も腐っている状態、加えて、本件建物は、昭和11年の道路拡張の際に傾斜地を地盛して埋め立てた土地上に跨っていて地盤が軟弱、さらに、昭和53年頃の下水道工事を契機に地盤が沈下し、修復工事後も再度地盤沈下して、敷地のコンクリートもひび割れして地盤が崩壊の危険に瀕している、以上の事実を重視して、借家人が薬局として長年使用してきて、今後も使用する必要性を認めながらも、本件判決は、**無条件**での**明渡し**を命じました。

単なる建物の老朽化ではなく、建物の地盤が崩壊する危険性がある場合には、裁判所が無条件での明渡しを認めることもあるという

第二編　借家立退きの裁判例

のが、本件判決のポイントといえます。

第三章

立退料なしで認められた正当事由

315

55

家主の自己使用の必要性を重視した

・東京地裁平成5年7月20日判決
・判タ862号271頁

事案の概要

　X1とX2（以下総称して「Xら」という。）は、東京都新宿区内の本件建物を所有していました。X1は、本件建物で洋書店を経営していましたが、経営が思わしくなく昭和57年春に閉店して空家としました。Yからの再三の要望があり、Xらは、Yに対し昭和57年9月に起訴前和解の方式で本件建物を不動産業の事務所として4年間賃貸しました。期間満了に際して、Yから契約更新の要望があり、XらとYは、昭和61年9月に再度起訴前和解を成立させました。和解条項には、期間は同年8月から昭和65年7月までの4年間とし、営業種目の無断変更等の違反行為があった場合に解除できる旨、Yは解除された時や期間満了時には直ちに原状回復して明け渡す旨の本件執行条項の定めがありました。Yは、昭和61年3月から平成2年12月頃まで本件建物脇の通路部分で花屋営業を行いました。Xらは、平成元年5月にXらの母甲に本件建物を贈与し、甲がYに対する賃貸人の地位を承継し、平成2年1月にYに対し、更新拒絶の意思表示をしました。Yは、本件執行条項をおそれ

第二編　借家立退きの裁判例

第三章

立退料なしで認められた正当事由

て、平成2年5月に請求異議の訴えを東京地裁に提起したものの、同訴訟は新宿簡裁に移送されました。これに対し、甲は同年11月に反訴状をもって、更新拒絶による明渡しを求めるとともに、Yが花屋営業を行った行為は和解条項に違反するとして本件賃貸借契約を解除しました。さらに、甲は、Yに対し、平成4年4月から5月にかけてYがおでん屋の営業を行ったことにより信頼関係が破壊されたとして、本件賃貸借契約を解除しました。

　新宿簡裁は、Yの本訴請求を認め、甲の反訴請求を棄却しました。そこで、甲が控訴しましたが、その途中で甲が死亡し、Xらが控訴人の地位を承継しました。東京地裁は、原判決を変更して、Yの本訴請求のうち、本件執行条項の中の期間満了時に明け渡す旨の強制執行を許さない部分だけを認め、Xらの反訴請求によるYに対する明渡しを命じました。Xらは、①一時使用目的の賃貸借契約の期間満了、②更新拒絶、③信頼関係破壊による解除の3つの主張をしていますが、ここでは、主に更新拒絶の正当事由について述べます。

判決の要旨

　Xらは、57年契約及び本件賃貸借契約の更新にあたって、本件建物での洋書店の再開を理由にいずれも起訴前和解方式による賃貸借契約を締結したこと、X1が本件建物での洋書店を閉店してからも世田谷区の自宅を拠点にしてオートバイの宅配による洋書販売業を継続していたこと、同人は、平成2年7月当時は53歳となりオートバイによる宅配は危険な状態であり、同年1月の更新拒絶の

317

ころには、本件建物での洋書店営業を再開する必要が大きくなって
きたこと等の事情が認められる。

　これに引換え、Ｙは、本件建物で不動産業を継続営業したきたも
のの、赤字の連続で営業成績は芳しくないこと、本件賃貸借契約を
更新したころから本件建物の近隣において地上げが行われ、本件建
物もその対象となった噂がＹオーナーの乙に伝わり、高額の立退料
をＸらに要求したりして、赤字状態の営業を不本意に継続している
ものであることが十分に窺われ、Ｙにとって、本件建物で不動産業
を継続して営業することの必要を認めるべき事情が存しないことは
明らかである。

　以上により、甲及びＸらの本件建物での洋書店の営業再開という
自己使用の必要性とＹの不動産業を継続する必要性とを比較考量し
たとき、甲及びＸらの自己使用の必要性の方がはるかに大きいこと
は明瞭であるから、甲の本件更新拒絶は有効であると解するのが相
当である。

コメント

　本件判決は、一時使用目的は否定したものの、**更新拒絶**による**期
間満了**を認めたうえで、念のためとして、**信頼関係の破壊**による解
除も認めています。Ｙが行った２回にわたる用法違反を重視したも
のです。論理的に考えれば、信頼関係破壊による契約解除の是非を
先に判断して、そこで解除が認められれば、より難しい更新拒絶の
正当事由を検討するまでもないと思います。ところが、本件では、

更新拒絶の判断を先にして、しかもそれを認めながら、契約解除も認定しているのです。

　推測するに、本件判決は、更新拒絶の場面では専ら家主の建物使用の必要性が借家人のそれよりもはるかに大きいとして無条件での正当事由を認定したものの、それだけでは理由として弱いと内心思われたのか、信頼関係を破壊する用法違反を続けていることに言及することで、事実上正当事由を強化したのかもしれません。特に、２回目の用法違反は、更新拒絶後のことでもあり、借地借家法28条の「建物の賃貸借に関する従前の経過」には当たらないので、更新拒絶の場面では取り上げにくかったのでしょう。

　いずれにせよ、本件の経過をみると、借家人に対し立退料を与える理由はなく、判旨の結論には賛成です。

住都公団の建替事業の公共性を認めた

・浦和地裁平成11年12月15日判決
・判時1721号108頁

事案の概要

　Xは、平成11年に解散した住宅・都市整備公団（以下「住都公団」という。）の権利義務を承継しました。住都公団は昭和56年に設立され、日本住宅公団（甲）の一切の権利義務を承継していました。本件訴訟は、甲が建築した埼玉県草加市にある草加団地内の建物の借家にかかるものです。

　甲又は住都公団は、Y1ないしY8（一部これらの被相続人も含む、総称して「Yら」という。）に対し、昭和35年から平成元年にかけて本件建物1ないし本件建物8を賃貸しましたが、それぞれ更新を重ねてきました。住都公団は、平成5年10月に居住者相手に建替事業についての説明会を開催し、翌日には現地事務所を開設し、2年間の話し合い期限を設け、この間の不利益軽減措置として建替後住宅や住都公団の他の賃貸住宅への優先入居、一定額の移転費用相当額の支払などを提案しました。この結果、平成7年10月段階で草加団地の内の先に建替えに係る先工区172名の内Yら8名及び3名を除く者が、住都公団との合意解約に応じました。住都

公団は、平成7年2月から同年9月にかけて、更新拒絶の意思表示
をして、主位的には無条件での、予備的には立退料の支払と引換え
での、各本件建物明渡請求訴訟を提起しました。浦和地裁は、Yら
に対し、それぞれ無条件での明渡しを命じました。

判決の要旨

　本件建替事業は、5期計画及び6期計画による国の住宅政策に
沿って、居住水準の向上と土地の高度利用を目的として行われる公
共性の強い事業であるところ、草加団地は、建築後既に40年近く
が経過しており、かつ、建物の設備性能水準が今日の居住水準に適
合していない点において社会的に陳腐化していること、住宅需要の
高い地域にありながら、建替前の草加団地の容積率が行政により定
められた基準よりも大幅に低い水準にあること、本件建替事業の実
現によりこれらの建物の設備性能水準及び容積率は格段に改善され、
居住水準の向上と土地の高度利用が図られることからすれば、前記
のような設立目的を有する住都公団が本件建替事業を進めることに
は客観的に十分な合理性が存するものと認められ、本件各建物を含
む草加団地を建て替える必要性を十分肯定することができる。

　Yらは、本件建替えの必要性はないと主張するが、草加団地の周
辺地域の住都公団賃貸住宅の応募状況あるいは入居状況は、全体と
して良好であることが認められるから、本件建替後住宅の家賃が同
水準の民間住宅に比してある程度高額であること等を考慮しても、
なおその住宅需要は高いものと認められ、また、本件建替事業が、

草加団地の住宅や団地共用施設を含めて抜本的に改善して居住水準の向上を図るとともに、草加団地の敷地の高度利用の実現を目的とするものであることに照らせば、建物全体を建て替える必要性も優に認められるところであるから、Ｙらの主張は理由がない。

　なお、経済事情の変化により、マンションの家賃の下落傾向が生じ、住都公団も一定の見直しを余儀なくされているが、右事実をもって本件建替事業の必要性が存在しないとみるのは、短絡的過ぎるといわざるを得ない。

　他方、Ｙらに対しては、移転に応じるまでに２年間の準備期間が設定されていたこと、不利益軽減措置の内容も、各賃借人の多様な事情や希望にできる限り対応したものであり、移転に伴う不利益が軽減されるよう配慮されていたこと、本件各賃貸借契約期間満了時に至る約２年間にわたり本件建替事業の内容や不利益軽減措置等に関するＹらに対する説明の機会は十分に設けられており、Ｙらがこれらの措置について検討する機会も十分に与えられていたといえることに照らせば、Ｙらの年齢、収入、家族構成等の個別の諸事情を考慮したとしても、住都公団の本件建替事業遂行の必要性を上回る程度にまでＹらが本件各建物に居住し続けなければならない必要があるとは認められない。

　これらを総合すれば、住都公団の本件各更新拒絶には、借家法１条の２の正当事由があると認めるのが相当である。

　なお、借家法１条の２の正当事由は、更新拒絶の時点で備わっていれば足りると解されるから、Ｘが更新拒絶後の明渡に伴う不利益軽減措置（立退料を含む）を口頭弁論終結時まで維持しなければな

らない理由はない。

　Yらは、政策論に基づく居住水準の向上及び土地の高度利用を目的とする建替えの必要性は借家法1条の2の正当事由の要素とはなり得ない旨主張する。しかしながら、同条の正当事由は、政策的公共的要素のみで直ちに肯定されるものではないが、5期計画及び6期計画による国の住宅政策を推進実現すべき責任の一翼を担っていた住都公団が賃貸人である本件においては、右のような建替えの必要性を賃貸人側の事情の重要な要素として斟酌し、かつ、家屋の明渡しにより賃借人が被るであろう不利益を軽減するためどの程度の措置を講じたか等、建物明渡しによる賃貸人と賃借人双方の利害得失の比較によって総合的に判断されるべきである。したがって、本件において、居住水準の向上及び土地の有効利用を目的とする建替えの必要性を斟酌することは、賃貸人及び賃借人双方の利益を調整しようとした借家法の趣旨に反するものではなく、Yらの右主張を採用することはできない。

コメント

　本件判決は、本件**建替事業**の**公共性**が高いことなどを重視し、借家人側の「政策論」批判を退けました。本件各建物が住都公団の前身である日本住宅公団が建築した草加団地内の建物であり、国の住宅政策によりいずれは建替えをすることになることは予想されることです。本件の住都公団は、2年の猶予期間をもって一般の説明会を開催するとともに、現地事務所を設けて個別的に**不利益軽減措置**

を説明するなどの対応をしてきました。その中で一定額の移転に伴う多様な立退料の提示もしており、各借家人に対し相応の誠意を示したものと思われます。それでも、先工区の中の約5％に相当する借家人らがこれに応じなかったとして本訴提起に至ったものです。

　本件判決が、主位的請求である無条件での明渡しを命じ、不利益軽減措置の中で提示した立退料の支払と引換えという予備的請求を退けたことについては、異論もあり得るでしょうが、最後まで交渉自体に応じようとしなかった借家人に対しては、やむを得ない判決といえるでしょう。

　なお、公営住宅法に基づく公営住宅の建替事業について借家法の適用を否定した17を参照してください。

第三章 立退料なしで認められた正当事由

57 都市計画事業用地にかかった土地上の借家の明渡しを認めた

・東京地裁平成12年4月21日判決
・ウェストロー・ジャパン

事案の概要

Xは、Yに対し、東京都世田谷区経堂所在の借地上の本件建物を賃貸していましたが、東京都が都市事業をして行う小田急小田原線付属街路5号線事業の対象区域内に入り、対象区域内の他の土地は殆ど東京都が買収済みであることなどを理由に平成10年6月に更新拒絶の通知をしました。Xは、同月に東京簡裁に建物明渡しの調停を申し立てましたが、不調に終わったため、同年12月本訴を提起しました。東京地裁は、Xの請求を認めました。

判決の要旨

本件建物及び本件敷地の一部が平成6年6月に事業認可のされた都市計画事業である5号線事業の事業用地にかかっているところ、5号線事業及び付近の鉄道、側道用地の買収はかなり進んでおり、5号線事業の用地は、本件建物敷地を除いてほとんど買収が完了しているというのであるから、本件建物敷地は事業用地として早期に

買収される必要があるというべきである。そして、本件建物敷地の所有者である甲及び本件建物の所有者であるXは、本件事業に協力するためにいずれも本件建物敷地及び本件建物の全部が買収されることを望んでいるのであり、また、Yは、遅くとも平成8年には本件建物敷地の一部が事業用地にかかっていることは認識していたというのだから、右の事情を総合すると、XがYに対し、賃貸借契約の更新をしない旨の通知をするについて、正当の事由があると認められる。

なお、Yは、第1に個人タクシーの免許を取得するために、第2に電気製品の加工をするために本件建物に居住する必要性があると主張するけれども、Yの主張するこれらの事由が、本件建物に居住する必要性を基礎付けるものかどうかについては疑問があるうえ、Yの主張は、いずれも将来の希望にすぎないし、その他Yに本件建物に居住する具体的な必要性があると認めるに足る証拠はない。

コメント

本件も、**56**と同様に都市計画事業用地にかかるという**公共目的**が絡む事案です。違うのは、**56**では家主自体が公共事業の主体であるのに対して、本件では東京都の事業に協力する立場にあるというところですが、公共性が高いという点では変わりありません。

東京高裁平成13年7月31日判決・NBL979号55頁（「座談会借家の賃貸人による解約申入れまたは更新拒絶の正当事由に関する裁判例の動向（下）」において引用）も、家主が4階建てビルの1

階部分を所有して、借家人に本件建物を賃貸していましたが、同ビ
ルの2階から4階を所有している熱海市から老朽化して倒壊の危険
がある同ビル全体を取り壊すために退去要請があったため、本件建
物の賃貸借契約について解約申入れをした事案です。東京高裁は、
家主の正当事由を認めるとともに、立退料の提供による補完を要し
ないと判示しています。

　以上のとおり、裁判所は、公共性が高い事業に家主が協力するこ
とは、自己使用の必要性よりも正当の事由があると考えているふし
があります。私利私欲のためではないということを重視し、その結
果、借家人に対し、いずれも立退料なしでの正当事由を認定して、
明渡しを命じています。やむを得ない判断というところでしょうか。

生活保護の借家人に対する明渡しを命じた

・東京地裁平成15年7月3日判決
・判例秘書

事案の概要

　Xは、生活保護を受けているYに対し、平成6年3月に東京都中野区所在の2階建建物の2階部分を6つに区分した1室約19㎡（以下「本件貸室」という。）を2年間、賃料月額4万5,000円で賃貸しました。Xは、本件建物の1階に病弱の母とその介護に疲れた妻との3人暮らしをしていましたが、長女を呼び寄せてリフォームした本件建物で一緒に暮らすために、2階部分の借家人を順次立ち退いてもらい、最後に残ったYに対し、本件貸室の明渡請求訴訟を提起しました。東京地裁は、無条件でXの請求を認めました。

判決の要旨

　本件建物は建築後4、50年を経過した木造建物で、全体として老朽化が進み、一般的にも建替えが検討される時期に来ているところ、Xは、老母が病身であることや、看護にあたる妻の苦労を考え、長女を呼び寄せてリフォームした本件建物で同居することを計画し、

そのために本件建物の２階部分の賃貸を契約期間満了とともに終了させようとして賃借人らに順次退去を要請したきたものであり、Ｙに対しても、契約期間が満了する４か月ほど前から期間満了時の明渡しを要請し、期間満了後は、不動産業者を通じてＹと明渡しの交渉をしたほか、Ｙを相手方とする調停を申し立て、その席でＹに多くの転居先を紹介するなど、円満な解決に向けた努力をしていたもので、それでも解決しなかったため、やむなく本件訴訟を提起して解約の申入れをしている事を考えれば、Ｘの解約申入れには、合理的な理由が認められ、円満な解決のための努力もされているというべきである。

　他方、Ｙは、生活保護を受けているものの、転居の費用は中野区から支給されるから経済的理由により転居が不可能であるとはいえず、持病についても、通院の関係で転居先の区域に一定の限定はあるものの転居自体を不可能とするようなものではなく、Ｙが単身生活者であるなどの事情を勘案すれば、一般的にはＹが転居することに大きな支障はないと認められる。また、本件建物の老朽化の状況に照らせば、早晩賃貸借契約が打ち切られて転居しなければならなくなることは、Ｙにとっても容易に推測できることであったといえるし、Ｙ自身、当初はＸの退去要請を了承して自ら不動産業者に足を運んでいる。

　このような、ＸとＹ双方の事情を勘案すると、Ｘの解約申入れには正当事由があり、前記のとおり、Ｙの転居費用が中野区から支給されることを考慮すれば、ＸにおいてＹに立退料を支払う必要はないというべきである。

コメント

　本件の家主側の**建物使用の必要性**の切実さからすると、借家人が**生活保護**を受けていなかったとしても、立退料なしでの正当事由が認められた可能性もありますが、ここでの本題は、生活保護を受けている借家人に対する立退料の支払の是非です。

　生活保護受給者は、たとえば交通事故に遭って慰謝料等の損害賠償金を取得した場合にはその旨を役所に届け出るとともに、過去に受給した生活保護費の範囲内でその**返還**をしなければなりません。したがって、仮に家主が立退料の支払をしても、何年も生活保護を受けていれば、立退料をそのまま役所に返還することになるのです。借家人が、万が一立退料を受領したことを隠して返還しなければ、生活保護を打ち切られることもあり得ます。

　まして、本件のように中野区が生活保護受給者の転居の場合にその転居費用も支給する場合には、そもそも借家人に転居費用相当額を家主に請求する権利はないと思われます。

　本件判決が、中野区からの転居費用の支給を考慮して、家主が借家人に立退料を支払う必要はないと判断したのは当然といえましょう。

第二編　借家立退きの裁判例

第三章　立退料なしで認められた正当事由

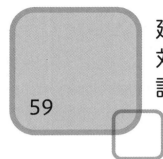

59 建物競落人の借家人に対する解約申入れを認めた

・東京地裁平成17年2月3日判決
・判例秘書

事案の概要

甲は、昭和58年にYに対し、葛飾区所在の本件建物を賃貸しました。甲は、Bとの間で本件建物について平成2年8月に根抵当権設定登記を経由しましたが、平成14年2月に被担保債権の元本が確定し、Bから債権譲渡を受けたS機構が同年12月に競売申立てをして、東京地裁が競売開始決定をしました。Xが、平成15年9月に本件建物を競落し、同年11月に本件建物賃貸借契約について解約申入れをし、建物明渡請求訴訟を提起しました。東京地裁は、Xの請求を認めました。

判決の要旨

Xは、本件建物を従業員の宿舎として利用するために競落したことが認められ、Xには本件建物について自己使用の必要性がある。
他方、Yは、答弁書は提出したものの、本件口頭弁論期日には全く出頭せず、したがって、Y自身が本件建物を使用する必要性があ

るとの点についての立証は全くないというほかない。そして、甲
10号証に弁論の全趣旨を総合すれば、Yは、平成15年6月頃本件
建物から転居し、以後本件建物に居住していないこと、本件建物か
らの立退交渉については、Yではなく、Yの内縁の夫で甲の実兄や
甲の妹の夫など、甲の親族がXとの交渉に当たり、Xに対して300
万円という多額の立退料を要求するなどしている事が認められるの
であって、これらの認定事実からすれば、本訴においても、本件賃
貸借契約に基づき賃借人であるYが本件建物を使用することを目的
として本件建物についての賃借権の主張がされているというよりも、
本件根抵当権の被担保債権の債務者であり本件建物の元の所有者で
ある甲の親族において立退料を取得することを主たる目的として、
その主張がされているものとみざるを得ない。

　以上に認定したところを比較衡量すると、本件解約の申入れには
正当事由があると認めざるを得ない。

コメント

　本件判決の論調をみると、新しい家主が**競落**したころに借家人自
身（元の家主の実兄の内縁の妻である）は転居して、元の家主の実
兄（つまりは借家人の内縁の夫）などが立退交渉に出てきて、Xに
対し高額の立退料を要求していることを踏まえ、元の家主の関係者
による**競売妨害**と**立退料目当て**と推測しているようにも思えます。
しかも、借家人は、裁判所には一切出頭していないのですから、裁
判所の心証を相当に悪くしているでしょう。

第二編　借家立退きの裁判例

　いずれにせよ、本件建物に借家人は居住していないのですから、使用の必要性は認められず、高額な立退料を要求したことから、かえって裁判所に、立退料を支払わないでも正当事由を認めようという気にさせたのかもしれません。

立退料なしで認められた正当事由

333

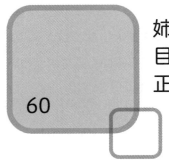

姉が弟に賃貸した目的が達せられないとして正当事由を認めた

・東京地裁平成18年8月30日判決
・判例秘書

事案の概要

　Xは、昭和9年生まれで夫は平成7年に死亡し子もいません。Yは昭和22年生まれでXの弟です。Xは、平成7年にすい臓がんで入院したこともあり、夫から相続した東京都品川区所在の3階建ての本件アパートの2階に居住していることから、Yに対し平成9年3月に同アパートの1階全部（「本件建物」という。）を相場の半分以下の6万円で賃貸し、2階の一部の倉庫を無償で使用貸借しました。Xは、平成16年11月に本件賃貸借契約及び本件使用貸借について解約の申入れをして、平成17年に本件建物及び本件倉庫の建物明渡請求訴訟を提起しました。東京地裁は、Xの請求を認めました。

判決の要旨

　Xは、現在、本件アパートの2階部分に居住しているものの、神

経症、高血圧症、高脂血症、骨粗しょう症、逆流性食道炎に罹患している。そして、Yとの付き合いにストレスを感じており、Yの世話を受ける意思は全くない。Xは、将来は有料老人ホームに住むことを計画している。現在、本件アパートの3階部分を賃貸して16万円と、またYからの賃料6万円を得て、月額22万円を得ている。しかし、有料老人ホームの購入には2,500万円が必要であり、手持ち資金を充当しても新たに1,000万円を借り入れなければならず、これを月25万円ずつ返済することを予定している。そのためには本件建物部分及び2階部分を第三者に賃貸し、月額28万円の賃料収入を得、3階部分と合わせて月額44万円の賃料収入を得、その中から25万円を返済に充てる予定である。

　Yは、本件建物に家族と生活しており、長男は契約社員として働いており、長女は職を探しているところである。そしてYは、その所有する蒲田のマンションを第三者に月額13万円で賃貸しているところ、賃貸期間は平成15年12月から平成17年12月までであったが、Yは更新に異議を述べず賃貸借契約は法定更新されている。

　Xは、平成10年頃には、Yが階段の掃除をしないことに不平を言う程度であり、平成11年12月ころからXが入院していたころに世話をしなかったとの不満を感じるようになった。他方、Yは、平成12年12月、Xに対し、Xの賃貸借契約書作成の提案について、「てめえ契約書を作るとは何事か」と怒鳴りつけたりしたため、XはYに対し恐怖感をもったりした。

　以上、総合して判断するに、Xは、独り身で高齢であって、しかも上記認定の病気に罹患していること、本件賃貸借契約及び本件使

用貸借契約の目的は、Xに何かあったときにはYらの援助を受けられることにあったことにもかかわらず、XはYらに対して不満を持ちYには恐怖心を抱いていることからすると、本件賃貸借契約及び本件使用貸借契約を締結した目的を達することができないというべきであり、そうであればXが、老人ホームに移りたいと考えることはもっともであり、そのために、Yに本件建物から退去してもらい賃料収入を得てその資金を得ようとすることに合理性があるというべきである。他方、Yは、蒲田にマンションを有しているものの、第三者に賃貸して住居は本件建物のみであることが認められるが、蒲田のマンションについては、これを月額13万円で賃貸して、本件建物の賃料との差額7万円を取得している上、本件訴訟中に同マンションにかかる賃貸借期間が満了したにもかかわらず、異議を述べることなく法定更新させていることからすると、同マンションからの収益を重視し、自らの居住についてこれを確保する努力を怠っているといえること、またYやその家族が本件建物に居住することに場所的利益があるとも認められないこと、以上のことに本件賃貸借契約の締結にあたって敷金や権利金を授受したとの事情もないことを考慮すると、Xの解約申入れには正当事由があるものと認められる。

コメント

　姉が、弟に**老後の面倒**をみてもらおうと思って、**相場の半分以下の賃料**で賃貸したものの、その後弟との関係が悪化し、恐怖心さえ

第二編　借家立退きの裁判例

抱くようになり、老人ホームへ入ることを考え、その資金の関係で解約の申入れをしたことについて、本件判決は、無条件での正当事由を認めました。

　このような思惑外れは身内間でしばしばあり得ることで、兄弟といえども他人の始まりといわれるように、身内間の借家については、後で後悔するよりは事前の段階で慎重であるべきでしょう。とはいえ、本件判決の結論は妥当なものと思われます。

第三章

立退料なしで認められた正当事由

337

使用実態がないことから正当事由を認め、借地の明渡しを求められていることは借家の明渡しと無関係ではないと判断した

・東京地裁平成21年7月9日判決
・ウェストロー・ジャパン

事案の概要

　Xは、Zから東京都世田谷区所在の本件土地を借地して本件アパートを所有していますが、Xの長男であるYに対し、平成元年2月に本件アパートの1室である本件貸室を居室及び事務所として賃貸しました。賃貸借契約書には、長期不在により賃借権の行使を継続する意思がないと認められるときは、Xは、催告をしないで、直ちに本件賃貸借契約を解除することができる旨の特約があります。Xは、Yに対し、平成20年3月に、Yが平成2年には本件貸室から退去して誰も居住せず、Yが経営する乙社の業務実態もないことから上記特約に違反するとして賃貸借契約を解除するとともに、予備的にZから借地の明渡しを求められることも踏まえ、解約申入れをして、明渡請求訴訟を提起しました。東京地裁は、解約申入れに正当事由があるとしてXの明渡請求を認めました。

判決の要旨

　当裁判所は、Xの解約申入れには正当事由があり、本件賃貸借契約は終了したと判断する。その理由は次のとおりである。

　Y一家は、平成2年7月頃本件貸室から東京都江東区内に転居し、平成11年には新潟県上越市内へ転出して生活の本拠としていること、Yが代表者を務める乙社は、本件貸室から徒歩約15分の場所に別途営業所を有しており、Yは時折本件貸室に立ち寄るものの、そこから営業所へ出向いて業務を行っていたことが認められる。このような客観的な状況に加え、本件貸室を現実に利用に供しているのであれば、室内の状況を写真撮影するなどしてその旨を主張立証することは賃借人として極めて容易なことであるにもかかわらず、口頭弁論終結に至るまで何ら本件貸室の現実の利用を客観的に裏付ける証拠が提出されなかったことに徴すると、Yには賃借権の行使を継続する意思が全くないとまではいえないものの、本件貸室を居住又は事務所の用に実質的に供しているとは言い難い状況が20年近くの長きにわたり続いてきていると認定するほかはなく、Yにおいて本件貸室を改めて現実に使用する必要性には疑問があり、本件賃貸借契約終了によってYが不利益を被るおそれは極めて低い。この判断は、乙社が本店を本件貸室として対外的に活動を行ってきていることなどYの主張を考慮しても、何ら左右されるものではない。

　他方、本件貸室にX本人が自ら居住することは予定されていないものの、アパートの存立の基礎となる借地契約の契約期間が満了したことは当事者間に争いがなく、土地賃貸借契約書の賃貸借期間満

了日である昭和83年（平成20年）8月経過後である平成20年9月分以降の地代については、従前の地代相当額（月6万8,900円）を地主に仮に支払っている状況にあることが明らかであり、Xが地主から明渡しを求められている状況にあることが認められる。そして、Xは、本件貸室以外の貸室もいずれ明け渡してもらい、一定の対価を受けて車椅子使用可能なマンションに転居する方向で行動していることが認められるところ、本件解約申入れの効力が否定されて借地権の処分が事実上制約されることになれば、Xが経済的に苦境に立たされるおそれが高いのであり、借地の明渡しを求められていることと本件貸室の明渡しとは無関係であるとはいえない。

　以上検討したX、Y双方の利害関係を総合すると、本件解約申入れには借家法1条の2の正当の事由があるというべきである。

コメント

　本件も、60と同様、身内間の賃貸借です。しかも親子という、より密接な関係です。もっとも、本件ではその点は特に問題とされていません。

　本件判決では、第1に、契約の使用目的が居住と事務所であったにもかかわらず、いずれもその**使用実態**がほぼないことを重視しています。東京地裁平成21年9月11日判決・ウェストロー・ジャパンも、建築後100年以上経過した建物について借家人らが他に生活の本拠があることなどから「立退料による補完を考慮するまでもなく」と判示しています。

第二編　借家立退きの裁判例

第三章

立退料なしで認められた正当事由

　第2に、家主が地主から**借地の明渡し**を求められている点について、借家人は正当事由とは無関係と主張したのに対して、本件判決は、借家の明渡しが認められないとXの借地権の処分が事実上制約され、経済的苦境に立たされるおそれがあるとして無関係であるとはいえない、と判示しました。

　私が思うには、期間満了による明渡しを求められただけでは、地主側の正当事由の有無が不明ですし、仮に正当事由が認められても、借地人には**建物買取請求権**の行使ができますから、本件判決がいうほどに「経済的苦境に立たされる」かについて若干の疑問を持っています。ちなみに、**36**では、**建物収去土地明渡請求訴訟**で敗訴判決を受けた借地人による借家人に対する明渡請求が否定されており、本件判決の第2の考え方が、必ずしも裁判所の大勢というわけではありません。

　もっとも、本件判決の第1の点に鑑みれば、家主の正当事由を無条件で認めたことには異論ありません。

　なお、本件判決には「なお」書きで、借家人が本件訴訟が家主の真意に基づくものではないという疑念を呈していることに対し、これを退けているのですが、実務的に興味深い判断をしています。高齢による**認知症**の疑いがある場合の弁護士の**委任状**の取り方など大変参考になると思われるので、ぜひ判決文をお読みください。

341

第四章

■

立退料

■

■

■

62から69までは立退料に関する最高裁判決の事案を年代順に挙げました。62は、最高裁が初めて、正当事由の補完として移転料という名の実質立退料の支払を命じたものです。

　63は、家主が主位的請求として無条件の、予備的請求として立退料の支払と引換えの訴訟をしましたが、予備的請求に入ることなく無条件での明渡しを命じました。64は、一定額の立退料の支払と引換えに付属建物だけの明渡しを命じました。

　65と66は、いずれも立退料が借家人の損失の全部を補償するに足りるものでなくともよいと判示しています。また、66は、家主が提供した立退料を上回る立退料の支払いを命じました。67は、家主からの立退料の提供がないのに立退料の支払と引換えの明渡しを命じた原判決について、家主からの上告がないのでこれを取り消しできないと判示しました。

　68は、家主の提供した金額の2.5倍の立退料の支払と引換えを命じた原判決は違法でないと判示しました。69は、立退料の提供や増額について、解約申入後でもできるとしたものです。

　70から81までは、居住用の事案についての立退料の裁判例を紹介しています。70から72までは、立退料の金額がなぜそうなったのか計算根拠が明らかにされていません。73は、賃料の何か月分という計算根拠を出していますが、何か月分とした理由は判然としません。74は、借家人の申出額に近い金額を認め、75は、転居が相当な負担となるとして立退料を決めていますが、いずれもなぜその金額になったのかやはりよく分かりません。

　76は、賃料、引越費用等一切の事情を考慮して立退料を決めた

としていますが、その内訳までは触れていません。77は、転居費用と賃料差額2年分と雑費の合計80万円の立退料を認めており、現在の裁判所の主流といえます。

　他方で、78は、立退費用とは別に借家権価格を認めていますが、79は逆に借家権価格を否定しています。

　80は、居住用にしては高額の立退料を認め、反対に81は令和の時代にしては低額の立退料に留めています。どうしてそうなったのか、判決文をみてください。

　82から86は、事業用兼居住用の事案で、事業用単独と比べて比較的立退料の金額は低めといえます。82は、賃料差額還元法による借家権価格を認めました。83は、借家権価格は否定したものの、年収4年分の立退料を認めました。84は、本来立退料は不要とした珍しい事案ですが、家主が控訴などをしなかったために1審の立退料が維持されました。85は、通知期間の6か月分の賃料の立退料だけを認めたものです。86は、各借家人に応じて事業用と居住用それぞれの立退料を算出しています。

　87から89は、事業用の中でも主に事務所用として使用されている事案です。87は法律事務所で、88は公認会計士・税理士事務所、89はビル管理事務所です。もっとも、87は、賃料・共益費の2年分相当、88は、賃料差額方式による借家権価格と営業補償相当額に若干上乗せした立退料、89は、借家権価格に賃料2年分を加算した金額をそれぞれ認めているとおり、立退料の計算根拠はここでもバラバラといえます。

　90以下の事案は店舗用が主で工作物補償などの関係で金額が高

くなります。とはいえ、90は、500万円にとどまっていますが、その理由も「諸般の事情を考慮して」としか述べていません。91も、家主の申出額どおりの100万円という少ない立退料ですが、借家人の契約違反を重視したものと思われます。

92以下は、金額が桁違いに高くなります。92は、借家権割合による借家権価格を立退料として認めました。93は、差額賃料還元法を重視した鑑定を尊重して8億円もの立退料を認めています。94は、更地価格の7割の立退料を認めました。95は、営業利益の5年分の3割ないし賃料5年分相当の支払いを命じています。

96以下は、基本的に用対連基準を採用しています。96は、その先駆を切った代表的な判決です。97も、用対連基準に基づいて計算した金額に若干上乗せした立退料を認めました。98は、用対連基準に基づき作成した確認書の効力を認めました。99は、借家権価格を否定しました。100は、開発利益の配分を否定しました。

以上のとおり、借家の立退料について、裁判所の判断はまさに千差万別です。しかしながら、居住用については、大体のところ引越費用と賃料差額2年分と一時金そして仲介手数料の合計額に近いところに落ち着いてきました。また、事業用については、用対連基準に基づいて計算した金額をベースに立退料とする裁判例が着実に増えていると思われます。

第二編　借家立退きの裁判例

第四章　立退料

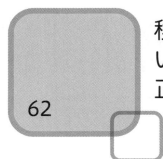

移転料40万円の支払という補強条件の追加で正当事由を認めた

- 最高裁昭和38年3月1日判決
- 民集17巻2号290頁

事案の概要

　菓子類の製造販売を業としていたXは、Yに対し新潟県加茂市所在の本件家屋を居住用兼理髪業店舗として賃貸していましたが、500万円余りの負債を抱えて倒産の危機に面したため、Yに対し買受けもしくは代替家屋の提供による明渡しを求めました。しかし、いずれもこれを拒絶されたため、解約申入れをしたうえで、家屋明渡請求訴訟を提起しましたが、新潟地裁はXの請求を棄却しました。Xは控訴をして、控訴審の口頭弁論期日において40万円の移転料を支払うことを条件に新たな解約申入れをしました。東京高裁は1審判決を変更して、Xが40万円を支払うことと引換えにYに対し本件家屋の明渡しを命じました。Yが上告しましたが、最高裁は上告を棄却しました。

判決の要旨

　原判決が、その認定した当事者双方の事情に、XがYに金40万

円の移転料を支払うという補強条件を加えることにより、判示解約の申入れが正当事由を具備したと判断したことは相当であって、借家法1条の2の解釈を誤った違法や理由不備の違法は認められない。

コメント

最高裁が初めて**立退料**の支払を**正当事由**の一要素として認めた判決です。もっとも、ここでは「**移転料**」と呼んでいますが、立退料と同じことです。家主は、裁判の当初では、立退料無しでの明渡しを求めていましたが、1審で敗訴したこともあり、控訴審の途中で立退料の支払を決断したものと思われます。東京高裁は、これを受け入れ、立退料の支払により借家人が移転により蒙る財産上の損害を補填できるとして、その支払と引換えに明渡しを認めました。旧借家法において立退料の支払などの**財産上の給付**について明記されていない中で画期的な判決といえます。そして、最高裁が本件判決においてこれを追認したのは妥当な判断といえましょう。

第四章

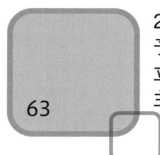

63 20万円の立退料と引換えの予備的請求をしていたが立退料なしの主位的請求を認めた

・最高裁昭和40年9月21日判決
・集民80号441頁

事案の概要

Xは、Yに対し昭和20年7月に神戸市所在の本件建物を賃貸し、自らは神戸市内の他の甲建物を所有して居住していました。ところが、Xは、昭和33年11月に借入金の返済のために甲建物を第三者に売却し、本件建物の北隣のXの弟が居住する弟名義の乙建物の2階に同居したものの手狭なために、Yに対し、昭和34年7月に調停申立てにおいて解約申入れをしました。調停が不調となったために、Xは、本件建物の明渡請求訴訟を提起しました。主位的には無条件の明渡しを求めましたが、予備的請求①として20万円の立退料の支払と引換えの明渡請求を、予備的請求②として2階部分だけの明渡請求をしました。神戸地裁はXの請求を棄却しましたが、大阪高裁は、予備的請求の当否に入ることなく、Xの主位的請求である立退料なしでの明渡請求を認めました。そこで、Yが上告しましたが、最高裁は上告を棄却しました。

判決の要旨

　論旨は、原判決に借家法１条の２の規定する正当事由の解釈適用を誤った違法があるという。しかし、原審がその挙示の証拠により認定した詳細な事実関係に照らせば、ＸのＹに対する本件建物賃貸借契約解約申入れが正当事由を具備する旨の原審の判断は、首肯できる。また、右事実関係に照らせば、本件解約申入れが信義則に反するものとは認められない。論旨は、原審の認定しない事実をも主張して、原審の適法にした事実認定判断を非難するものであって、原判決に所論の違法は認められない。

コメント

　本件判決自体は、原判決が正しいという結論以外には特に述べておらず、詳細については大阪高裁判決が適示した事実関係を読んでもらうしかありません。本件の家主は、事業の失敗から甲建物について**競売開始決定**が出されたこともあり、これを売却した売却資金の余りから本件建物と乙建物を買い戻して乙建物は弟名義にした上で、いったんは乙建物で弟家族と同居したものの、乙建物には弟家族４名の他に、Ｘの両親、Ｘの妻と子供３名合わせて12名が居住していました。そこで、Ｘは本件建物に居住したいということで、解約申入れをした経緯があります。他方で、借家人の方は、妻と二男の３人、その後二男の妻が増えて４名が本件建物に住んでいました。以上の経緯から、本件は、借家人の居住する家屋を買い受けた場合とは異なるとして、**無条件での明渡請求**を認めたものです。

第二編　借家立退きの裁判例

第四章

　主位的に**無条件**での、**予備的**に**一定額の立退料**の支払と引換えの請求をすることがよくあります。裁判所において、予備的請求を採用して、無条件、つまり立退料なしの請求が認められることは少ないのですが、本件ではそれが認められた事案であるという点で、注目すべきものといえます。

立退料

351

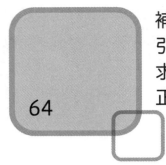

64 補償金650万円の支払と引換えに付属建物の明渡しを求める限度で正当事由を認めた

・最高裁昭和41年7月14日判決
・集民84号69頁

事案の概要

　Yは、神戸市北区の有馬温泉街にある本件建物を昭和10年頃甲から賃借して、北側の本件母屋は物置に（その後菓子店に改造）、南側の本件付属建物に9人家族で居住するとともに八百屋を営業していました。昭和28年頃本件建物を甲から取得したXは、旅館業を営んでいましたが、昭和32年に新館を増築したものの、本件付属建物があるため正面玄関口の利用ができず、物置代わりに使用するしかありませんでした。そこで、Xは、Yに対し解約申入れをして明渡請求訴訟を提起しましたが、大阪高裁は、神戸地裁における昭和35年9月の口頭弁論期日においてなした解約申入れの効力を認め、Xが650万円の補償金を支払うのと引換えにYに対し本件建物のうち付属建物についての明渡しを命じました。Yが上告しましたが、最高裁は上告を棄却しました。

第二編　借家立退きの裁判例

第四章

判決の要旨

論旨は、原判決に憲法違反があるというが、その実質は、ひっきょうするに、原審が借家法１条の２の正当事由の解釈を誤ったものというに帰するところ、原審は、本件建物をめぐる当事者間の交渉の経緯、右建物に対する当事者双方の必要度等について認定した詳細な事実関係に基づき、Ｘの昭和35年９月になした解約申入れが補償金として650万円を支払うのと引換えに原判示付属建物の明渡しを求める限度において正当事由を具備するものと判断しているのであり、右認定事実に照らせば、原審の右判断は正当として是認するに足りるところであって、これに所論の違法は認められない。

立退料

コメント

本件において、正当事由が認められるかどうかは微妙なところであったと思われます。原審も、「新館を増築しながら、本件付属建物があるため、その正面玄関口の利用ができず、そこを物置代わりに使用しているのは、Ｙの意向を無視し、勝手に増築工事を強行した結果である」と指摘しています。

他方で、「多額の費用を投じてなした新館増築の目的が達成できない点において、Ｘにとっては大きな損失であるとともに社会経済上の損失であるともいえる」とし、更に従来は本件建物の内、隣の本件母屋が物置に使用されていたこともあり、本件建物全体を必要とする状態にあったとはいい難いとして、Ｘが昭和39年12月の訴

353

訟上の和解手続において2年後の明渡時に650万円の補償金を交付する意思があったことが窺われるなどとして、650万円との**引換給付判決**をしたものと思われます。やむを得ないところでしょうか。

第二編　借家立退きの裁判例

第四章　立退料

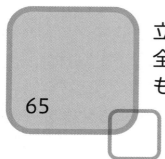

立退料が借家人の損失の全部を補償するに足りるものでなくともよいとした

65

・最高裁昭和46年6月17日判決
・判時654号75頁

事案の概要

事実関係の詳細は不明ですが、XがYに対し本件家屋を賃貸していたところ、解約申入れをして、家屋明渡請求訴訟を提起しました。大阪高裁は、無条件での明渡請求は否定しましたが、家主が30万円の立退料を支払うのと引換えに明渡請求を認めました。Yが上告しましたが、最高裁は上告を棄却しました。

判決の要旨

借家法1条の2にいう正当の事由とは、賃貸借当事者双方の利害関係、その他諸般の事情を総合考慮し、社会通念に照らし妥当と認むべき理由をいうのであって、賃貸人が解約申入れに際し、賃借人の家屋明渡しにより被る移転費用その他の損失を補償するため、いわゆる立退料等の名目による金員を提供すべき旨申し出で、右金員の支払と引換えに家屋を明け渡すことを求めたときは、そのことも、正当事由の有無を判断するにつき、当然斟酌されるべきである。そ

355

の場合、右金員の提供は、それのみで正当事由の根拠となるものではなく、他の諸般の事情と総合考慮され、相互に補完し合って正当事由の判断の基礎となるものであるから、解約の申入れが金員の提供を伴うことによりはじめて正当事由を有することになるものと判断されるときでも、右金員が、明渡しによって借家人の被るべき損失の全部を補償するに足りるものでなければならない理由はないし、また、右金員がいかなる使途に供され、いかにして損失を補償しうるかを具体的に説示しなければならないものでもない。

　如上の見地に立って原判決をみるに、その措辞はやや簡に失する嫌いを免れないけれども、原審は、結局、当事者双方の本件家屋使用の必要度その他その認定に係る諸般の事情を総合斟酌するときは、Ｘの解約申入れは、その申出に係る金30万円の金員の支払によりＹの不利益がその範囲で補償されるかぎりにおいて正当事由を具備したものとなしうる旨判断した趣旨と解されるのであり、原審認定の事実関係に照らせば、右判断は相当として是認することができ、原判決に所論の違法は存しない。

コメント

　最高裁は、本件判決において、借家についての**財産上の給付**に関し「**立退料**」という表現を初めて使用しました。

　本件判決では、２つの点が注目されます。１つ目は、立退料が「借家人の被るべき損失の全部を補償するに足りるものでなければならない理由はない」との点です。家主の使用の必要性が、借家人

第二編　借家立退きの裁判例

第四章

立退料

の必要性とほぼ同じである場合であればともかくとして、借家人の必要性よりも相当に大きければ、立退料の金額が減額されるのは合理的であり、本件判決はこれを確認したものです。私も同感です。

　2つ目は、立退料について、「いかなる使途に供され、いかにして損失を補償しうるかを具体的に説示しえなければならないものでもない」とした点です。裁判所が立退料の金額をどのように算定するかについて、いわば**ブラックボックス**としたのです。この点については、社会生活における様々な場面で説明義務が求められる現在からすると、いかにも古いなあと思わざるを得ず、当時としてはやむを得なかったのかもしれませんが、現在では必ずしも通用しない判示です。現に、後で紹介する下級審判決では、立退料の金額の根拠について、詳細に説明するようになりました。

357

申立額を超える立退料の支払と引換えの明渡しを命じた

・最高裁昭和46年11月25日判決
・民集25巻8号1343頁

事案の概要

　本件店舗は、京都市内の中心部にあるもともと1棟の建物を3つに間仕切りにした中央部で、XがYに対して昭和28年8月に賃貸しました。南側部分はK公社に賃貸しましたが、昭和35年に明渡しを受けて、当該部分を取り壊し空地となっています。北側部分はS社に賃貸しましたが、別途明渡請求訴訟を提起し1審でXが勝訴し、控訴審の審理中です。Xは、昭和34年10月にYに対し借家契約について解約の申入れをして、明渡請求訴訟を提起しました。京都地裁は、Xが300万円の立退料の支払をするのと引換えに本件店舗の明渡しを命じましたが、大阪高裁は、原判決を変更して、500万円の立退料の支払と引換えに本件店舗の明渡しを認めました。
　Yが上告しましたが、最高裁は上告を棄却しました。

第二編　借家立退きの裁判例

第四章

立退料

判決の要旨

　原審の確定した諸般の事情のもとにおいては、ＸがＹに対して立
退料として300万円もしくはこれと格段の相違のない一定の範囲内
で裁判所の決定する金員を支払う旨の意思を表明し、かつその支払
と引換えに本件係争店舗の明渡しを求めていることをもって、Ｘの
右解約申入れにつき正当事由を具備したとする原審の判断は相当で
ある。所論は、右金額が過少であるというが、右金員の提供は、そ
れのみで正当事由の判断の根拠となるものではなく、他の諸般の事
情と総合考慮され、相互に補充し合って正当事由の判断の基礎とな
るものであるから、解約の申入れが金員の提供を伴うことによりは
じめて正当事由を有することになるものと判断される場合であって
も、右金員が、明渡しによって借家人の被るべき損失のすべてを補
償するに足りるものでなければならない理由はないし、また、それ
がいかにして損失を補償しうるかを具体的に説示しなければならな
いものでもない。原審が、右の趣旨において500万円と引換えに本
件店舗の明渡請求を認容していることは、原判示に照らして明らか
であるから、この点に関する原審の判断は相当であって、原判決に
所論の違法は存しない。

コメント

　本件のポイントは2つです。第1に、裁判所が、家主の**提示した
金額を上回る立退料**の金額の支払と引換えでの明渡しを命じたこと

359

です。本件の家主は、300万円という金額の明示はしたものの、「これと格段の相違のない一定の範囲内で裁判所の決定する金員を支払う旨の意思を表明し、かつその支払と引換えに本件係争店舗の明渡しを求めていること」から、300万円を超える金額の支払と引換えとしたものです。300万円に対して200万円プラスした500万円という金額が「これと格段の相違のない一定の範囲内」といえるのかは微妙なところですが、原審の裁判所が家主側の弁護士と接する中で判断したものでしょうし、家主からの上告はなかったので、家主の許容範囲であったと思われます。ちなみに、本件店舗の北側部分についても別途訴訟していましたが、そちらは500万円の申立てに対し1,000万円の支払と引換えでの明渡しを命じています（最高裁昭和46年12月7日判決・判時657号51頁）。

　第2に、借家人が立退料の金額について過少であるとの主張に対し、「右金員が、明渡しによって借家人の被るべき損失のすべてを補償するに足りるものでなければならない理由はないし、また、それがいかにして損失を補償しうるかを具体的に説示しなければならないものでもない。」と判示しており、この点は、すでに65で述べているので、そちらを参考にしてください。

第四章 立退料

67 家主からの立退料の申立てがないのに立退料の支払と引換えの明渡請求を認めたことについての借家人からの上告は理由がない

・最高裁昭和47年10月12日判決
・集民107号19頁

事案の概要

本件家屋は、大正10年頃に建築された4戸建長屋2棟で、Yらはその借家人です。Xは、本件家屋の隣地で友禅加工業を営んでおり、工場設備の拡張のために、昭和24年に本件家屋を買い受けて以来、Yらに対し解約の申入れをしましたが、Yらがこれを拒否したため、家屋明渡請求訴訟を提起しました。原審の大阪高裁は、家主からの立退料の提供の申立てがないのに、Yらに対し、Xが各一定額の立退料を支払うのと引換えに、明渡請求を認めました。Xは、これに対し上告せず、Yらのみが上告しましたが、最高裁は上告を棄却しました。

判決の要旨

本件解約については、特に移転料等金員の提供を申し出た事実がなくても、遅くとも原審口頭弁論終結前6か月の時点において、解約申入れについて正当事由が具備したものということができるので

あって、YらはXに対して、本件家屋を明け渡す義務があるものといわなければならない。しからば、原審がXの本訴請求を認容するに当たり、金員の支払を条件とした点はともかくとして（この点について不利益を受くべきXからは不服の申立てはない。）、Yらに対し本件各家屋の明渡しを命じた原審の判断は相当である。

コメント

　本件判決については、むしろ家主側の対応に問題があると思われます。家主は、立退料なしでも正当事由が認められると思って、立退料の支払と引換えの明渡請求を予備的にしていなかったにもかかわらず、原審が立退料の支払と引換えの明渡請求を命じたのですから、家主の方こそ上告をして、立退料なしの無条件での明渡請求に変更してもらうべきであったと思うからです。

　ところが、家主が上告をせずに、借家人らが家主の主張していない立退料の支払と引換えの明渡請求を認めた原審の判断に問題があるとして上告したのです。これに対して、本件判決は、立退料なしでも正当事由が認められるのであるから、家屋の明渡しを命じた原審の判断は相当としました。立退料が付いた分だけ、いわば借家人らにとってはプラスなのだから問題はないと判断したものと推測します。

　ここから読み取れる家主側の教訓としては、**主位的請求で無条件の明渡請求**を、**予備的請求で**一定額の**立退料の支払と引換えの明渡請求**をした場合に、1審で主位的請求が認められず予備的請求が認

められた場合に、借家人が控訴した場合には、家主としても**附帯控訴**をして主位的請求を認容してもらう機会を確保しておくことだと思われます。

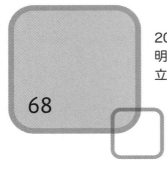

200万円の立退料の支払と引換えの
明渡請求をしたのに対して500万円の
立退料の支払と引換えの明渡しを命じた

・最高裁昭和50年8月27日判決
・集民115号629頁

事案の概要

Xは、名古屋市東区所在の2棟長屋式借家7戸を所有しYを含む7名に対し、高層ビル建築を予定して、昭和46年ころより建物明渡しの調停ないし訴訟を提起しました。昭和48年11月までにYを除く6名との間で調停ないし裁判上の和解が成立し、昭和49年5月までにいずれも各借家から退去しました。Xは、200万円の立退料の提供を申し出ていましたが、名古屋高裁は、Xが500万円の立退料を支払うのと引換えにYに対し建物の明渡しを命じました。Yが上告しましたが、最高裁は上告を棄却しました。

判決の要旨

原審は、建物賃貸人であるX、賃借人であるY側双方の諸般の事情、本件賃借建物敷地に近接するX所有地についての利用状況の変化などとXが500万円の立退料を支払ってでも本件建物明渡しを求める意思のあることを適法に確定し、それらを総合勘案した上、右

第二編　借家立退きの裁判例

500万円の立退料が提供されることによって本件建物の賃貸借契約の解約申入れに正当の事由が具備されるものと判断したのであり、右原審の判断は、正当として是認するに足り、原判決に所論の違法はない。

コメント

　借家人側は、家主が**立退料**として支払う用意があると主張したのは**200万円**であるのに、原判決がそれをはるかに上回る**500万円**を立退料として認定したのは違法であると主張しました。確かに、家主の提示した金額200万円の**2.5倍**に相当する500万円を認定するのは、一見するといわば大盤振る舞いにも思えます。しかしながら、原審の裁判官は、裁判手続の中で家主の提供する200万円は建前上であり、500万円の立退料を支払ってでも明渡しを求める意思があると判断したからこそ原判決を出したものと思われます。

　最高裁が、「Xが500万円の立退料を支払ってでも本件建物明渡しを求める意思のあることを適法に確定し」と判示しているのはその意味に取れます。また、原判決に対し、Xが上告していないことは、原判決の認定した500万円の立退料に不服がないことの何よりの証拠ともいえます。

　なお、第一編**35**を参照してください。

365

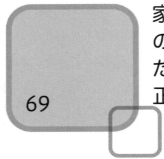

家主が解約申入後に立退料の提供または増額を申し出た場合にこれらを参酌して正当事由の判断ができる

- 最高裁平成3年3月22日判決
- 民集45巻3号293頁

事案の概要

Xは、大阪府茨木市所在の本件建物をYに賃貸していましたが、本件建物の朽廃による借家契約の消滅や信頼関係破壊を理由とする解除などを理由に本件建物の明渡請求訴訟を提起しました。1審の昭和62年5月の口頭弁論期日において、Xは立退料100万円の提供とともに解約申入れをしましたが、大阪地裁はXの請求を棄却しました。そこで、Xは控訴するとともに、2審の平成元年7月の口頭弁論期日において、300万円もしくはこれと格段に相違のない金額の範囲で裁判所が相当と認める立退料の提供とともに解約申入れをしました。大阪高裁は、1審判決を変更して、Xが300万円の立退料の支払うのと引換えにYに対し本件建物の明渡しを命じました。Yが上告しましたが、最高裁は上告を棄却しました。

判決の要旨

建物の賃貸人が解約の申入れをした場合において、その申入時に

借家法１条の２に規定する正当事由が存するときは、申入後６か月を経過することにより当該建物の賃貸借契約は終了するところ、賃貸人が解約申入後に立退料等の金員の提供を申し出た場合又は増額に係る金員を参酌して当初の解約申入れの正当事由を判断することができると解するのが相当である。けだし、立退料等の金員は、解約申入時における賃貸人及び賃借人双方の事情を比較衡量した結果、建物の明渡しに伴う利害得失を調整するために支払われるものである上、賃貸人は、解約の申入れをするに当たって、無条件に明渡しを求め得るものと考えている場合も少ないこと、右金員の提供を申し出る場合にも、その額を具体的に判断して申し出ることも困難であること、裁判所が相当とする額の金員の支払により正当事由が具備されるならばこれを提供する用意がある旨の申出も認められていること、立退料等の金員として相当な額が具体的に判明するのは建物明渡請求訴訟の審理を通じてであること、さらに、右金員によって建物の明渡しに伴う賃貸人及び賃借人双方の利害得失が実際に調整されるのは、賃貸人が右金員の提供を申し出た時ではなく、建物の明渡しと引換えに賃借人が右金員の支払を受ける時であることにかんがみれば、解約申入後にされた立退料等の金員の提供又は増額の申出であっても、これを当初の解約の申入れの正当事由を判断するに当たって参酌するのが合理的であるからである。

コメント

　原審の大阪高裁判決は、300万円の増額を申し出た時から６か月

後の時点で本件賃貸借契約が終了したとしたのに対して、最高裁の本件判決は、当初の100万円の提供と同時に解約申入れをした時から6か月後の時点で同契約が終了したと判示しました。

　いずれにせよ、300万円の立退料での明渡しを認めるのだからどちらでもよいではないかと思われるかもしれませんが、実は違いがあります。**賃料**と**賃料相当損害金**の違いです。賃貸借契約の終了までは賃料ですが、その後は賃料相当損害金となります。そして、賃貸借契約では、契約終了後も明け渡さない場合明渡しまでの賃料相当損害金はそれまでの賃料の**倍額**と定めていることが一般的です。つまり、本件判決がいうように賃貸借契約の終了が早まれば、早まった分だけ賃料よりも多くの賃料相当損害金を取得できる可能性があるということです。

　ところが、本件の家主は、上告ないし附帯上告をしなかったために、最高裁は、借家人の上告を棄却しただけで終わりました。家主が上告していないのに、借家人に不利になるような遅延損害金の開始時期を早めることは、「**不利益変更禁止の原則**」からできなかったのです。小さいことですが、注意してほしい点です。

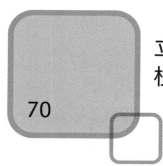

立退料500万円の根拠を示さなかった

- 東京地裁平成元年11月28日判決
- 判時1363号101頁

事案の概要

Xは、Yに対してその所有する東京都内にある本件建物を賃貸していましたが、Xの夫及び2人の息子とともに夫の勤務する会社の社宅に居住していたところ、夫の定年退職により社宅の明渡しを求められた頃から、Yに対し更新拒絶の通知をして建物明渡請求訴訟を提起しました。Xは、主位的には無条件で、予備的には300万円の支払と引換えに明渡しを求めました。大森簡裁はXの請求をいずれも棄却したため、Xが控訴しました。東京地裁は、原判決を変更して、主位的請求は棄却したものの、予備的請求について、Xによる500万円の支払と引換えにYに対して本件建物の明渡しを命じました。

判決の要旨

Xの側の自己使用の必要性等がYの側の居住の必要性等を上回っているとまでは認められず、右の事由のみではXの更新拒絶に正当

事由があるとまで認めることはできない。そうすると、Xの主位的
請求は理由がない。

　Xの立退料申出は裁判所の決定する額の立退料を支払う趣旨をも
包含するものと解されるところ、これと前記認定のXらが本件建物
に居住する必要性等と、Yの居住の必要性等を総合して比較検討す
れば、X申出に係る金300万円を上回り、かつその申出額と格段の
相違のない範囲の額である500万円の立退料を提供することにより、
更新拒絶の正当事由を具備するに至るものと認めるのが相当である。

コメント

　本件判決は、家主が提示した300万円を相当程度上回る立退料
を500万円としたことについて、家主と借家人双方の必要性等を
総合して比較検討した旨しか述べておらず、500万円の**具体的な根
拠**について何も触れていないといえます。

　65、66で紹介した最高裁判決が、いずれも損失の補償について
具体的に説示しえなければならないものでない、と判示しているこ
とから、本件判決も、立退料の内訳やその金額と判示した根拠につ
いて述べる必要がないと判断したのかもしれません。大阪高裁平成
元年9月29日判決・判タ714号177頁も、立退料を300万円とし
た根拠について述べていません。東京地裁平成19年8月29日判
決・判例秘書も50万円の立退料について、特に根拠を示していま
せん。

　しかしながら、その後の裁判例の大勢としては、居住用について

370

第二編　借家立退きの裁判例

も詳細に立退料の内訳などに言及することが増えており、本件判決
のような判示の仕方はむしろ今では少なくなっていると思われます。

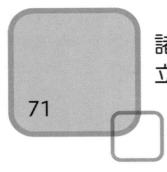

諸般の事情を総合して立退料を300万円とした

- 東京地裁平成16年4月23日判決
- 判例秘書

事案の概要

Xは、Yに対し、平成12年6月に東京都中野区所在の本件アパートの2階205号室約33.5㎡（本件建物）を賃貸しましたが、平成14年3月に解約申入れをしました。Xは、主位的請求として無条件での、予備的請求として250万円の支払と引換えでの、明渡しを求めたところ、東京地裁は、Xの主位的請求は棄却しましたが、Yに対し、Xによる300万円の立退料の支払と引換えに、本件建物の明渡しを命じました。

判決の要旨

ＸＹ双方の事情を総合すると、Xは、夫の小児科医院の代替りで二男が小児科医院を引き継ぐことに伴い、長男のための住居が必要となったことから、本件建物の明渡しを受けた上で4階建ての新築マンションを建築し、長男を同マンションの管理人に就任させ、同人の住居と収入を保証しようとしたものであるのに対し、Yは、

67歳の無職の女性であって、肺がんの手術の前後を通じ、年金と同居の息子からの援助を受けて生活しているものであり、交通至便の場所にある本件アパートに息子とともに自宅として居住しているものであって、Xの本件建物の明渡しを求める必要性が、直ちにYの本件建物の使用の必要性を上回るということはできない。したがって、Xの主位的請求は理由がない。

しかしながら、Yは、Xが提案した新築予定の4階建てマンションへの従前賃料での入居と賃貸期間の保証という提案について、息子と2人で居住するには面積の点で無理であるとして拒否し、立退料の希望額についても明言を避け、本件建物の明渡しを固く拒絶しているところ、同マンションの1室の面積が本件建物の面積よりも約3㎡狭いにとどまることを考慮すると、YがXの上記提案を拒否する真意は必ずしも明確でなく、以上の事情に弁論の全趣旨を総合すると、Xが本件解約申入れの補完として相当額の立退料の支払をすることにより、正当事由が補強され、正当事由が具備されるに至るということができる。

本件アパートは、地下鉄丸ノ内線新中野駅徒歩1分の交通至便な場所に存し、その平成14年度の固定資産評価証明書の価格が645万7,700円であること、本件建物の賃料は現在8万5,000円であること、Xは、本件解約申入れの正当事由を補完するための立退料として250万円又は裁判所が相当と認める金員の提供を申し出ていること、その他本件に現れた諸般の事情を総合すると、本件解約申入れの正当事由を補完するための立退料は300万円をもって相当と認める。この立退料の額は、Xが申し出た立退料の額を上回るものであ

るが、Xは、本件アパートを取り壊した上での4階建てマンションの建築実現に強い意欲を示していること及び弁論の全趣旨に照らせば、上記認定の金額は、Xの提示額と著しい差異を生じない範囲にあり、かつXが主張する「相当額」の範囲内であると認められる。

コメント

　本件判決は、家主が提案した250万円の立退料の支払に対して、「本件に現れた諸般の事情を総合すると、本件解約申入れの正当事由を補完するための立退料は300万円をもって相当と認める」と述べています。ここでいう**「諸般の事情」**とは、家主が4階建てマンションを建築して長男を管理人に就任させて住居と収入を保証しようとしていることや、年金生活者の借家人が息子の援助を受けて息子と居住していることなどを指すと思われますが、何がゆえに立退料を**「300万円」**と確定したのかについては、特に根拠を示さなかった**70**と基本的には変わらない判示といえます。

　なお、東京地裁平成21年10月2日判決・ウェストロー・ジャパンも各借家人に対し10万円の立退料の支払を命じるにあたり**「諸般の事情考慮」**と述べ、また、東京地裁平成22年2月24日判決・判例秘書も立退料を500万円としたことについて、**「総合考慮」**としており、本件判決と同様な判示の仕方をしています。

第二編　借家立退きの裁判例

第四章　立退料

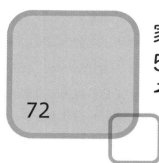

72 家主の申出額50万円をそのまま認めた

・東京地裁平成22年9月29日判決
・ウェストロー・ジャパン

事案の概要

Yは、Xの先代から平成7年12月に東京都内の本件アパートの1室の本件建物を賃借しました。平成16年先代の死亡によりYに対する賃貸人の地位を承継したXは、Yとの間で平成19年12月に賃料月額2万5,000円、管理費雑費月額1,800円で契約更新をしました。Xは、平成21年7月に本件契約について解約申入れをして、本件建物の明渡請求訴訟を提起し、訴訟において立退料50万円を支払う用意がある旨申し出ました。東京地裁は、Xの請求を認め、Yに対し、Xから50万円の支払を受けるのと引換えに本件建物の明渡しを命じました。

判決の要旨

本件アパートは、昭和26年11月20日に所有権保存登記がなされた築58年の木造瓦葺2階建て建物であり、1階に店舗2室、洋室と和室が各1室ずつ、2階が和室が5室であること、基礎や軸組

375

強度は確認できないが、北側への傾き及び床勾配が生じており、外壁に数か所ひび割れがあり、筋違いが確認できず、土台や柱脚に腐蝕箇所があり、昭和56年の耐震規格改正以前の建物のため、耐震構造及び接合金具の使用がない可能性が高く、Ｔ社の実施した耐震診断の結果によれば、上部構造評点が1.5以上であれば「倒壊しない」、1.0～1.5未満であれば「一応倒壊しない」、0.7～1.0未満であれば「倒壊する可能性がある」、0.7以下の場合は、「倒壊する可能性が高い」と判定されるところ、本件アパートの上部構造評点は、0.07であり、倒壊する可能性が高いと判断されていること、現在、本件アパートに居住しているのはＹだけであるところ、Ｘは、本件アパートの経費として、月5,000円程度の清掃費及び年7万6,600円の固定資産税・都市計画税を支出しており、本件アパートからの収入と支出する経費、工事費用及び補強工事後の建物の寿命等を勘案すると、本件アパートの修繕・補強工事を実施することは、経済的合理性を欠くことは明らかであること、Ｘは、Ｙに対し、東京都内の本件建物と同程度の賃借条件である複数の物件を紹介しており、Ｙに上記各物件に転居することにつき不都合な点は見当たらないことが認められる。これらの事情に加えて、Ｘが立退料50万円の支払を申し出ていることを考慮すれば、本件解約申入れには、借地借家法28条所定の正当事由があるということができる。

コメント

本件判決は、家主の正当事由を認めるに当たり、築58年を経過

第二編　借家立退きの裁判例

第四章

立退料

した木造建物であること、耐震診断によれば**倒壊する可能性**が高いこと、本件アパートを修繕・補強工事することは**経済的合理性**を欠くこと、家主が複数の同程度の**物件を紹介**していることなどを挙げていますが、立退料として50万円を認めたことについては，Xが同額の支払を申し出ていること以外には何も触れていません。家主が申し出た金額をそのまま採用したに過ぎないのです。

　つまり、70、71で述べたことがここでも当てはまるのです。50万円の立退料と判断した根拠が示されていないということです。東京地裁平成22年5月28日判決・ウェストロー・ジャパンも、家主の申し出た100万円をそのまま認めています。

　これに対して、東京地裁平成30年1月26日判決・ウェストロー・ジャパンは、家主の申し出た50万円の立退料をそのまま認めているものの、「本件建物と同程度の床面積、設備を有する他の建物に転居するための費用として十分なものであると認められ」と判示しており、転居費用という根拠を一応は示しているといえます。

377

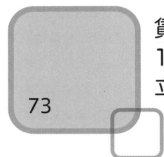

73 賃料30か月分の150万円の立退料を認めた

・東京地裁平成23年6月23日判決
・判例秘書

事案の概要

Xは、東京都豊島区所在の木造亜鉛メッキ鋼板葺2階建てのアパートである本件建物を所有しています。Yは、平成18年4月にXの前の前の所有者甲から本件建物の1室である23.95㎡の本件貸室を月額5万円、期間は平成20年4月までとして賃借しましたが、甲が本件建物を平成19年1月に乙に売却し、乙も平成20年2月にXへ売却したため、XがYに対する賃貸人の地位を承継しました。Xは、平成20年4月の更新後平成22年4月の期間満了までに更新拒絶をして、Yとの間で立退き交渉を続けましたが、Yがこれを拒絶したため、同年12月に本訴を提起しました。東京地裁は、賃料の30か月分に相当する立退料をXが支払うのと引換えにYに対し本件建物の明渡しを命じました。

判決の要旨

本件建物は昭和46年11月新築の築39年の木造アパートである

こと、Xは本件建物が老朽化していることに加え、その所在地周辺の土地の再開発計画があることなどから、Yを含む本件建物の賃借人に対し立退料の支払を前提に退去の交渉を行い、Y以外の賃借人は既に転居していること、その結果、本件建物の入居者は平成20年8月以降Y一人となったこと、Xは、Yに対しても、平成20年4月頃から2年半以上の期間をかけ、立退料150万円を提示し、引越し先の物件を複数紹介するなどの対応を行ったこと、Xは現在本件建物の管理費用として月額賃料と同額の5万円を支出していること、Xは、本訴においても、正当事由を補完するものとして150万円の立退料の提供を申し出ていることが認められる。

Yは、平成18年4月にXの前主から本件貸室を賃借し、それ以降5年以上居住していること、その間家賃は期限に遅れることなく支払っていること、Yは、足腰が悪いため、2階以上の部屋に住むことは困難である上に、満67歳で生活保護を受けており、他に身寄りがないこと、Yは、Xの前主である乙が賃貸人であった平成19年頃から断続的に本件貸室の明渡しを求められていたが、賃貸人の担当者の明渡交渉のやり方に不信感をもち、いずれは明け渡す必要があると思いながらも、明渡しを決意するには至らなかったこと、その状況は平成22年12月になっても変わらず、Xは同月やむなく本訴を提起したことが認められる。

上記認定の事実によれば、Xの主張する本件貸室の明渡しを必要とする事情は、本件建物の老朽化及び周辺地区の再開発に伴う取壊しの必要性であり、Yの本件貸室に居住する必要性と単純に比較した場合、正当事由としてやや弱いようにも思える。しかし、XはY

に対し2年半以上の期間をかけて、立退料の提供を申し出たうえで引越し先の物件を多数紹介するなど、Yの生活状況に配慮した誠実な対応を行っているということができるし、平成22年12月頃にはY自身も本件貸室から退去することを考え、紹介を受けた物件に入居の申込みをしたというのであるから、本件建物の他の入居者が全員退去しているという事実を考え合わせると、Yが現在も本件貸室に居住しているという事情を殊更に重視すべきではない。

これに加えて、Xが本件賃貸借契約の賃料の30か月分に相当する150万円を立退料として提供する旨の申出をしていることを考慮すると、Xが本件貸室の明渡しを求める必要性は、Yのその使用の必要性と比べて高いものということができる。

したがって、上記の立退料の提供の申出を前提とすると、Xの本件賃貸借契約の更新拒絶には正当事由があると認められる。

コメント

本件判決も、家主の申し出た金額をそのまま認めたという点では72と同様です。ただ、計算根拠としては、一応「**賃料の30か月分**」と明記しているので、別に取り上げました。東京地裁平成23年9月13日判決・ウェストロー・ジャパンも家主が申し出た賃料3か月分の45万円をそのまま認めています。同じ申出額でも30か月分と3か月分では随分違いますね。

問題は、なぜ賃料の30か月分とか3か月分を適正な立退料として認めたのかそれが**明確ではない**という点では、**70**から**72**までと

第二編　借家立退きの裁判例

同じく、すっきりしない判示といえます。

　それはさておき、家主側としては、立退料を申し出るに当たり、賃料の何か月分ないし何年分という考え方をすることが多く見られます。これまでに取得した賃料をどこまで戻すのかという方が納得しやすいのでしょうか。

　なお、東京地裁平成17年6月23日判決・判例秘書は、300万円の立退料を認めましたが、その内訳は賃料3年分＋転居費用＋精神的負担でした。

借家人申出額35万円に近い30万円の立退料を認めた

- 東京地裁平成3年7月26日判決
- 判タ778号220頁

事案の概要

Xは、Yに対し、昭和61年8月に東京都文京区内にあるX自身が居住する本件建物の1室13.2㎡の本件部屋を月35,000円で賃貸しました。Xは、Xの孫2名が本件建物の近くにあるK学園に通学するために本件部屋に住まわせる必要があるとして、昭和63年7月に解約申入れをして、部屋明渡請求訴訟を提起しました。東京簡裁は、Xの請求を無条件で認めたため、Yが控訴しました。東京地裁は、原判決を変更して、Xが30万円の支払をするのと引換えに、Yに対し明渡しを命じました。本件では、建物の一部の部屋について借家法の適用があるかも争点となりましたが、ここでは立退料を中心とした正当事由についてのみ触れます。

判決の要旨

Xの孫2名の内、年上の1名は昭和63年時点では、Xの居宅近くのK学園高校に通学しており、柔道の早朝練習のため早朝通学を

第二編　借家立退きの裁判例

第四章

立退料

しなければならず、足立区にある自宅からの通学はかなりの時間を要していた。そして、年下の孫が平成元年４月より同じくＫ学園に通学するようになり、サッカーの早朝練習で早朝通学するため、足立区の自宅からの通学は困難な状況である。Ｘは立退料として10万円を支払う用意がある。Ｙも35万円程度の立退費用があれば転居する意思を有している。Ｙは独身であり、いわば身軽な状況である。Ｙが本件建物の存する場所に居住しなければならない必然性を認めるに足りる証拠はない。Ｙの手取り収入は13万2130円であり、Ｙはその金額内で何とか生活をやり繰りしている状況である。

　以上の諸事情を検討すると、Ｘの本件部屋を使用する必要性は、孫の通学の便を考えてのことであり、自ら使用する必要性に比べてその程度は低く、他方Ｙの方は、生活にゆとりもなく、他の部屋を探すのも困難な状況にある。しかし、本件部屋が一応の独立性を認めることができるとしても、賃貸人であるＸの居住家屋の一部であるという本件契約の特殊性及び双方の利益状況を総合的に考えると、立退料支払いの申出による正当事由の補強とも相まって、本件解約申入れには正当事由が認められる。そして、立退料の額としては、本件にあらわれた以上の事情を考慮して30万円が相当である。

コメント

　本件判決は、家主の必要性については、「**その程度は低く**」として、借家人について、「**他の部屋を探すのも困難な状況にある**」と判示しているのと比べ、劣っているとみなしています。その結果、

383

家主の10万円の申出額よりも借家人の「35万円程度の立退費用が
あれば転居する意思を有している」方を優先してそれに近い30万
円の立退料を認めたものと思われます。もっとも、ではその30万
円の内訳がどうかについては、**73**までと同様はっきりしません。

第二編　借家立退きの裁判例

第四章　立退料

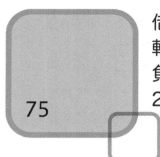

75 借家人夫婦の病気などで転居が相当な負担になるとして200万円の立退料を命じた

・東京地裁平成29年1月17日判決
・ウェストロー・ジャパン

事案の概要

Xらの父甲が、その所有する東急東横線B駅から徒歩圏内にある昭和47年築の本件アパートの1室である本件建物を平成6年4月にYに対し賃貸し、その後2回の相続を経てXらが賃貸人の地位を承継しました。平成26年の更新の際の賃料・管理費・共益費は月額7万5,000円です。Xらは、遅くとも解約申入れにより平成28年10月に賃貸借契約が終了したとして建物明渡請求訴訟を提起しました。東京地裁は、Xらの申し出た立退料74万円（賃料の10か月分）を大幅に上回る200万円の立退料をXが支払うのと引換えに、Yに対し本件建物の明渡しを命じました。

判決の要旨

立退料の金額について検討すると、Y及びその配偶者がうつ病に罹患していることからすれば、その転居に際しては相当な負担となるといえる。また、本件建物の状況からすれば、本件アパートが直

ちに解体を要するような状態ではなく、今後数年は居住可能と考えられるところ、そのような状況にもかかわらず、Y及びその家族が同一地域内での生活を希望する場合には、B駅及びその周辺の賃貸住宅の賃料の状況（筆者注、月額8万円余り）に鑑みれば、本件建物よりも相当程度多額な賃料を要する建物に転居する必要がある可能性が高いと考えられる。

このような事情に加え、Xらの本件アパートの使用の必要性からすれば、Xらが本件アパートを使用する必要性が切迫したものとまではいえないことからしても、本件賃貸借契約の解約申入れの正当事由を補完するためには、Y及びその家族の不利益について相当の補償を要するものといえ、Xらの解約申入れの正当事由が認められるための立退料としては、200万円が相当と認められる。

コメント

本件判決が強調しているのは、①借家人がうつ病罹患のために転居が相当な負担となることと、②周辺の賃料状況から本件建物よりも相当程度多額な賃料を要する建物に転居する可能性が高いことの2点です。

しかしながら、この2つの点についてはいずれも**疑問**があります。まず、②から先に述べますと、周辺の月額賃料が8万円余りに対し本件の賃料・管理費・共益費は7万5,000円でその差額は1万円以下で、2年分としても24万円以下です。また、①のうつ病の方に転居が相当な負担となることは認めますが、他の病気の方や高齢

386

第二編　借家立退きの裁判例

者についてもある程度当てはまることで、うつ病に罹患していることが立退料を大幅に増額させる要因になるとは思えないのです。

　以上から、本件の立退料については、100万円程度でよかったのではないかと思われます。

387

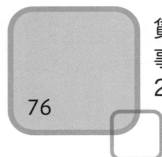

賃料、引越費用等一切の事情を考慮して200万円の支払を命じた

- 東京地裁平成27年6月30日判決
- ウェストロー・ジャパン

事案の概要

Xは、Yに対し、東京都中野区所在で昭和9年頃建築の本件建物を月額賃料5万2,000円で賃貸していましたが、Yが無断で工事を行ったなどとして主位的に解除を、予備的に解約申入れの正当事由を理由に、建物明渡請求訴訟を提起しました。これに対して、Yは、本件建物敷地を侵奪されたことなどを理由にX及び工事業者を相手に損害賠償請求訴訟を提起しました。ここでは、正当事由と立退料についてのみ取り上げます。

判決の要旨

本件建物は、老朽化が進み、物理的に損傷している上、耐震性にも相当の問題があるために、現状のままで建物の機能を維持することは著しく困難であるということができる。他方で、本件建物の築後年数に鑑みれば、本件建物を維持するために大規模な修繕工事及び耐震補強工事を実施することは、経済的合理性に欠ける。加えて、

本件建物は、東京メトロ丸ノ内線の駅から徒歩数分の距離にあり、交通条件が良好である上、日常生活の利便性に富んだ地域にあること、本件建物にかかる賃貸借契約が昭和18年から継続し、その賃料額が近隣の同種賃貸住宅に比較しても低廉であるといえること、Xにおいて、本件建物を取り壊して新規に賃貸住宅を建築し、本件土地全体について経済的に有効活用するための計画を有していること等の事情が認められるのであり、これらの事情に照らせば、Xには、本件建物の明渡しを求める切実な必要があるということができる。また、本件建物の周辺には単身生活に適していると思われる賃貸住宅が相当数あり、単身者であるYが生活環境を大きく変更せずに転居することは困難ではない。Yは、賃貸人であるXが修繕義務を果たしてこなかったとして、本件建物の老朽化や建替えの必要性を正当事由の根拠とすることはできない旨主張する。しかし、本件建物の築後年数や損傷の程度に鑑み、Xが本件建物を修繕しなかったことが本件建物の老朽化の原因とまでは認められず、Yの上記主張を採用することはできない。

　他方で、Yは、本件建物に係る賃貸借契約を引き継ぎ、平成12年頃からは本件建物で起居する生活を続けていたものと認められる。これについてXは、本件建物におけるYの水道光熱費が平均値よりも相当程度低いことを根拠として、Yが本件建物を使用していない旨主張するが、Yが高齢の独居者であり、比較的電気、ガス、水道を使用しない個人の生活習慣もあり得ることから、その主張を採用できない。

　Yが本件建物を退去するに当たっては、これに代わる住居を手当

てし、移転費用を支出しなければならず、新居での生活を定着させるために更に一定の費用を要することに鑑みれば、本件においては、XがYに対して立退料として相応の金額を提供することによって正当事由が具備されるというべきである。

本件賃貸借契約における賃料や、通常要する引越費用、近隣の賃貸住宅の賃料や敷金等入居に係る費用、その他本件にあらわれた一切の事情を考慮すれば、XがYに対して立退料として提供すべき金額は、200万円をするのが相当である。

コメント

本件判決は、立退料を検討するに当たって、まず、退去するに当たりこれに代わる住居を手当てし、移転費用を支出しなければならず、新居での生活を定着させるための一定の費用も要する、としていることから、主に**転居費用**を念頭に置いている記載となっています。これに続けて、現賃料や、近隣の賃料、敷金等の入居に係る費用、引越費用他の事情を考慮して200万円の立退料を判示しました。

本件判決文からは、現賃料と移転先賃料との**差額**＋移転先の敷金等の**一時金**＋**引越費用**などの転居に要する実際の金額を踏まえて200万円の立退料を決めたものと思われます。もっとも、賃料差額や一時金あるいは引越費用が具体的にどの程度の金額なのか、その内訳の数字まで明記するには至っていません。

転居費用と賃料差額2年分他雑費で80万円の立退料とした

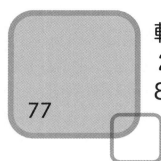

・東京地裁平成17年3月25日判決
・判例秘書

事案の概要

Xは、Yに対し、その所有するアパートの1室の本件建物を賃貸していましたが、平成13年6月の更新に際し、平成15年6月の更新はできない旨伝え、Yもこれに同意し、この旨更新契約書に記載されました。Yは、平成15年6月の期限が到来しても本件建物を明け渡さないことから、Xは同年11月に解約申入れをして明渡請求訴訟を提起したところ、東京地裁は、Xから80万円の支払を受けるのと引換えに、Yに対し本件建物の明渡しを命じました。

判決の要旨

本件建物は、老朽化しているものの朽廃に至っているとまでは認められないが、Xの家庭事情及び経済状態に鑑みるに、本件建物を解体して駐車場として収入を得る必要性が認められること、Yも本件賃貸借契約更新時には退去を承諾していたこと、翻意した事情が福祉事務所との間で転居費用をめぐってトラブルを起こしたことに

よること、一方、Yも本件建物に居住することについて一応の利益が認められることなどの事情を勘案すると、Xにおいて本件建物明渡しによってYに生ずる不利益を補填することによって、Xの解約申入れは正当事由を備えるに至るものと解するのが相当である。

　そして、Yの転居先の希望面積（28㎡）を考慮して本件建物の最寄駅である甲駅付近に、そのような条件を満たす物件を探すと、1㎡あたりの平均賃料は約2,160円であるので、転居先の賃料は約6万円と考えられる。そこで、転居費用は、引越料6万円のほか、敷金賃料1か月分、礼金賃料2か月分、手数料賃料1か月分、前家賃1か月分及び保証料賃料1か月分が必要として、合計42万円と考えられる。さらに、賃料差額分として、新家賃6万円と旧家賃4万6,000円との差額である1万4,000円を2年分補償するとすると、33万6,000円となる。これらに若干の雑費の必要を考えて、Xの解約申入れの正当性を具備するための立退料としては80万円の提供を要するものと認めるのが相当である。よって、本件建物に関するXのYに対する明渡請求は、80万円の支払と引換えの限度で理由がある。

コメント

　本件判決は、**転居費用**と**賃料差額2年分**と**雑費**の合計80万円の立退料を認めました。転居費用の**内訳**として、引越料＋敷金＋礼金＋仲介手数料＋前家賃＋保証料を明記しており、最高裁が**65、66**で、具体的説明を不要とした時代からの時の流れを感じます。無論、

本件判決のように丁寧な説示があってしかるべきと思われます。

　なお、東京地裁平成15年3月12日判決・判例秘書も、各個別の金額の明示まではしていませんが、「移転に要する引越料等の実費、移転先の賃貸人に支払わなければならない敷金、礼金、不動産業者への手数料、移転先の賃料と本件建物の賃料との差額の2年分程度の補償などを念頭に置き、更にYらが被る様々な不利益の補償を考慮すると、その金額は300万円が相当である。」と判示しました。

　東京地裁平成25年2月8日判決・ウェストロー・ジャパンも差額賃料2年分と転居費用として265万円の立退料を認めており、転居費用に加え、居住用の**賃料差額**の**補償期間**については**2年間**というのが裁判例の大勢となってきているように思われます。

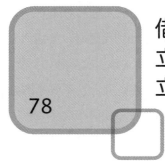

78 借家権価格と立退費用の合計額を立退料とした

・東京地裁平成21年7月30日判決
・ウェストロー・ジャパン

事案の概要

　Xは、Yに対し、昭和59年4月に東京メトロ有楽町線の千川駅から数百メートルの位置にある2階建ての本件建物の2階201号室（本件建物部分）を賃貸しましたが、平成20年4月（この時点での賃料は8万3,000円）本件建物の老朽化等を理由に更新拒絶をして、建物明渡請求訴訟を提起しました。東京地裁は、Xから300万円の立退料の支払を受けるのと引換えに本件建物部分の明渡しを命じました。

判決の要旨

　本件建物は賃貸を目的とする共同住宅であって、Yが本件建物部分を住居として使用していることを考慮すれば、本件建物の近隣ないしは本件建物と乙の事務所との間において、同種の代替物件を探すことは可能と考えられるので、借家権価格のほか、Yが他所で居住するに必要な移転費用等の相当額が立退料として補償されるなら

ば、正当事由を具備するものと解するのが相当である。

　そして、鑑定の結果によれば、平成20年4月時点における借家権価格が114万7,000円であり、移転費用相当額は74万2,000円であって、その合計額は188万9,000円となることが認められる。

　以上によれば、XがYに対して立退料190万円を支払うことの申出により正当事由を具備することになるので、本件賃貸借契約は、Xの更新拒絶により平成20年4月の期間満了をもって終了したことになる。したがって、Xは、Yに対し、190万円の立退料の支払と引換えに、本件建物部分の明渡しを求めることができる。

コメント

　本件判決は、**借家権価格と移転費用の合計額相当額**を立退料と認めました。本件でいう「借家権価格」が何かについては判然としませんが、移転費用とは別に「鑑定の結果によれば」と記載されているので、不動産鑑定評価基準にいう**「借家権の鑑定評価額」**と考えられます。東京地裁平成22年7月28日判決・ウェストロー・ジャパンも、借家権価格と移転費用で230万円の立退料と判示しました。

　しかしながら、移転費用と別に「借家権価格」を考えることが適切であるかについては、特に居住用に関して疑問があり、**79**と比較して考えてもらえればと思います。

借家権価格を否定し引越費用と差額賃料から200万円の立退料を命じた

・東京高裁平成12年3月23日判決
・判タ1037号226頁

事案の概要

　Xは、Yに対し、昭和34年頃建築した本件共同住宅の1室である本件建物を賃貸していましたが、本件共同住宅の老朽化による建替えを理由に、解約申入れをして明渡請求訴訟を提起しました。東京地裁は、Xの請求を認め、Xが200万円の立退料を支払うのと引換えに、Yに対し本件建物の明渡しを命じました。Yが控訴しましたが、東京高裁は、Yの控訴を棄却しました。

判決の要旨

　本件共同住宅が建築されてから40年を経過していること及び本件共同住宅が存する土地の地理的条件からすると、Xが本件共同住宅及び隣接する建物の改築計画を持つことには十分に合理性がある。そして、Yらの本件建物の使用の必要性は、住居とすることに尽きている。そのような場合の立退料としては、引越料その他の移転実費と転居後の賃料と現賃料の差額の1、2年分程度の範囲内の金額

が、移転のための資金の一部を補填するものとして認められるべきものである。それ以上に、高額な敷地権価格と僅かな建物価格の合計額を基に、これに一定割合を乗じて算出されるいわゆる借家権価格によって立退料を算出するのは、正当事由があり賃貸借が終了するのに、あたかも賃借権が存在するかのような前提に立って立退料を算定するもので、思考として一貫性を欠き相当ではない。Ⅹは、昭和63年10月以降賃料を据え置くなどの措置を採り、また、Ｙらが本件建物より高額な賃料の住居に移転するために当面必要な資金として十分と思われる立退料200万円を提供する意思を示している。これらの賃料の据え置きと立退料の提供は、正当事由の補完たりうるのであって、Ⅹの解約申入れには正当の事由があり、解約の申入れは、その効力を生じたものというべきである。

コメント

　本件判決も**賃料差額方式**を採用しましたが、特筆すべきことは、いわゆる**借家権価格を否定**したことです。本件判決は、その理由として、「いわゆる借家権価格によって立退料を算出するのは、正当事由があり賃貸借が終了するのに、あたかも賃借権が存在するかのような前提に立って立退料を算定するもので、思考として一貫性を欠き相当ではない。」と判示しています。ある意味で目から鱗であり、不動産鑑定評価書において借家権価格と立退料を混同する事例が見受けられることへの批判的見解と受け止めることができます。私も同感です。

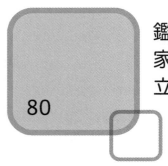

鑑定の借家権価格は否定し家主が提示した900万円の立退料を認めた

・東京地裁平成22年3月25日判決
・ウェストロー・ジャパン

事案の概要

　甲は、Yの父乙に対し、東京都世田谷区の下北沢駅から近い平屋建ての本件建物1を昭和19年9月に賃貸しました。賃料は平成17年で月2万7,000円で、甲から平成18年9月に本件建物1を含む本件建物を買い受けたX1は、乙から相続を受けたYに対し、同年12月に解約申入れをして、平成19年8月に本件建物1について建物明渡請求訴訟を提起しました。X2が、平成20年6月にX1から本件建物の所有権を取得して、本件訴訟手続に承継参加し、X1は本訴訟から脱退しました。東京地裁は、X2の主張した900万円の立退料の支払を受けるのと引換えに、Yに対し本件建物1の明渡しを命じました。なお、本件建物のうちの本件建物2について他の借家人に対する建物明渡請求訴訟が併合されており、正当事由が否定されて請求棄却となっています。

判決の要旨

　X２は、X１ほか１社と、本件建物を取り壊し、本件土地上に木造３階建ての住宅を建築すること（本件開発）を計画し、本件土地及び本件建物を購入したことからすれば、X２が本件建物の明渡しを必要とするのは、本件開発のために投入した資金を回収し、さらに利益を得るためのものであると認められる。そして、鑑定の結果によれば本件土地の時価が１億3,040万円であるところ、これより約4,000万円も低い価格で本件土地及び本件建物を取得していることからすれば、本件建物に居住している賃借人が複数存在しており、賃貸借契約の解約の実現に困難が伴うことを認識しながら、本件建物を取得したものであることが推認される。したがって、本件土地が世田谷区の下北沢駅周辺地区計画において「住商共存・協調地区B」とされ、本件土地の最有効利用が中低層の共同住宅としての利用であり、平屋建ての本件建物を存続させることは、本件土地の所有者であるX１が本件土地を有効活用する利益を損なうものであり、本件開発を実行しなければ、X１に損失が生じることを考慮しても、X１に生じる不利益は自らの判断で招いた結果であることは否めず、このことをもってX１の本件建物１の明渡しを受ける必要性が切実であるとはいえない。

　他方、Yの母Cは既に特別養護老人ホームに平成20年６月から入居していることからすれば、本件解約申入れ時において、Cが本件建物に長期間にわたり居住する必要性は乏しくなっていたものと推認されること、Yは、川崎に自宅を有しており、Cが本件建物１

に居住しないのであれば、Yが本件建物に居住する必要はなかった
と認められ、Y及び父の乙において、本件建物1の補修や増改築の
費用を負担していたことを勘案しても、本件建物に居住する必要性
が切実であるとはいえない。

　上記諸事情に加え、X1は正当事由を補完する条件として本件建
物1の明渡しと引換えに900万円を立退料として支払うとしている
こと、鑑定の結果によれば、本件建物1に係る借家権価格は1,165
万円であるところ、これはYの本件建物1に居住する必要性が切実
であることを前提とし、かつCが新規に賃借する場合の移転補償及
び家賃補償を考慮した金額であると認められるところ、上記のとお
り、Yの本件建物1に居住する必要性は切実であるとはいえないこ
と、Cの特別養護老人ホームに要する費用のすべてが移転補償及び
家賃補償の対象となるとは認め難いことを併せ考慮すれば、X2が
主張する900万円の立退料は相当であり、これによってYの本件建
物1を使用する必要性が緩和される結果、X1の解約申入れは正当
事由を具備するものと考えられる。

コメント

　居住用なのに金額が900万円と大きい金額になったのは、広い
建物敷地の上に古い平屋の建物があって、家主としてもその程度の
金額が必要と考えたからでしょう。東京地裁平成30年2月16日判
決・ウェストロー・ジャパンも、元は店舗用とはいえ居住目的で使
用していた借家人に対し、家主が提示した1,000万円の立退料を

400

認めています。

しかしながら、本件判決によれば、借家人自身は別途自宅を有してそこに居住し、元々居住していた借家人の母親も特別養護老人ホームに移っていることからすると、金額の多寡はともかくとして、立退料自体を支払うまでもなく正当事由を認めてもよかったのではないかと思われるところです。

もっとも、本件でのポイントはそこにはなく、**鑑定結果**の1,165万円をそのまま認めるのではなく、**家主が提示**した900万円の立退料で済ませたことです。この鑑定結果自体が適正なものであったか判決文だけからでは分かりませんが、仮に鑑定結果の数字が本来の立退料として適正なものであったとしても、借家人が実際には居住していないことを踏まえて減額したというのであれば、最高裁が、**65、66**で「明渡しによって借家人の被るべき損失の全部を補償するに足りるものでなければならない理由はない」とした判示に沿うものであって、その点では評価できる判決といえます。

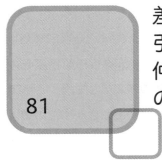

差額賃料が生じない場合に引越費用、敷金、礼金、仲介手数料などで30万円の立退料を命じた

- 東京地裁令和4年7月11日判決
- ウェストロー・ジャパン

事案の概要

Xは、Yに対し平成26年2月に本件アパートの1室の本件建物を賃料月額5万6,000円で賃貸しましたが、令和2年3月に老朽化による改築を理由に解約申入れをして、建物明渡請求訴訟を提起しました。Xは、21万3,600円又は裁判所の認める相当額の立退料の支払を提示しました。東京地裁は、Yに対し、Xから30万円の支払を受けるのと引換えに本件建物の明渡しを命じました。

判決の要旨

相当な立退料の金額について検討するに、引越費用や、本件建物と同程度の建物を借りる費用として、合計28万9,350円(引越費用5万円、敷金5万6,000円、礼金5万6,000円、仲介手数料6万1,600円、賃料保証料2万8,000円、火災保険料1万8,000円及び鍵交換代1万9,750円)程度を要すること、不任意の立退きであることをも考慮すると30万円をもって相当な立退料と認める。

第二編　借家立退きの裁判例

第四章

立退料

　Yは、立退料として少なくとも120万円を要すると主張し、新規契約には少なくとも40万円が必要となること、転居費用の他、転居活動をしなければ得られたであろう収入、転居先を確保することができなかった場合のネットカフェ代等の生活費、立退料に課税される税金を考慮する必要があること、迷惑料や慰謝料の意味で一定金額の上乗せを認めた裁判例も少なくないことなどを主張する。しかし、新規契約に少なくとも40万円が必要となることを的確に裏付ける証拠はなく、かえって敷金、礼金等を要しないような物件も存在すること、Yが主張するその他の費用を要することについて具体的な主張・立証がされているとはいえないこと、その他これまで検討してきた諸事情に照らすと、Yの主張は、30万円をもって相当な立退料とした前記認定・判断を覆すに足りるものではない。その他Yがるる主張する諸点を踏まえて検討しても、前記認定・判断は左右されない。

　Xは、本件建物の敷金はYに全額返還する意向であることから、敷金5万6,000円を差し引くべきであると主張するが、賃貸人は本件賃貸借契約が終了し、賃借人が賃貸借物件の明渡返還を完了した場合に敷金から原状回復費用等、債務の弁済に充当する分を控除し、その残額を賃借人に返還するものとされており、Xも債務の弁済に充当する分がある旨を主張するものでもないものと解されることに照らすと、5万6,000円を差し引かなければならない理由はなく、すくなくとも30万円をもって相当な立退料とした前記認定・判断を覆すに足りるものではない。Xは21万3,600円が相当な立退料であると主張するが、これまで検討したところに照らしてXの主張

403

を採用することはできない。

コメント

　本件判決は、令和の事件でありながら、立退料が30万円と低額であり、80の900万円と比べると雲泥の差といえます。

　これほど立退料が低くなった大きな理由は、**賃料差額分**の補償がないからです。老朽化した賃貸建物については、賃貸管理がきちんとなされないこともあり、建物の賃料は周辺相場と比べて低いのが一般的です。ところが、本件では、周辺相場よりも本件建物の賃料の方がむしろ高いために賃料差額分の補償をする必要がないのです。この点については、実は私が家主の方々に日頃から申し上げていることと符合します。将来の建替えを考えているのであれば、その際の借家人に対する立退料を少なくするために、相場の家賃にできるだけ近づけておくことなのです。

　借家人の主張として、「迷惑料や慰謝料」という言葉が出てます。私も家主の代理人として、現場で立退き交渉をすると借家人からよく言われる言葉です。しかしながら、迷惑料とか慰謝料というのは、こちらが何か違法なことをした場合に支払うべきものであって、借地借家法28条に基づき正当事由があるとして立退きを求めているのであり、**正当な権利行使**ですから、そのような名目での**支払義務はない**と思われます。もっとも、本件判決でも「不任意の立退きであることをも考慮すると」という表現を使って金額を幾ばくか上乗せしており、気になるところではあります。

第二編　借家立退きの裁判例

第四章

立退料

　他方で、本件の家主の主張でもあるとおり、敷金を全額返還するのだから次の敷金を支払う必要はないということもしばしば耳にします。しかしながら、元の敷金を返すのは預り金である以上当たり前であり、移転先の敷金を補償しない理由とはなりません。また、移転先の敷金もいずれ返還されるものだから補償しないでもよいではないかという疑問の声が出されることもあります。一見するとそうかなとは思いますが、移転のために現実にその金額が必要となること、原状回復費用などで返還される当てがないこと、返還されるとしてもいつ戻るかわからない預け金の現在価値はそれほどでもないことから、このような家主の主張は認められにくいと思われます。

　最後に、さすがに令和の判決ともなると、立退料の明細として、賃料保証料や火災保険料に加えて鍵交換代まで明記されており、最高裁が65、66において、立退料の中身について、「具体的に説示しなければならないものでない」と判示した昭和の時代と比べ隔世の感があります。

405

畳職作業所兼居住用で借家権価格相当の2,810万円の支払を命じた

- 東京地裁平成3年4月24日判決
- 判夕769号192頁

事案の概要

本件建物は昭和3年頃建築された1棟の建物の一部で、昭和20年頃Yの父とXの父との間で賃貸借契約が締結され、その後双方代替りしています。Yは、本件建物を畳職を含む内装一般の作業所として利用し、Yの母と弟が居住しています。直近の家賃は4万5,000円で、Xは、Yに対し、老朽化による改築を理由に、平成元年4月に解約申入れをして、建物明渡請求訴訟を提起しました。東京地裁は、Xから2,810万円の支払を受けるのと引換えに、本件建物の明渡しを命じました。

判決の要旨

本件訴訟における鑑定では、平成2年5月時点における本件建物の借家権価格は2,810万円が相当であるとされた。この価格は、いわゆる差額賃料還元法により求められた価格2,633万円、割合方式により求められた価格2,832万円、補償方式により求められた価格

第二編　借家立退きの裁判例

第四章

立退料

2,903万円（対象土地価格の2割と対象建物価格の4割及び標準家賃と現行家賃との差額2年分の合算額）とをそれぞれ2対5対3の比重で加味した結果である。

Xは、平成2年7月の本件口頭弁論期日において正当事由の補強のため1,800万円もしくはこれと格段の相違のない範囲で裁判所の相当と認める立退料の提供の意思を表明した。なお、本訴訟における和解の席において、Xは、鑑定による前記借家権価格程度の立退料を提供する意思があることを示したが、Yは、立退料として5,000万円以上の金員の提供がなければ明渡しに応じられないとの意向を示した。

右認定の事実によると、本件建物はYの母及び弟にとっては長年の生活の本拠であるだけでなく、ここからの転居はたばこ小売業の継続を事実上不可能とし、かつYの畳店の業務にも少なからず支障を生じさせるものであるから、Y側の本件建物使用の必要性は高い。しかし、本件建物を含む1棟の建物は、既に建築後60年を経て経済的耐用年数を経過し、客観的に見て建替えの必要性があることも否定できず、本件建物敷地の収益性から考えて、本件賃貸借の継続を求めるのはXにとって酷な結果となる。以上を勘案すると、Xの解約申入れは、Yに対し相当額の立退料を提供することにより、正当事由を具備するというべきである。

そして、右立退料の額としては、鑑定結果による本件建物の借家権価格2,810万円をもって相当と考える。

407

コメント

　裁判所は、平成の初めころは**借家権価格**を算定した**鑑定書**をそのまま丸のみする傾向にありました。そして、単なる居住用と比べ、事業所を兼ねている場合には、作業所スペースである程度の面積を必要とすることから、結果的に**割合方式**などによる借家権価格はどうしても高額となります。

　本件では、鑑定結果による借家権価格が解約申入れ時の賃料の**50年分**を超える立退料となり、これが果たして社会的妥当性のある立退料といえるのか、疑問がないでもありません。

　もっとも、本件の家主は、１棟の建物の内、本件建物以外の部分が空家となっていることから、鑑定結果を受け入れています。早期解決のためにやむを得なかったのでしょうか。

第四章 立退料

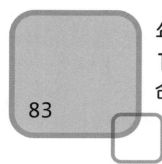

83 年収4年分の1,500万円の支払を命じた

・東京高裁平成3年7月16日判決
・判タ779号272頁

事案の概要

本件建物は、東京都新宿区信濃町に所在する外苑東通りに面する間口約5m、奥行き約12メートルの土地上にあり、明治37、8年頃に建築されています。Yは、Xから本件建物を借りて、長年1階で電器店を経営し、2階で妻及び長男と居住しています。Xは、本件建物の老朽化が著しいことを理由に解約申入れをして、本件建物の明渡請求訴訟を提起しました。東京地裁が、Xの請求を認めたため、Yが控訴しました。東京高裁は、原判決を変更して、Xが1,500万円を支払うのと引換えに、Yに対し本件建物の明渡しを命じました。

判決の要旨

本件建物は部分的補修によって維持しうる段階を既に過ぎており、大修繕を行うことも無理であるが、もし最低の補修を加えつつ使用するとしても、使用可能な期間は昭和63年から5年ないし7年程

度と予測されるものである。この点を考慮すると、本件の事実関係の下においては、右の使用可能期間に対して応分の金銭補償をすることにより、正当事由が補完されるものというべきであり、その補償額は、いわゆる借家権価格を基礎にするのではなく、Yが本件建物で得る収入と残された使用可能期間を基礎にして年間収入の4年分程度を支払うことをもって足りると認めるのが相当である。そして、Yの近年の申告所得金額の平均は、年額ほぼ400万円弱であるので、その約4年分に当たる1,500万円が補償としての相当額となる。

結局、Xの本件解約申入れは、右1,500万円を支払うことによって正当事由を具備するものと認められ、本件解約申入れに基づく明渡請求は、右金員との引換給付を求める限度において認容すべきである。

コメント

本件判決が、**借家権価格を基礎にしなかった**点は評価できます。しかしながら、**使用可能期間を基礎にして年間収入の4年分程度を**支払うというのも大雑把に過ぎるきらいがあります。

使用可能期間は、実際のところ不確定ですし、一定期間の年間収入を補償する**合理的理由**が**不明確**だからです。

平成初めのバブル期に借家の立退き案件が激増して、裁判所としても試行錯誤をしていた時代の一つの考え方の表れといえます。

第四章 本来立退料は不要と判示した

84

・東京高裁平成15年1月16日判決
・判例秘書

事案の概要

　Xは、Yに対し、昭和47年頃敷地が約440㎡ある江戸時代に建築された平屋建ての本件建物を住居兼プラスチック成形加工の工場として1か月賃料2万5,000円で賃貸し、平成5年4月以降は賃料が5万円に増額されました。甲は、平成12年9月に解約申入れをして明渡しを求めましたが、Yがこれに応じないため、建物明渡請求訴訟を提起しました。1審は、Xから363万円の支払を受けるのと引換えに、Yに対し本件建物の明渡しを命じました。Yが控訴したところ、東京高裁は、Yの控訴を棄却しました。なお、Yは、Xが本件建物の一部を撤去したことが不法行為であるとして、損害賠償請求訴訟を提起し、一部1審で認められましたが、ここでは、これ以上言及しません。

判決の要旨

　本件建物を含む甲建物は慶応年間以前に建築された建物で、昭和

37年に増築されたものの、昭和47年以降、Yが居住している本件建物以外は、住居としては利用されなくなり、老朽化が進み、床材にも沈みが認められる状態にある。現在、本件建物は、物理的な老朽化がはなはだしく、また、経済的効用も既に果たされ、市場価値もなくなっているものと認められ、その建替時期が到来していることが明らかである。本件建物の敷地は440㎡に及んでおり、Xは、本件建物の明渡しが受けられないことによって、本件敷地全体の有効利用が図れない状態にある。

このような本件建物の老朽化に係る事態は、Yが本件建物を賃借するようになった昭和47年当時から容易に予測できたものと思われる。これまでYが本件建物を低廉な家賃で賃借してこれたのは、Xの経済的損失の上に成り立っていたということができる。Yが営む工場も、本件建物でなければならないということもないのである。そして、本件建物のように老朽化した建築物を建て替えることは、Xや近隣住民の利益であるだけでなく、国民経済的観点からも是認されるべきものである。

本件建物のように老朽化した建物は、これを賃貸すること自体が経済的に採算が取れなくなっているのである（Yが低廉な賃料で本件建物を賃借し続けて来れたのは、このような背景事情によるのである。）。

そうすると、XがYに対し本件建物の明渡しを求め、これを建て替えて新たな建物で収益を得ようとすることには合理性があるというべきであるから、Xの本件解約申入れには正当事由があるものと認められる。当裁判所は、本件において、Xにおいて立退料の支払

第二編　借家立退きの裁判例

第四章

立退料

をする必要はないと判断する。しかしながら、この点については、Xから不服の申立てがなく、これを是正することができない。そこで、当裁判所も、Yに対し、Xから金363万円の支払を受けるのと引換えに、Xに対し本件建物を明け渡すよう命ずることとする。

　Yは、本件建物を明け渡すと生活ができなくなるなどと主張する。しかし、上記のとおり、これまでYが本件建物を低廉な家賃で賃借し、年間300万円程度の収入で生活してこれたのは、Xの経済的損失の上に成り立っていたのである。Yは、立ち退いた後の生活補償といった趣旨の要求をしているが、賃貸人であるXに賃借人であるYの生活保障をする義務はないというべきである。

　以上のとおりであるから、Xが本件解約申入れをすることが信義誠実の原則に反するとか、権利の濫用に当たるなどということもできない。

コメント

　本件判決は、**家主及び家主側代理人**がふだん思っていることをそのまま文字にしてもらったと思えるほどの**論理構成**といえます。確かに、江戸時代に建築された建物であれば、耐震診断をするまでもなく、**建替時期**が到来しているといえるでしょう。賃借人が低廉な家賃で賃借してこれたのが家主の**経済的損失**の上に成り立っているのもその通りだと考えます。そこで、家主が建て替えて新たな建物で収益を得ようとすることに合理性があると判断したのも当然といえます。

413

しかしながら、家主の正当事由を無条件で認める、すなわち立退料の支払をする必要はない、とまで言い切れるかは若干疑問です。少なくとも、**引越費用程度**は認めてもよかったのではないでしょうか。

　私も、主として家主側の代理人として交渉や裁判に臨みますが、過去の経緯の中で信頼関係を破壊するような借家人の行為があれば格別、そうでなければ、ある程度の**移転補償**はやむを得ないと思われます。

　ところで、本件判決は、立退料の支払をする必要はないと判断しながら、結果的には１審の立退料の支払を認めた判決を是認しています。これは、家主側が**控訴**もしくは**附帯控訴**という原判決に対する不服申立ての手続をしていないからで、「第１審判決の取消し及び変更は、不服申立ての限度においてのみ、これをすることができる。」（民事訴訟法３０４条）と定められている「**不利益変更の禁止**」の原則があるからです。家主側の弁護士としては、不服申立てをしておくべきであったというのは、結果論でしょうか。

第二編　借家立退きの裁判例

第四章

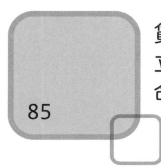

85 賃料6か月分の立退料の支払を命じた

・東京地裁平成25年10月10日判決
・判例秘書

立退料

事案の概要

Xは、平成17年7月にYに対し東京都文京区所在の本件建物を月額17万円の賃料で賃貸し、Yは本件建物を自宅として翻訳やコピーライターなどの自営業をしていました。Xは、Yとの間でその後更新を続けましたが、Yに対し平成23年7月の更新を拒絶し、建物明渡請求訴訟を提起しました。東京地裁は、Xが賃料6か月分の立退料を支払うのと引換えに、Yに対し本件建物の明渡しを命じました。

判決の要旨

Xが交渉過程において平成23年に支払われた更新料を返還する旨の提案を行っており、現にその返還が行われていること、XとYとの交渉の過程において立退料の支払等の提案を行っていることなどを総合考慮すれば、Y側の事情を最大限考慮したとしても、本件契約の期間満了日である平成23年7月時点において正当事由が具

415

備されていたものと評価することができ、この場合の立退料は、本件契約上、賃貸人による更新拒絶の通知に要する期間が6か月と定められていること等の本件における事情に照らせば、102万円を相当というべきである。

コメント

本件の家主夫婦は、いずれも**通院中**で、共働きの**子供夫婦と同居**するために借家人に対する明渡しを求めたもので、それ自体は正当事由を認める大きな要因とは思いますが、だからといって、**更新拒絶の通知期間が6か月**であるということでその期間の賃料を支払えば立退料として相当であるというのは、いささか乱暴に過ぎると思われます。そもそも、更新拒絶の通知期間として6か月を要するのは、借地借家法26条1項に定められており、本件に限ったことではありません。本件判決の論理で行けば、原則として通知期間の6か月分の賃料を支払えば立退料として十分であるということになりますが、本件判決以外にそのような裁判例はまず見たことがありません。

移転費用ということで考えれば、むしろ移転先の家賃の額を基準として、その敷金、礼金などに数か月分を要するということであればまだ理解できるのですが、その点でも本件判決には疑問が残るところです。

とはいえ、立退料をめぐっては、裁判所が様々に思いを巡らせていることが分かるという意味で本件判決を紹介しました。

第四章

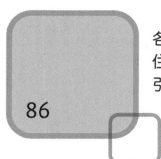

86

各借家人に応じて店舗契約費用、住宅契約費用、内装設備工事費用、引越代、営業補償を認めた

・東京地裁平成27年9月17日判決
・ウェストロー・ジャパン

立退料

事案の概要

　本件建物は、昭和28年頃までに建築された木造2階建ての、5つの建物部分からなる連棟式の建物で、東京都目黒区に所在し、東急東横線のa駅が最寄り駅です。本件建物は、かつて甲が所有し、Y1との間でY1賃借部分を15万7,500円で、Y2との間でY2賃借部分を15万7,500円（消費税別）で、Y3との間でY3賃借部分を12万750円で、Y4との間でY4賃借部分を12万750円で、Y1からY3までは各飲食業限定で、Y4は精肉店限定で、それぞれ賃貸しました。各建物部分の2階について、Y2は月数回の宿泊用として、Y3とY4は住宅用としても使用しています。その後、X及びその親族が、平成24年11月に甲から本件建物を買い受けて、Yらに対する賃貸人の地位を承継しました。その後、Xは親族から共有持分を取得して本件建物を単独所有しました。Xは、耐震診断を踏まえ、本件建物の老朽化及び建替え等を理由に、昭和25年にY1に対しては解約申入れを、Y2ないしY4に対しては更新拒絶をして、本件各建物部分についての明渡請求訴訟を提起し

ました。東京地裁は、Xからそれぞれ、Y1は760万円、Y2は630万円、Y3は625万円、Y4は555万円の支払を受けるのと引換えに、各明渡しを命じました。

判決の要旨

(1) Yらに支払うべき立退料については、移転に伴う経済的損失等諸般の事情を考慮して算定すべきである。本件の場合、Xがその提供を申し出た金額も参考にしつつ、以下の項目ごとに検討した結果を考慮して算定するのが相当である。

(2) 店舗契約費用（1階部分）

立地状況等の利便性、床面積等を考慮し、本件各建物部分との類似物件を検討すると、月額20万円（消費税別途）をもって相当とする。そして、礼金1か月、敷金3か月、仲介手数料1か月程度を相当として、101万6,000円を認める。

(3) 住宅契約費用（2階部分）

Y1は2階部分を物置として使用している。Y2が2階部分を住居として使用しているとは認め難いが、現に物置、休憩室として使用していることは認められる。Y3は、2階部分を住居として使用している。また、Y4は、2階部分を住み込み従業員の住居として使用している。以上の事実を考慮して、月額7万円（消費税別途）をもって相当とする。そして、礼金1.5か月、敷金1か月、仲介手数料1か月程度を相当として25万600円を認める。

(4) 店舗部分の内装設備工事費用

Y1については410万円を、Y2については325万円を、Y3については318万円を、またY4については295万円を、各見積り設定条件の限界も考慮して認める。

(5) 引越代

Yら各自につき40万円を相当と認める。

(6) 営業補償

Yらは、その営業収益の実際を客観的に明らかにする財務諸表等の証拠を提出しない。なお、Y1の確定申告書は平成14年のものであり、現状を客観的に明らかにするものではない。

そこで、業種別・企業規模別に企業の営業利益等を調査した「中小企業実態基本調査」のデータ(平成25年8月1日時点調査)に依拠して検討するのが相当である。

Y1、Y2、Y3について、従業員5人以下の小規模個人企業の飲食店の売上総利益を基準に検討すると、以下のとおりとなる。

平均年間金額　549万1,988円

(=1兆9,435億1,600万円÷35万3,882社)

平均月額金額　45万7,665円

(=549万1,988円÷12か月)

閉店から開業までの期間としては、約3か月分を補償すべきであるから、137万2,995円(=45万7,665円×3)を認める。

Y4について、従業員5人以下の小規模個人企業の飲食料店小売業の売上総利益を基準に検討すると、以下のとおりである。

平均年間金額　364万7,483円

（＝4,998億8,400万円÷13万7,049社）

平均月額金額　30万3,956円

（＝364万7,483円÷12か月）

閉店から開業までの期間としては、約3か月分を補償すべきであるから、91万1,868円（＝30万3,956円×3）を認める。

(7)　合計

以上の検討項目の金額を合計すると、以下のとおりである。

Ｙ1　713万9,595円

Ｙ2　628万9,595円

Ｙ3　621万9,595円

Ｙ4　552万8,468円

これに、これまでの検討経過に現れつつも必ずしも十分に取り入れられなかった各Ｙらの個別事情を追加的に考慮し、立退料による補完の必要性の程度を踏まえて、各Ｙについて、以下の金額をもって立退料とするのが相当である。

Ｙ1　760万円

Ｙ2　630万円

Ｙ3　625万円

Ｙ4　555万円

コメント

82から86は、いずれも基本的に事業用（主に店舗ですが）兼居住用の建物ですが、立退料の算定根拠については、全くバラバラと

第二編　借家立退きの裁判例

第四章

立退料

いえます。その中で、本件判決は、**店舗契約費用**と**住宅契約費用**を分けていること、店舗部分についての**内装設備工事費用**、**営業補償**などの内訳を出している点など詳細な説明がなされており、さすがに立退料の裁判例が積み重なった結果の令和の判決だという思いがします。

特に、営業補償について、借家人らが営業収益の実際を客観的に明らかにする財務諸表等の証拠を提出しない中で、業種別・企業規模別に企業の営業利益等を調査した「**中小企業実態基本調査**」のデータから小規模個人企業の飲食店及び飲食料店小売業の**売上総利益**の**平均月額**を割り出し、**休業期間**を３か月（期間はもっと短くてもよいと思いますが）として計算しているのは一つの考え方といえます。

なお、事業用だけの裁判例においては、後で紹介するとおり、営業補償に関して更に精緻な説明がなされているものがあります。

賃料及び共益費の約2年分相当の立退料の支払を命じた

・東京地裁平成24年8月28日判決
・ウェストロー・ジャパン

事案の概要

　Yは、平成16年3月に東京都千代田区所在の8階建ての本件ビルの1階の1室である本件貸室78.74㎡を賃料及び共益費（以下「賃料等」という。）月額57万6,219円で甲から賃借し、法律事務所を営んでいました。同年6月にXが賃貸人の地位を取得しました。その後2回自動更新されましたが、XはYに対し、平成22年3月に更新拒絶の通知をし、本件貸室について明渡請求訴訟を提起しました。東京地裁は、Xから1,400万円の立退料の支払を受けるのと引換えに、Yに対し本件貸室の明渡しを命じました。

判決の要旨

　Xによる更新拒絶は、Yの賃借後に浮上した再開発計画というXの一方的な事情によるものであることを考慮すると、立退料の補完によって正当事由を充足するというべきである。平成18年から19年にかけて退去した賃借人の立退料は、年間賃料等の0.76倍から

1.68倍であること、本件貸室の年間賃料等は691万4,268円であること、Xが依頼した不動産鑑定によれば、本件貸室の借家権価格は610万円と評価されていることなどに加え、本件更新拒絶までのYの賃借期間（6年）や移転に伴い予想される支出や不利益等、本件に現れた一切の事情を総合勘案すると、立退料は賃料等の約2年分に相当する1,400万円をもって相当と認める。

コメント

　本件判決が、立退料を賃料等の約2年分相当とした理由について、**借家権価格**に**移転費用**等を加味したものとも取れますが、移転費用等についての内訳が明示されておらず、曖昧なままです。借家権価格自体もどのような方式でいかなる算式に基づくものかも判然としません。もっとも、本件判決が、最初に取り上げたのが、他の賃借人に対する立退料を年間賃料で割り戻した数字であることからすると、年間賃料の1.68倍を意識して、年間賃料の約2年分相当額にしたものと思われます。それが、論理的に正しいかどうかは別にして、家主サイドからは、分かりやすい考え方かもしれません。

　ところで、本件の借家人は法律事務所を営む**弁護士**です。弁護士は、借地借家法28条の正当事由がそう容易く認められるものではないという先入観を持っている人が多く、立退き交渉自体に応じないことがしばしばあります。その意味で、家主側としては訴訟になる確率が他の業種と比べ高くなると覚悟する必要があります。私の経験としても、交渉に応じてもらえずに訴訟による和解で何とか解

決したことがあります。

　なお、東京地裁平成27年２月27日判決・ウェストロー・ジャパンは、行政書士事務所に対する立退料について、代替物件への引越しに要する実費及び数日分の休業補償として150万円と判示しています。

第二編　借家立退きの裁判例

第四章　立退料

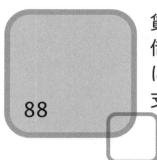

88 賃料差額方式による借家権価格と営業補償相当額に若干上乗せした立退料の支払を命じた

・東京地裁平成28年8月26日判決
・ウェストロー・ジャパン

事案の概要

Yは、昭和41年頃に建築された地下1階地上7階の本件ビルの5階にある本件建物を、甲から平成7年頃賃借し、公認会計士・税理士事務所として使用してきました。Xは、平成11年1月に甲から本件ビルを取得し、Yに対する賃貸人の地位を承継しました。その後更新が続きましたが、Xは、本件賃貸借契約につき、平成23年7月に本件ビルの老朽化などを理由に、平成24年11月に耐震基準を充足していないことなどを理由に、各解約申入れをし、本件建物の明渡請求訴訟を提起しました。東京地裁は、Xから500万円の支払を受けるのと引換えに、Yに対し本件建物の明渡しを命じました。

判決の要旨

相当な立退料の額について検討すると、本件においては、①借家権価格につき、控除方式による価格（自用の建物及びその敷地の価

425

格から貸家及びその敷地の価格を控除し、所要の調整を行って価格を求める方式）及び賃料差額方式（評価対象建物及びその敷地と同程度の代替建物等の賃借の際に必要とされる新規の実際支払賃料と現在の実際支払賃料との差額の一定期間に相当する額に、賃料の前払い的性質を有する一時金の額等を加えた額を求める方式）による価格を試算して検討した上で158万円と、②営業補償相当額につき、公共用地の取得に伴う損失補償基準要綱等を準用しつつ、Ｙの業種及び経営内容等を総合的に考慮して284万円と、それぞれ査定し、立退料相当額を442万円と評価した鑑定が存在することから、これを基準とすることが相当である。

　この点、価格調査報告書においては、借家権価格につき17万円、営業補償及び移転費用等につき115万円と査定して、立退料は132万円とされるべきである旨が記載されているが、借家権価格の査定に当たって前提とされている新規の実際支払賃料の額や、移転費用の額などにつき、過度に低額とされている疑いがあることなどから、これを採用することはできない。また、不動産鑑定評価書においては、借家権価格につき415万6,000円、営業補償及び移転費用等につき828万9,000円と査定して、立退料は1,244万5,000円とされるべきである旨が記載されているが、借家権価格の算定に当たって割合方式（借家権割合により求める方式）のみが採用されている点や、営業補償及び移転費用等の算定に当たって新規の什器の購入費用なども含む見積額が全額考慮されている点などにつき、算定の合理性に疑義があるから、これを採用することはできない。

　以上のとおり、本件の鑑定の結果が基準とされるべきであるもの

第二編　借家立退きの裁判例

第四章

立退料

の、Yが本件建物の使用を必要とする程度も相応に高いと認められるから、本件における相当な立退料の額を定めるに当たっては、この点も勘案されるべきである。このような観点を総合考慮すると、第2の解約申入れは、500万円の立退料によって借地借家法28条所定の正当事由を具備するものとみるべきである。

コメント

　本件判決は、家主が提出した**価格調査報告書**は新規賃料や移転費用が低額に過ぎるとし、借家人が提出した**不動産鑑定書**は割合方式による借家権価格を採用している点や営業補償の対象が過剰であることなどとして、いずれも**排斥**し、裁判所が採用した鑑定結果である賃料差額方式などに基づく**借家権価格**158万円と**用対連基準**の準用などによる**営業補償額**284万円を合算した442万円を基準としつつ、それに若干上乗せした500万円を立退料としました。借家権価格といいながら、その実態は**賃料差額**を重視しているものであり、**借家権割合方式**を**否定**していることからすると、従来の借家権割合方式を主とした借家権価格ではないという点で評価できるものと思われます。

427

借地権価格？に賃料2年分を加算した立退料の支払を命じた

・東京地裁令和4年4月20日判決
・ウェストロー・ジャパン

事案の概要

　本件ビルは、昭和46年11月に建築された鉄筋コンクリート造3階建ての建物で東京都港区に所在し、平成29年に一部取り壊された後の床面積は、1階82.54㎡、2階101.29㎡、3階59.54㎡です。Yは、本件ビルの斜め前にあるビルの管理のために、平成5年にCとの間で本件ビルの1階の一部を賃借していたものの、その後訴訟などがあり、平成8年12月に訴訟上の和解により、Cとの間で本件ビルの1階の内の本件貸室15.84㎡について月額賃料7万2,000円で賃貸借契約を締結しました。Cから本件ビルを買い受けたXは、平成27年6月に本件ビルの老朽化による建替えを理由に本件貸室について解約申入れをし、立退き交渉をしましたが不調に終わり、明渡請求訴訟を提起しました。東京地裁は、Xが450万円の立退料を支払うのと引換えに、Yに対し本件貸室の明渡しを命じました。

第二編　借家立退きの裁判例

第四章

立退料

判決の要旨

本件貸室相当額の立退料としては、Xが主張する借地権価格240万円程度が相当である他、移転料についても、Xが自認する30万円を超えるものと認めるに足りる証拠はないほか、賃料の増加その他の営業補償を考慮すると賃料2年分程度の約180万円程度が相当であるといえるので、Xが支払うべき立退料は、450万円を相当と認める。

コメント

本件は、あくまで**借家**の明渡しであり、借地の明渡しではないので、本件判決が何ゆえに「**借地権価格**」と述べているのかは不明です。本件判決は、家主の主張として、「借家人の借地権を評価するとしても」と書かれている一方で、「本件貸室の借家権価格は以下の計算式のとおり」として、計算式で更地価格に「0.7×0.3」を積算しており、0.7が借地権割合、0.3が借家権割合と考えられるので、「借家権割合方式による借家権価格」と思われます。このような**言葉の混乱**が生じていること自体、立退料をめぐる百家争鳴を象徴しているといえます。

なお、借地権？価格と別に営業補償を賃料の2年分程度とした根拠もはっきりしませんが、賃料2年分については、奇妙なことに87の結論と符合しているといえます。

429

諸般の事情を考慮して500万円の支払を命じた

- 東京地裁平成25年6月5日判決
- 判例秘書

事案の概要

Xは、昭和44年に東京都目黒区所在の土地上に3階建て鉄骨造の本件建物を新築し、乙に対し、1階部分33.22㎡の本件店舗をクリーニング店目的で賃貸しました。その後、更新を繰り返し、平成5年に乙が死亡し、Y1、Y2が相続して借家人の地位を承継しました。Xは、Yらに対し、本件店舗について契約違反を理由に契約を解除して建物明渡請求訴訟を提起しましたが、その途中の平成24年3月に解約申入れをして予備的請求をしました。東京地裁は、主位的請求は棄却しましたが、予備的請求については、Xが500万円の立退料を支払うのと引換えに、Yらに対し本件店舗の明渡しを命じました。

判決の要旨

本件契約締結時から現在までの本件建物の利用状況、賃料額の推移、店舗移転の場合に要する諸費用等、営業廃止の可能性、Xの立

退料支払に関する意向等、一件記録から認められる諸般の事情を総合考慮すると、XがYらに対して立退料500万円を支払い、解約申入れの正当事由が補完されることにより、同正当事由が具備されるに至るものと認められる。

コメント

　本件判決は、500万円の立退料を決めるに当たって、本件建物の利用状況以下いくつかの事情を列挙しているものの、**立退料の金額の計算根拠**や個別の**明細**については一切触れておらず、「諸般の事情を総合考慮すると」としか述べていません。

　ちなみに、Xが提案した立退料は300万円程度ということですが、それよりも200万円増額した理由も判然としません。

家主の申出額そのままの100万円の支払を命じた

- 東京地裁平成22年12月17日判決
- ウェストロー・ジャパン

事案の概要

　Xは、昭和30年に本件建物を建築し、同年Bに本件建物を賃貸しましたが、昭和32年10月にBからYの父が賃借人の地位を譲り受け、Yが本件建物で化粧品の販売をしてきました。Yの父は平成15年に死亡し、Yが賃借人の地位を承継しました。Xは、平成21年2月にYの無断増改築等を理由に本件契約を解除し、本件建物明渡請求訴訟を提起しましたが、予備的に解約申入れの請求もしました。東京地裁は、Yの契約違反を理由に解除を認めましたが、念のためとして正当事由の判断もして、Xから100万円の支払を受けるのと引換えに、Yに対し本件建物の明渡しを命じました

判決の要旨

　本件建物は、築後54年の木造家屋で、老朽化が内外部とも進んでおり、今後大修繕を必要とする状態になったこと、関東地方に大震災が発生した場合には、即倒壊する危険があること、本件建物1

第二編　借家立退きの裁判例

第四章

立退料

階店舗部分に本件賃貸借契約当時に存在したはずの通し柱が見当たらず、通し柱がYにより無断で撤去され、家屋の構造上の弱体化が生じていること、そのため、本件建物は居住するには危険であり、Yから明け渡してもらう必要があることが認められる。

　また、平成21年2月、X代理人弁護士は、Y代理人弁護士に対し、内容証明郵便により、本件賃貸借契約解除の意思表示をし、Xは、口頭弁論期日において、正当事由の補完として、Yに対し、本件建物の明渡しと引換えに、明渡料として100万円を支払う意思であることを述べているから、本件賃貸借契約の解約には正当事由があるものと認められるから、上記解除の意思表示（解約の意思表示を含むものと解される）の日から6か月の経過した平成21年8月、本件賃貸借契約は解約されたものというべきである。

コメント

　本件判決は、Yの**契約違反**による解除を認めながら、**念のため**と称して正当事由についても判断し、結論として100万円の立退料の支払を受けるのと引換えに、Yに対し本件建物の明渡しを命じました。本来、契約違反による解除であれば、**立退料の支払は不要**なはずですし、正当事由の判断も「念のため」にしているので、解約申入れ、そして立退料の判断は必要ありません。ところが、念のために触れたはずの立退料の支払を判決主文で明示しており、私には理解できないところがあります。

　とはいえ、そうであるからこそ、家主の100万円という低額な

433

立退料の提示について無条件に認めたものといえます。借地借家法28条にいう「**建物の賃貸借に関する従前の経過**」を踏まえたものといえましょう。

　なお、東京地裁令和3年5月24日判決・ウェストロー・ジャパンも、家主の申出額400万円をそのまま認めています。

第二編　借家立退きの裁判例

第四章　立退料

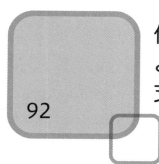

92 借家権割合方式などにより１億5,000万円の支払を命じた

・東京地裁平成２年９月10日判決
・判時1387号91頁

事案の概要

　本件建物を含む全体建物は、東京都港区六本木駅近くにあり、敷地は69.88㎡で更地価格は18億9,000万円しており、全体建物のその他は空家状態です。Ｙは、昭和47年頃、当時の所有者甲から本件建物を日本料理屋店経営のために賃借し、その後本件建物の所有権は転々譲渡され、昭和62年３月にＸがその所有権を取得し、Ｙに対する賃貸人の地位を承継しました。当時の月額賃料は17万円です。Ｘは、同年４月に本件建物賃貸借契約について解約申入れをして、同年６月頃、本件建物に接する建物部分の取壊しをはじめ、全体建物の北側側面に建設予定地と表示した看板を設置し、昭和63年３月には取壊しを再開し、全体建物の北側部分及び東側壁面全体に白色ビニールシートを張り巡らせました。

　Ｘは、平成元年にＹを相手に建物明渡請求訴訟を提起したところ、東京地裁は、Ｘから１億5,000万円の支払を受けるのと引換えに、本件建物の明渡しを命じました。

判決の要旨

　ＸがＹらに対し、平成元年５月の口頭弁論期日において、5,000万円又は相当な額の立退料を提供することを条件に解約申入れをしたこと、その後、右立退料の金額を１億5,000万円又は裁判所が相当と認める額に増額する旨申し出ていることは本件記録上明らかであり、弁論の全趣旨に照らせば、右各申出は、先の解約申入れの立退料を後に増額した関係にあるというべきである。ところで、甲14号証は、Ａ借家権割合及び地域の特性等を総合的に勘案する方法、Ｂ対象不動産の正常実質賃料と現行実質賃料との差額を年金還元した価格に営業補償を加算する方法、Ｃ借家人が実損なく現在の借家と同程度のところへ移転していくための費用に着目する方法でそれぞれ算出した金額（Ａ１億5,000万円、Ｂ１億500万円、Ｃ１億2,800万円）のうち、立退きによって生ずる開発利益の一部を借家人に還元するという今日の情勢、特に本件建物の存在する六本木地区ではその立退きによって高い不動産収益が期待されるという事情を総合的に考慮し、最も高いＡの価額を採用して、１億5,000万円を立退料相当額としていることが認められる。そして、右甲14号証による評価は、一応相当と認めることができる。

　右金額は、現在の賃料の年額204万円の73.5倍に相当すること、Ｙの営業利益は、平成元年度利益1,589万円、昭和63年度損失246万円、同62年度利益1,187万円であり、少なくとも、その営業利益10年分位には相当すること、右Ａの手法による算出額は最有効利用を想定した本件建物部分に帰属する土地価額の４割に相当

第二編　借家立退きの裁判例

第四章

立退料

すること、理論的には賃借人の損失はCの手法によって算出した金額によって補填されるというべきところ、その金額は右1億5,000万円より低額であることが認められ、これらの事実に、なお前記の取壊しの事実をも考慮して、当裁判所は、、正当事由を補完するものとしての前記立退料の額は、これを1億5,000万円とすることを相当と判断する。

コメント

　家主や借家人と話をしていると、立退料について、**借家権割合**で算定した**借家権価格**と同じと思っている人が結構います。

　本件判決は、まさにその「借家権割合及び地域の特性等を総合的に勘案する方法」で算定された1億5,000万円を立退料として認めました。「及び地域の特性等を総合的に勘案する」とはどういう趣旨か今一つはっきりしませんが、主に、その前の「借家権割合」によることについては間違いないと思われます。

　もっとも、本件判決も、本音としては、「理論的には賃借人の損失はCの手法によって算出した金額によって補填されるというべきところ」と述べているように、「借家人が実損なく現在の借家と同程度のところへ移転していくための費用に着目する方法」であるべきと思っていたようですが、本件建物の隣の建物を取り壊すなどのXの強引な行為を踏まえてXにいわば**お灸をすえる意味**で借家権割合方式を採用したと考えられます。

　しかしながら、「立退きによって生ずる開発利益の一部を借家人

437

に還元するという今日の情勢」という本件判決の**情勢認識**には疑問があります。リスクを取らない借家人に**開発利益**を認めるべきではないと思うからです。もっとも、本件の家主は、予備的請求で1億5,000万円の提供を認めているので、判決結果には異存ありません。

第四章

第二編　借家立退きの裁判例

93 差額賃料還元法を重視した鑑定をある程度尊重して8億円の立退料を認めた

・東京地裁平成3年5月30日判決
・判時1395号81頁

事案の概要

Xは、印刷業を営むYに対し、昭和21年3月に東京都中央区銀座にあるみゆき通りに面した昭和4年建築の本件建物の内の約95％に当たる約2,185㎡を賃貸しました。昭和59年時点での賃料は月額636万6,000円でしたが、Xは、昭和60年10月にYに対し、本件賃貸借契約について、建物の老朽化と敷地の有効利用を理由に解約申入れをして、建物明渡請求訴訟を提起しました。東京地裁は、Xから8億円の支払を受けるのと引換えに、本件建物の明渡しを命じました。

判決の要旨

本件借家権価格の鑑定において、昭和61年4月当時の本件賃借部分の借家権価格は金6億5,370万円、同63年12月当時のそれは金12億7,060万円とされ、これは差額賃料還元法、割合方式、補償方式の各ウェイトをそれぞれ70、15、15（各％）としたことに

より得られたものである。鑑定人は、差額賃料還元法が最も良いと考えたが、銀座界隈では割合方式による借家権価格の算定がよく行われており、また、補償方式も全く無視できないため、右のような割合で本件借家権価格を算出した。

ところで、右借家権の評価方式のうち、割合方式は、相続税財産評価基準における借家人の権利相当額の評価方法を準用して求めたもので、借家権そのものを捉えて課税の対象としているのではなく、貸家の評価の場合に借家人居付きの状態でのその借家人の存在を理由とする交換価値の減少分を捉えて、貸家評価の際の控除項目としている。右方式による借家権の算定は、簡便である反面、課税技術上の要請から画一的な一定の割合による控除であるから、建物明渡しの際の借家権の評価方式としては個別性に欠けるとの欠点がある。

補償方式は、損失補償基準の建物移転等に伴う借家人に対する補償額の手法を準用して求められたもので、損失補償基準は賃貸借契約関係が通常に維持継続されている場合であっても、不随意にその賃貸借を終了させ、立退きを余儀なくされる場合の補償であり、借家人が不随意に明渡しを求められている場合には、一般的にも十分支持できる手法である。

差額賃料還元法は、評価対象の経済価値に即応した適正な賃料すなわち正常実質賃料から実際支払賃料を控除したいわゆる借り得分をその持続する期間により有期還元して求められたもので、賃貸物件の経済的価値を同物件に投下された資本と見て、それを一定の期待利回りで運用した場合に得られる運用益に賃貸物件の維持に要する管理費と公租公課を加えた額を正常実質賃料とするが、現実に支

払われている賃料が安ければ安いほど借り得分は増大するという関係にある。

差額賃料還元法による借家権価格は、昭和63年12月時点で金9億3,960万円、同61年4月時点で金4億450万円であるのに対し、補償方式によるそれは、同63年12月時点で金19億8,180万円、同61年4月時点で金12億920万円、割合方式によるそれは同63年12月時点で21億390万円、同61年4月時点で金12億6,100万円であり、差額賃料還元法による借家権価格は補償方式、割合方式の約2分の1となっている。

差額賃料還元法については、実際支払賃料が安ければ安いほど借り得分が増大するとの関係にあり、また、地価の上昇に比べて賃料の上昇の度合いが小さければ、期待利回りも低下するとの関係もある。しかし、本件借家権価格の鑑定のされた昭和61年4月から同63年12月にかけて、銀座地区においては地価の上昇の度合いに合わせて賃料も上昇しているというのであるから、期待利回りを2％と設定したからといって、借家権価格を算出するための一つの方法として意味がないということはできない。

また、割合方式、補償方式にも、一長一短があるが、借家権価格を算出するための一つの方法として意味がないということはできない。

そして、本件借家権価格の鑑定において、差額賃料還元法、割合方式、補償方式のウェイトの置き方に明確な根拠があるわけではなく、鑑定人の採用した評価方式、算定の基礎とした事実に他に特段の誤りというほどのものはなく、本件借家権価格の鑑定には、本件

賃借部分の借家権価格を算定するうえで、使用できないような致命的な誤謬があるということはできない。

ただ、差額賃料還元法は、現実に支払われている賃料が低廉であればあるほど、借り得分が増大するという関係にあり、特に長期にわたる賃貸借にあっては賃料が比較的低廉に据え置かれていることが多く、かつ、その間の借家人の借り得分の蓄積も膨大なものになることは容易に想像のつくところであるから、差額賃料還元法により得られた借家権価格をそのまま建物明渡しにおける立退料と見ることは相当ではなく、本件建物明渡しの際の立退料を算定するに当たっては、本件借家権価格のほか、建物の現状、賃貸借の継続した期間、今後の建物の使用可能年数、近隣の賃料額との比較、地価の急激な上昇等を勘案して、立退料を決すべきである。

本件借家権価格の鑑定によれば、本件賃借部分の昭和61年4月当時の借家権価格は金6億5,370万円、同63年12月当時のそれは金12億7,060万円とされること、借家権価格の算定に際し、地価高騰の結果が直接に反映され、わずか2年の間に借家権価格が倍増することは必ずしも相当とはいえないこと、本件建物の明渡請求においては、賃貸人の請求の基礎となる正当事由の内容、その程度如何を考慮して立退料の額を決すべきところ、本件建物の老朽化は相当進行しており、その修復をXに求めるのは酷であるから、Xの本件賃借部分の明渡請求には相当高度の合理性が認められること、他方、本件賃貸借契約はすでに50年以上も継続しており、その間のYの借り得分の蓄積は相当莫大であると考えられること、Yはいずれ早晩、本件建物の老朽化、朽廃により他の場所に移転せざるを得

第二編　借家立退きの裁判例

第四章

立退料

ず、その場合には現在の営業形態の変更は必須であること、そして、営業形態の変更による経済的不利益は相応の立退料の支払により補填が可能と考えられることなど本件において認定された前記諸事情を総合考慮すると、本件における立退料は金8億円が相当である。

コメント

8億円というのは、私がこれまでに見た中で最も大きい額の立退料を判示した裁判例です。本件判決は、**鑑定書**が採用した**差額賃料還元法**、**割合方式**、**補償方式**のいずれも「意味がないということはできない」とし、かつ、各ウェイトを70対15対15としたことについても「明確な根拠があるわけではなく」としながらも「特段の誤りというほどのものはなく、本件借家権価格の鑑定には、本件賃借部分の借家権価格を算定するうえで、使用できないような致命的な誤謬があるということはできない。」と判示して、消極的表現ではあるものの、一応は尊重しています。その上で、「昭和61年4月当時の本件賃借部分の借家権価格は金6億5,370万円、同63年12月当時のそれは金12億7,060万円」とした鑑定評価の中間よりも低めの8億円としたのは、様々に批判しながらも、結果的に**差額賃料還元法**に**近い金額**としたものと考えられます。

ところで、差額賃料還元法としばしば混同されるのが**差額賃料補償方式**です。差額賃料補償方式では差額賃料の数年分（2年分が多いのですが）を補償するにとどまるのに対して、差額賃料還元法では差額賃料を利回りで割るので、たとえば2％であれば50倍とい

443

うことになり、桁違いの金額となります。平成初めころのいわゆる
バブルの時代には、不動産鑑定士の方々が差額賃料還元法や割合法
を重視し、立退料も結果的に大きな額となりました。

第二編　借家立退きの裁判例

第四章　立退料

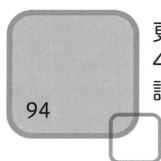

94 更地価格の7割相当の4,200万円の立退料を認めた

・東京地裁平成9年9月29日判決
・判夕984号269頁

事案の概要

甲は、昭和42年6月頃東京都新宿区西五軒町に所在する76.37㎡の本件土地上に新築した本件建物を、家具販売業目的でYに対し賃貸しました。その後、平成3年に大手不動産会社のXが乙とともに本件建物を取得し、乙と一緒に平成5年4月にYに対し、本件建物賃貸借について解約申入れをし、平成6年には乙の持分も取得して単独所有者となりました。Xは、本件土地を含む8,207㎡の土地を開発して、本件開発地内に高層建物を建築する予定で、平成7年にYに対し本件建物明渡請求訴訟を提起しました。東京地裁は、Xから本件土地の更地価格の7割に相当する4,200万円の支払を受けるのと引換えに、Yに対し本件建物の明渡しを命じました。

判決の要旨

Yは、本件建物において既に約30年間にわたり営業をしてきたが、本件建物の老朽化は相当進行しており、外壁モルタルの剥離や

建物全体の倒壊というような不測の事態の発生も予想される状況となっていること、本件建物の敷地である本件土地の平成9年における更地価格は約6,000万円であること、Yの本件建物における年間売り上げは約3,600万円であること、本件建物の賃料は現在月額33万5,000円と低廉であること、Xは、本件解約申入れの正当事由を補完するための立退料として2,900万円又は裁判所が相当と認める金員の提供を申し出ていること、その他本件に現れた諸般の事情を総合すると、本件解約申入れの正当事由を補完するための立退料としては4,200万円が相当である。なお、右認定の立退料の額は、Xが提供を申し出た額2,900万円を上回るものであるが、Xは本件再開発計画を実現する強い意向を有していること及び弁論の全趣旨に照らせば、右の認定の金額は、Xの提示額と著しい差異を生じない範囲にあり、かつ、Xの意思にも反しないものと認められる。

コメント

　更地価格の7割相当額の立退料というのは、いくらなんでも行き過ぎの判決と思います。もはや、借家の立退料というよりも、借地権価格にほぼ匹敵するからです。

　もっとも、立退きの現場では、このようなことがしばしばあります。最後の1軒となると、対象建物自体の価値というよりは、全体の開発計画地の価値と比べて、しかも時間との競争という面からも相当な金額の立退料を支払うことがあります。

　しかしながら、本件は裁判です。裁判は法と正義ないしは信義則

に従ってなされるべきであり、あまりに法外な立退料の支払を認めることには疑問を抱かざるを得ません。

95 営業利益の5年分の3割ないし賃料5年分相当の1,100万円の立退料の支払を命じた

・東京地裁平成21年6月23日判決
・ウェストロー・ジャパン

事案の概要

　甲は、昭和33年に本件ビルを建築し、翌年に乙に対し、本件ビルの地下の本件建物を賃貸しました。乙が平成13年7月に死亡し、Yが本件賃貸借契約の賃借人の地位を承継してバーを経営していますが、この時点の賃料は月額17万8,500円です。Xは、平成18年9月に甲から丙を経由して本件建物を買い受け、本件賃貸借契約の賃貸人の地位を承継しました。Xは、Yに対し、平成19年3月に本件賃貸借契約について、老朽化等を理由に解約申入れをして、建物明渡請求訴訟を提起しました。東京地裁は、Xから1,100万円の支払を受けるのと引換えに、Yに対し本件建物の明渡しを命じました。

判決の要旨

　本件建物のある本件ビル自体が老朽化が相当程度進んでおり、耐震・防火の面でも問題があること、Xの経済的に有効な利用が妨げ

られていること、本件ビルの賃借人はYのみであることなどの事情に照らすと、X側の明渡しを求める必要性は高いものと認められる。

これに対し、Yには飲食店として営業する必要性が認められるものの、11店舗経営しているうちの1軒に過ぎず、しかも、本件店舗は老朽化が進んだ建物にあるものであり、最近本件建物のすぐ近く（通りをへだてて向かい側）にワインバーを開店していることなども考え合わせると、本件建物における営業の必要性は通常の場合に比べ、比較的低いというべきである。

Yは、別の場所で同様の店を開業するためには、少なくとも、店舗移転費用として2,469万円、移転のための人件費として210万円、移転告知宣伝費用として75万円、運転資金として3,060万円（6か月分の人件費・家賃等1,260万円と1年6か月間の利益1,800万円）の合計5,814万円の費用が掛かるとして、5,000万円ないし1億円の立退料を要求している。

しかしながら、上記のとおり、そもそも本件店舗は老朽化した建物内にある店舗であり、しかもYは最近本件建物のすぐ近くに飲食店を開業しているのであって、明渡しを求めるに当たり、別の通常のビルにおける新規店舗の開業に必要な費用をすべて賃貸人であるXに補填させるのは明らかに行き過ぎである。Yは、新しい店はワインバーであって本件店舗とは客層が違うと主張するけれども、基本的には洋酒の提供を中心とする飲食店であることには変わりなく、本件店舗が閉店しても新しい店により相当程度営業は代替されるというべきであって、この点に関するYの主張は採用できない。

このような事情を総合して考慮すると、本件において立退料を検

討するに当たっては、Y主張の移転費用等を考慮する必要はなく、本件店舗を閉店することにより新しい店でカバーできない営業利益を中心に検討することが相当である。本件店舗における平成20年の利益は約700万円であると認められるところ、本件建物の店舗としての使用可能年数を5年間と考えると、正当事由を補完する立退料の額は、本件店舗の5年間分の利益の約3割であり、現在の賃料月額17万8,500円の約5年間である1,100万円と認めるのが相当である。

コメント

　Yは、立退料として、5,000万円ないし1億円を要求していましたが、本件判決は、すぐ近くに別の飲食店を開業したことや本件建物の老朽化を踏まえ**使用可能年数を5年**として**5年分**の**営業利益の3割**ないしは**現賃料の5年分相当**の1,100万円を立退料と判断しました。

　他でも紹介しているとおり店舗の立退料は、移転先の内装費用等で多額になることが多い中で1,100万円という金額は相対的に低い金額といえます。もっとも、たまたま近くに開業した店があることを理由に移転に係る費用を否定していますが、必ずしもそれが理由となるかは疑問です。また、立退料1,100万円の計算根拠として営業利益の5年分の3割ないし賃料の5年間分を挙げていますが、なぜそうなるのかも判然としません。ともあれ、立退料の高額化に対する一つの警鐘を鳴らした判決といえます。

第二編　借家立退きの裁判例

第四章　立退料

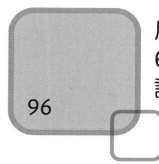

96 用対連基準に基づき6,000万円の立退料を認めた

・東京地裁平成25年1月25日判決
・判時2184号57頁

事案の概要

　甲は、東京都調布市と狛江市にまたがった約1,000坪の本件土地上にある3階建ての本件ビルの床面積の約2.2％に相当する1階部分の49.55㎡の本件建物を、Yに対し昭和58年2月に賃貸し、Yは歯科診療所として使用してきました。甲は、その後本件土地と本件ビルを乙に売却し、乙がさらに丙に売却しました。丙は、平成22年5月にYに対し、本件建物賃貸借について、本件ビルの老朽化等を理由に解約申入れをして、本件建物明渡請求訴訟を提起しました。訴訟の途中で丙がXに対し本件土地及び本件ビルを売却したために、Xが本件訴訟に承継参加し、丙は訴訟から脱退しました。東京地裁は、Xから6,000万円の支払を受けるのと引換えに、Yに対し本件建物の明渡しを命じました。

判決の要旨

　XがYに支払うべき立退料の額について検討することにする。丙

がＶ鑑定事務所に依頼して作成された平成22年8月付調査報告書は、Ｙの立退きに伴う移転補償費（立退料）を、大要以下の理由により、2,037万9,000円と算定している。

算定の基準日を平成22年8月1日とし、「公共用地の取得に伴う損失補償基準」及び「公共用地の取得に伴う損失補償基準細則」に準拠し、平面図等の資料、本件賃貸借契約の契約条件、外観目視、同等の診療所における標準的内装単価、TKC経営指標を基本に推定した同種同業種の財務内容等を踏まえて、Ｙが本件建物部分と同程度の代替建物に入居する場合に要する費用を、工作物補償、動産移転補償、借家人補償、営業休止補償及び移転雑費補償の合計額として算定した。

(1) 工作物補償　899万3,000円

同種同等の内装費新設単価を18万1,500円（㎡）とすると、本件建物部分の専用面積49.55㎡の内装に対する工作物補償は、899万3,000円（18万1,500円×49.55㎡。千円未満四捨五入（以下特段の断りがない限り同様）となる。

(2) 動産移転補償　46万円

通常妥当と認められる移転方法によって、動産（什器、備品、家具、調度品等）を運搬するのに、作業員4名（3日間）、運転手2名、クレーンオペレーター1名、4トントラック2台、クレーン車1台、交通誘導員2名（以上いずれも1日間）を要するとして、46万円の費用がかかる。

(3) 借家人補償　595万1,000円

賃借人が新たに現賃借建物に照応する他の建物の一部を賃借り

第二編　借家立退きの裁判例

するために通常要する費用は、以下の家賃差額補償、敷金に対する補償及び権利金に対する補償の合計となる。

a　家賃差額補償　435万8,000円

　標準賃料（単価月額7,500円/㎡）と本件建物部分の賃料（単価月額3,835円/㎡）の差額を24か月間補償するものとして、家賃差額補償額は435万8,000円（〔7,500円－3,835円〕×49.55㎡×24か月）となる。

b　敷金に対する補償　85万円

　新たな賃借建物の敷金と現行敷金の差額に運用益喪失率を乗じたものが敷金に対する補償となる。その額は、下記計算により、85万円となる。

（7,500円×49.55㎡×12か月－114万円）×0.256（運用益喪失率）

c　権利金に対する補償　74万3,000円

　7,500円×49.55㎡×2か月－0円

(4)　営業休止補償　392万3,000円

　「TKC経営指標平成22年版」、厚生労働省「毎月勤労統計調査」、「売上減少率表（国土交通省損失補償取扱要領第16条)」、従業員数2名、休業期間2か月を前提とすると、営業休止補償は以下のとおりとなる。

a　収益減補償　43万4,000円

　本件建物部分における想定年間売上高を1,793万7,000円と想定し、TKC経営指標による営業利益率14.5％を採用して2か月間の収益減補償額を計算すると、43万4,000円となる。

453

1,793万7,000円×0.145÷12月×2か月

　b　得意先喪失補償　150万2,000円

　　　1か月の売上高（想定年間売上高の12分の1）を149万5,000円と想定し、「売上減少率表（国土交通省損失補償取扱要領第16条）」による売上減少率120％を、限界利益率83.7％（TKC経営指標による固定費と利益の和を売上高で除したもの）をそれぞれ採用すると、得意先喪失補償額は150万2,000円（149万5,000円×1.2×0.837）となる。

　c　固定費経営補償　32万3,000円

　　　年間売上高を1,793万7,000円と想定し、固定的経費率を売上高の10.8％とすると、2か月間の固定的経費補償は32万3,000円（1,793万7,000円×0.108÷12月×2か月）となる。

　d　従業員休業補償　166万4,000円

　　　厚生労働省「毎月勤労統計調査」により1日当たりの賃金を2万6,000円とし、1か月当たりの平均労働日数を20日とすると、従業員2名の1か月の賃金は104万円（2万6,000円×20日×2名）となり、補償率をその0.8とすると、2か月間の従業員休業補償は166万4,000円（104万円×0.8×2か月）となる。

(5)　移転雑費補償　105万2,000円

　a　移転先選定費（仲介手数料）38万7,000円

　　　1か月の家賃に相当する額37万2,000円（7,500円×49.55㎡×1か月）に交通費1万5,000円を加えたものを採用する。

　b　法令手続費用　16万5,000円

開設届出費用15万円に交通費1万5,000円を加えたものを採用する。

c 移転通知費用等 50万円

上記調査報告書の算定を踏まえて立退料を検討する。

(1) 動産移転補償、借家人補償、移転雑費補償 計746万3,000円

動産移転補償46万円、借家人補償595万1,000円、移転雑費補償105万2,000円については、合理性がある。

(2) 工作物補償 3,299万3,000円

工作物補償899万3,000円については、歯科診療所特有の機材に要する費用が含まれていない。この点、Yは、歯科診療所の機材及び内装工事費用として9,524万9,620円の見積書及び6,587万3,980円の見積書を提出する。(ただし、内装工事費用2,500万円を控除すると、歯科診療所機材の額はそれぞれ7,024万9,620円、4,087万3,980円となる。)。これに対し、Xは、歯科診療所の機材は2,400万円が相当であるとの報告書を提出しており、Y提出の見積書が適正がどうか疑問を入れる余地がある。また、Y提出の見積書は、新品の機材を購入して設置することを前提とするところ、Yが本件歯科診療所を開設したのは昭和58年2月であり、その後、設置された機材が更新されたことを認めるに足りる証拠はないから、上記見積額はYの損失を補償するのに必要な額を超えるといわざるを得ない。そこで、補償を要する歯科診療所の機材の費用はX提出の報告書記載の2,400万円を上回らないと認めるのが相当である。次に、Y提出の内装工事費用の見積書は、本件建物部分と同等の建物における内装を前提とした

ものか明らかでなく採用できない。そこで、前記工作物補償の額899万3,000円に歯科診療所の機材の額2,400万円を加えた3,299万3,000円をもって適正な工作物補償とする。

(3) 営業休止補償　1,682万5,200円

営業休止補償392万3,000円は、年間売上高が1,793万7,000円であること、営業補償の相当期間が2か月であること等を前提としている。しかし、この年間売上高等について十分な根拠があるわけではないし、営業補償の相当期間も短期間にすぎるというべきである。

他方、Yは、1日40ないし50名の患者が来院し、年間売上高が5,000万円前後あり、年間純利益が2,000万円前後ある旨供述している。しかし、Yは、本件歯科診療所についての経営実態を明らかにする資料を提出しないから、この供述には何ら客観的裏付けがない上、X提出の報告書によれば、1日当たりの患者の数は平均17.4名であるという記載があるから、Yの上記供述は、本件歯科診療所の経営実態を過大に供述しているのではないかという疑問がある。

そうすると、本件においては、Yの経営規模に照らし、TKC経営指標の売上高0.5億円未満の歯科診療所の平均値を参考として、年間売上高3,600万円（月平均300万円）を限度として、Yの上記供述を採用し、これを基に、営業休止補償額を算定するのが相当である。また、Yが本件建物部分を立ち退いて新たな賃貸物件で歯科診療所を開業するのに6か月を要すると認めるのが相当であるから、営業補償期間を6か月とすべきである。また、従

業員の給与は、TKC経営指標の売上高0.5億円未満の歯科診療所の付加価値計算書欄の人件費を参酌して、月額125万円（年1,500万円）と認める。

　これらを前提として計算する。年間3,600万円の売上げがあることを前提とすると、調査報告書によれば、営業利益率は14.5％、役員報酬率は18.1％（合計32.6％）とされているので、Yがこの32.6％を得られなくなることによる逸失利益は年間1,173万6,000円となる。

　そうすると、営業休止補償額は、次のとおりとなり（算定方法について、上記で触れていない数値については、調査報告書に従った。従業員休業補償の補償率は、80％とするのが相当である。）、合計1,682万5,200円となる。

a　収益逓減補償　586万8,000円

　　3,600万円×0.326÷12月×6か月

b　得意先喪失補償　301万3,200円

　　3,600万円÷12月×1.2×0.837

c　固定的経費補償194万4,000円

　　3,600万×0.108÷12月×6か月

d　従業員休業補償　600万円

　　125万円×0.8×6か月

　以上の額を積算すると、5,728万1,200円となるが、Xが自ら算定した立退料の積算額5,645万6,000円に近似する額として6,000万円の立退料の支払を申し出たことを考慮すると、本件において相当な立退料の金額は6,000万円とするのが相当で

ある。

　ところで、本件土地の平成23年当時の路線価は、24万円/
㎡であるところ、一般に路線価は市場価格の80％程度とされ
ているから、本件土地の市場価格は概ね30万円/㎡となり、
これに本件建物部分の面積を乗じると1,486万5,000円となる。
したがって、本件建物部分の借家権を観念し得るとしても、そ
れは1,486万5,000円を上回るものではないと認められ、6,000
万円の立退料が低すぎるということはない。

コメント

　私が知る限り、いわゆる**用対連基準**に基づいて、詳細に**工作物補
償**以下の**各補償額**を認定した初めての裁判例で、その後の裁判に大
きな影響を与えた重要な判決といえます。用対連基準については、
第一編の**39、40**を参照してください。

　用対連基準では、①工作物補償（16条）、②動産移転補償（31
条）、③借家人補償（34条、差額家賃及び一時金）、④移転雑費補
償（37条）、そして⑤営業の廃止（43条）と休止等（44条）と規
模縮小（45条）に応じた営業補償がそれぞれ定められています。
具体的な算定の仕方については、本件判決を読んでいただければと
思いますが、相当に専門的なので、不動産鑑定士などの専門家に算
定してもらうのが無難であると思います。

　なお、本件判決では、最後に土地の㎡単価に本件建物部分の面積
を乗じた数字の金額をもって借家権価格がこれを上回るものではな

いと判示しています。この計算の仕方は、借地権割合と借家権割合を積算していないなどいささか乱暴と思われますが、少なくとも別途借家権価格を加算しなかったという点では意味があると思われます。

　ちなみに、同じ歯科医院でも、広島高裁岡山支部平成25年8月2日判決・ウェストロー・ジャパンは、989万円余の移転費用等を踏まえ500万円の立退料を、東京地裁平成26年10月8日判決・ウェストロー・ジャパンは、借家権価格3,720万円と診療機器購入費用3,800万円を合算した金額の半分に相当する3,760万円の立退料を、それぞれ認めています。

差額家賃、工作物補償、営業休止補償、その他補償合計2,831万円に一切の事情を考慮して3,000万円の立退料の支払を命じた

・東京地裁平成28年3月18日判決
・判時2318号31頁

事案の概要

Xは、昭和49年に建築された本件建物を所有し、Yに対し、平成5年9月に本件建物部分を賃貸し、賃料は平成24年時点で1か月40万4,250円です。Xは、平成23年に施行された東京都の「東京における緊急輸送道路沿道建築物の耐震化を推進する条例」に基づいて耐震診断を実施したところ、耐震指標を著しく下回る値の個所が多く見られ、本件建物を解体する必要があるとして、Yに対し、平成25年9月をもって本件建物部分の賃貸借契約を終了させる旨の通知をして、建物明渡請求訴訟を提起しました。東京地裁は、Xから3,000万円の支払を受けるのと引換えに、Yに対し本件建物部分の明渡しを命じました。

判決の要旨

本件立退料報告書は、立退料（正当事由の具備は考慮外として、借家人の不随意の立退きに対して損失補償することを前提とした評

第二編　借家立退きの裁判例

第四章

立退料

価）につき、①借家人補償に準じて求めた価格（家賃差額補償及び一時金補償）、②工作物補償、③営業休止補償（休止期間中の収益減補償、固定的経費の補償、従業員休業手当補償、得意先喪失に伴う損失補償、店舗等移転に伴うその他費用の補償、移転先の内装工事等の期間に係る家賃補償）、④その他補償（動産移転費用、移転先選定費用、法令上の手続に要する費用、移転旅費）を検討し、最終的に2,160万円程度と算定している。そこで、以下、同報告書を踏まえて検討した上で本件の事業に照らし相当な立退料を算定する。

①　借家人補償に準じて求めた価格－本件立退料報告書においては、本件基準34条における借家人補償の考え方に準じ、借家人の負担増加額を賃貸人が提供するという補償的観点から求めるものとして、具体的には代替建物の新規支払賃料と実際支払賃料の差額の補償相当額と、代替建物の借入に要する一時金等の補償相当額を合計して、価格を査定するものとされている。そして、代替建物の新規支払賃料と実際支払賃料の差額の補償相当額については、要旨、以下の理由により161万2,800円と算定している。

「本件建物の所在する1棟の建物における物件（店舗）について、同一需給圏内の類似地域に所在する類似の新規賃貸事例に基づき求めた月額比準賃料を比較検討の上、比準賃料を4,600円/㎡と査定し、新規実質賃料単価とする。一時金については、同一需給圏内の類似地域に所在する類似の新規賃貸事例を比較検討し、預り金的性格を有する保証金を10か月と査定する。代替建物の新規支払賃料を、賃料単価を4,520円とし、契約面積99.29㎡を乗じて44万9,000円とする。そして、実際支払賃料（月額38万

461

5,000円）との差額（6万4,000円）につき、補償期間を4か月とし、消費税率を5％とすると、161万2,800円となる。

　次に、代替建物の借入に要する一時金等の補償相当額については、要旨、以下の理由のとおり、現行保証金が代替建物の保証金を上回るので、差額保証金の運用相当額はないと査定され、補償額はゼロとされた。

新規月額支払賃料44万9,000円×新規預り金月数10か月＝449万円（A）

返還預り金　901万2,000円（B）

差額　　　　－452万2,000円（A－B）」

（結論）165万8,880円

　上記算定には合理性が認められる。もっとも、消費税率については、8％を適用して算定すべきであり、そうすると、165万8,880円となる。

　6万4,000円×24か月×1.08＝165万8,880円

②　工作物補償

　本件立退料報告書においては、要旨、以下の理由により、本件建物と類似の建物の店舗等内部造作工事費を参考として、新規に造作工事をする場合の工事費用を査定し、この工事費用に対し、補償率を100％として、工作物補償を約1,090万円と査定されている。「本件基準に定める建物移転補償においては、当該資産の償却部分は補償の対象とされていないが、店舗等については、移転により、当該工事費は必然的に発生するものであり、借家人の持ち出しにより当該償却部分を再調達することの負担は決して小

第二編　借家立退きの裁判例

第四章

立退料

さいものとはいえないことから、賃貸人により、工作物に係る工事費の全額を補償することが妥当との視点に立ち、査定する。

仮設工事　　　　38万円

内部造作工事　　281万6,000円

電気工事　　　　79万5,000円

空調設備工事　　113万7,000円

雑工事　　　　　524万円

消費税　　　　　51万8,400円（5％で計算）」

（結論）2,000万円程度

　Yは、内装造作設備に係る内装工事費用は2,656万8,000円を下らない旨主張する。また、Yは、平成5年当時、内装デザイン費用を含め、2,000万円を下らない費用を支払った旨主張し、Y代表者はこれに沿った陳述をする。Yの平成5年の営業開始時の工作物関係費用は、提出された見積書等によれば、以下のとおり、合計1,391万円程度である。

店舗内外装工事　　　　　750万円

什器工事　　　　　　　　558万4,000円

店舗内外装工事追加工事　64万9,744円

テントによる工事　　　　18万1,000円

　平成5年当時の資料全てが現在まで残存していないとしても不自然ではなく、前記の他に支出がなされた旨のY代表者の陳述が直ちに信用できないということはできない。また、今後、本件建物部分から新規借入先に移転した場合、移転先に即したデザインや設計を要することは予測されるものである。

463

他方で、Ｙ提出に係る見積書は、工事費目及び金額の詳細な内訳を欠き、平成５年当時から、現在までの工事費の変動などを考慮しても、同見積書記載の金額を要するものとは直ちには認め難い。これら一切の事情を考慮し、工作物補償としては、2,000万円程度と見ることが相当である。

③　営業休止補償

本件立退料報告書においては、要旨、以下の理由により、営業休止補償（内訳は、Ａ）休業期間中の収益減補償、Ｂ）固定的経費の補償、Ｃ）従業員休業手当補償、Ｄ）得意先喪失に伴う損失補償、Ｅ）店舗移転に伴うその他費用の補償、Ｆ）移転先の内装工事等の期間に係る家賃補償）につき、合計745万6,303円と査定している。

「Ａ）休業期間中の収益減補償

年間査定売上高につき、「TKC経営指標」（業種　洋品雑貨・小間物小売業の黒字企業平均）の平成19年から平成23年の一人当たりの売上高平均及び営業利益率の平均値に基づき、5,789万7,600円と算定し、営業利益率を「TKC経営指標」（業種　洋品雑貨・小間物小売業の黒字企業平均）の平成19年から平成23年の一人当たりの売上高平均及び営業利益率の平均値に基づき3.7％と算定し、営業休止期間を２か月とし、35万7,000円と算定する。

Ｂ）固定的経費の補償

年間査定売上高につき、前同（5,789万7,600円）と算定し、固定的経費率を前記指標の同時期の平均値に基づいて、

20.9％とし、営業休止期間を2か月とし、201万7,000円と算定する。

C）従業員休業手当補償

　年間査定売上高につき、前同（5,789万7,600円）と算定し、給与手当率につき、前記指標の同時期の役員外販管人件費比率の平均値に基づき、14.4％とし、従業員給与補償率を用対連基準細則27条1項3号を参考にして80％とし、営業休止期間を2か月とし、111万2,000円と算定する。

D）得意先喪失に伴う損失補償

　年間査定売上高につき、前同（5,789万7,600円）と算定し、売上減少率を、用対連基準細則27条1項5号・別表第8（売上減少率表）に基づき、145％とし、限界利益率を前記指標から査定した限界利益率の平均値に基づいて42.7％とし、298万7,000円と算定する。

E）店舗移転に伴うその他費用の補償

　商業登記がなされていないこと、本件は営業許可（食品衛生安全法に基づく飲食店営業）を要する業種ではないことから、商業移転登記申請費用や営業許可申請費用は計上せず、移転広告費として、公共団体で用いられる移転広告費補償基準表を勘案し、売上高に占める広告費の割合に基づいて53万4,303円と算定する。

F）移転先の内装工事等の期間に係る家賃補償

　移転先の内装工事期間は、現状店舗の稼働期間及び営業休止期間により工事がなされるので、工事期間等を考慮し、補償月

数を1か月として、44万9,000円と算定する。」

（結論）合計508万9,439円

　Yは、営業廃止を前提として、金額を算定すべきである旨主張するが、営業廃止を前提とした算定をすべきとのYの主張を採用することはできない。次に、前記AないしDにおいては、前記指標に基づき、売上高や営業利益を推定した上で、算定がなされている。しかるに、当店の年間売上高は2,827万円程度（ただし、平成23年8月から3年間の売上高の平均）、営業利益は667万8,719円程度であることが認められるものであり、これらにより算定することが相当である。そうすると以下のとおりとなる。

A）休業期間中の収益減補償112万円

　ただし、営業利益（月額56万円）に休業期間2か月を乗じた金額である。

B）固定的経費の補償98万4,738円

　年間査定売上高（2,827万円）に、固定的経費率20.9％を乗じ、営業休止期間を2か月とし、上記金額と算定する。

C）従業員休業手当補償54万2,784円

　年間査定売上高につき、前同（2,827万円）と算定し、給与手当率につき、前記指標に基づき14.4％とし、従業員給与補償率を80％とし、営業休止期間を2か月とし、上記金額と算定する。

D）得意先喪失に伴う損失補償145万8,614円

　年間査定売上高につき、前同（2,827万円と算定し、売上減

第二編　借家立退きの裁判例

第四章

立退料

少率を145％とし、限界利益率を42.7％とし、上記金額と算
定する。

　E）店舗移転に伴うその他費用の補償53万4,303円

　　　本件立退料報告書における算定は相当である。

　F）移転先の内装工事等の期間に係る家賃補償　44万9,000円

　　　本件立退料報告書における算定は相当である。

④　その他補償

　　本件立退料報告書においては、要旨、以下の理由により、その
他の補償（A動産移転費用、B移転先選定費用、C法令上の手続
に要する費用、D移転旅費）として、合計155万1,950円とされ
た。

　A）動産移転費用

　　　標準的な店舗における屋内動産の標準的な収容状況を前提と
した車扱運賃料金を基準とし、2トン車15台（1台分の代金
が6万6,650円）を要するとして100万円と算定する。

　B）移転先選定費用

　　　新規月額支払賃料（月額44万9,000円）に仲介手数料（月
額1か月）に消費税分5％を加算し、交通費日当相当額を2万
4,600円）（ただし、公共団体の損失補償基準等を参考に1日
当たり交通費日当を4,100円とし、延べ日数が3日、必要人員
が2人として計算）を加算して、合計49万6,050円と算定する。

　C）法令上の手続に要する費用

　　　工作物工事契約印紙費用（1万5,000円）、建物新規賃貸借
費用（1,200円）及び交通費・日当相当額（4,100円）、ただし、

公共団体の損失補償基準等を参考に算定し、合計2万300円と算定する。

D）移転旅費

公共団体の損失補償基準等を参考に、1人当たり、8,900円として、社員数4人として合計3万5,600円と算定した。

（結論）156万5,420円

Bにつき、消費税分の加算を8％とすべき（金額は50万9,520円となる。なお以上につき、その他にも消費税率の変動による影響がある箇所がある可能性があるが、同可能性を併せ考慮して、後記において、立退料を算定する。）ほかは、本件立退料報告書における算定は、相当である。

前記の各合計額を合計すると2,831万円程度となる。そして、本件建物の耐震性の問題等に照らし、Xにおいて、前記合計額すべてを負担すべき義務があるとは必ずしもいえない反面、Yは、本件建物部分に係る賃借についての一定の権利又は利益を有していることを考慮し、かつ、本件に現れた一切の事情を考慮し、立退料の金額としては、3,000万円とすることが相当である。

コメント

本件も、原告が提出した**用対連基準**に基づいた**立退料報告書**に対し、若干の修正はしつつもこれを基本的に受け入れるとともに、さらに、相当額を上乗せした丸い数字での金額を認めました。

もっとも、「Xにおいて、前記合計額すべてを負担すべき義務があるとは必ずしもいえない」としながらも、「反面、Yは、本件建物部分に係る賃借についての一定の権利又は利益を有していることを考慮し、かつ、本件に現れた一切の事情を考慮し」て相当程度上乗せした理由が判然としません。「本件建物部分に係る賃借についての一定の権利又は利益を有している」からこそ、立退料という**財産上の給付**を認めるのであって、これでは二重取りにならないのかと思うからです。用対連基準に基づく補償に加えて、借家権割合などに基づく借家権価格を加算する裁判例も見受けられますが、私としては違和感を持ちます。

用対連基準に基づく998万円の立退料を支払う旨の確認書の効力を認めた

・東京地裁平成29年10月30日判決
・ウェストロー・ジャパン

事案の概要

　Xは、首都高速道路の高架下等の有効活用等を行う一般財団法人で、昭和52年5月に新築された8階建ての本件建物の1階にある本件店舗17.78坪を、Yに対し平成22年8月に月額賃料23万1,440円（消費税別途）、期間内解約条項付きで賃貸しました。本件店舗以外の大部分は、首都高速1号上野線の料金所の付帯施設として利用されています。Xは、耐震補強の必要性があるとして、平成27年1月付書面で本件解約条項により同年7月をもって本件賃貸借契約を解約する旨通知しました。その後、XとYは、同年5月付で上記解約通知により同年7月に本件賃貸借契約が終了し、YはXに本件店舗を明け渡すことと、Xは、本件店舗の明渡確認後、敷金の返還と立退料998万円を支払う旨の本件確認書を作成しました。その後、Xは、明渡期限を同年8月末まで猶予しましたが、Yが本件確認書の有効性を争ったため、Yに対する建物明渡請求訴訟を提起しました。東京地裁は、Xから998万円の支払を受けるのと引換えに、Yに対し本件店舗の明渡しを命じました。

判決の要旨

争点1（本件確認書に係る合意が成立したか否か）について

本件確認書は、平成27年7月をもって本件賃貸借契約が終了し、YはXに本件店舗を明け渡すこと、その確認後にXはYに対し立退料998万円を支払うことなどを内容とするものであるところ、上記記載内容は当事者を拘束する契約として十分な程度に特定されたものであり、これについてX、Y双方の押印もされるなど確定的な効力を有する契約に係る契約書としての体裁を備えている一方、確定的な合意ではないことをうかがわせるような文言は存在しない。Yは、そのような本件確認書に署名押印したことは認めつつも、①本件確認書により確定的な本件解除合意が成立し、立退料が998万円に固定されていたのであれば、その後にXがYから代替店舗候補物件の費用見積等を受領する必要はなかったはずであること、②平成27年7月の面談時におけるX担当者の発言は、立退料の増額や明渡期限の延長を前提としたものであり、本件確認書作成時点においてそのような説明がされていたことを前提としたものになっていること、③本件解除合意に係る立退料998万円は、適切に算定された立退料に比して著しく低廉であり、立退料をそのような低額に固定する合意をすることは考え難いことなどからすれば、本件確認書は確定的な合意を成立させる趣旨のものではなかった旨を主張するので、以下検討する。

Yが、本件確認書作成後の平成27年7月9日原告担当者Fに対し、代替店舗の候補物件であったCビル1階の物件に移転する場合

の見積書合計2,370万円余及び工程表を提示し、本件確認書の金額では足りない旨を申し入れたこと、Fが上記見積書及び工程表をXに持ち帰ったことについては、そのとおりである。もっとも、本件確認書が立退料の額について確定的に合意したものであったとしても、その後に当事者間の合意によりこれを変更することは可能であるところ、そのような変更の申入れに対して、担当者であるFが自ら直ちに諾否を判断することなく、Yから提示された資料を持ち帰るということは何ら不自然な対応ではない。したがって、Fの上記対応から、本件確認書が確定的な合意ではなかったとの事実を推認することはできない。

　平成27年7月9日の協議におけるやり取りについて、冒頭部分でYが、本件確認書は一応の報告書類だったとの認識を示しているのに対し、Fはこれが重要な書類であった旨を回答している。また、「日にちは、この工程表があれば、内部的には説明できると思うんですね。」とのFの発言は、工程表等の具体的な資料により合理的期間内における立退きの見込みが確認できた場合には、本件確認書所定の明渡期限を経過したとしても直ちに問題視することはなく、一定程度の猶予を与えることも可能であるとの趣旨と解するのが通常であり、本件解除合意は明渡期限を確定的に定めたものではなかったとのYの主張を裏付ける発言とは認められない。

　Fは、立退料の額は固定ではなく、増額をすることは可能である旨を述べているが、あくまでも基準（用対連基準を指すものと解される。）の範囲内でとの留保を付したものであり、Yが代替店舗を出店するために必要な費用全額を補償するなどの大幅な増額を想定

第二編　借家立退きの裁判例

第四章

立退料

した会話とは考え難い。

　一定程度の明渡猶予が可能であることを述べたものと解するのが通常であり、明渡期限が確定的に定められていなかったことをうかがわせる会話ではない。また、立退料の増額についても、少額であれば積算の方法を修正するなどの方法により増額が可能であることを述べたものと解され、そのような限度を超えた大幅な増額を想定した会話とは考え難い。

　Yから本件確認書について「あるようでないようなもの」との発言があったのに対し、Fは一応は「そうなっちゃいますね」とは述べているものの、期日までに退去するとの意思を確認した重要な書類であり、有効なものである旨を回答している。また、立退料の増額についても、上記の限度を超えた大幅な増額を想定した会話とは考え難い。

　その他、平成27年7月9日の会話中でYが指摘する部分を検討しても、Fは新たな合意により立退料額を基準の範囲内で変更し、又は、明渡期限を事実上猶予する余地がある旨を述べていたにとどまり（円滑な明渡しを実現するためにその程度の譲歩をするということは一般的にあり得ることと考えられる。）、本件解除合意中の立退料額及び明渡期限は確定的なものとして合意されたものではなかったことを前提とした言動をしていたとは認められない。

　本件確認書における立退料の金額について、Yは、本件確認書において定められた立退料額である998万円は、代替店舗への移転の際に要することとなる費用額である2,370万円余、B鑑定士の鑑定評価により算出された正当な立退料額である2,648万円及び同鑑定

473

士が用対連基準により算出した相当な立退料額である2,521万円余を大幅に下回ることからすれば、確定的な立退料額として定められたものではなく、その後の増額を前提としたものであった旨を主張する。しかしながら、Yの主張する上記金額はいずれも、本件確認書作成後に見積もり又は算定がされたものであり、本件確認書作成時点において、X及びYがそのような算定結果の存在を認識していたものではない。したがって、本件確認書における立退料額が上記算定額を大幅に下回っていたとしても、そのことから本件解除合意が確定的なものではなく、事後的な増額が前提とされていたなどとの事実を推認することはできない。

Yは、代替店舗が発見できるまでは本件店舗を制限なく使用継続できるものと考えていた旨を供述するが、そのように明渡しを事実上Yの任意に委ねる結果となるような合意にXが応じるということはおよそ考え難い。また、本件確認書所定の立退料額は低額に過ぎるとの認識を有していたものの、Xを信用していたのでその旨の指摘はしなかったなどとも供述するが、自身の生活基盤である本件店舗の明渡しに関し、利害関係が対立する相手方当事者を全面的に信用して、低額に過ぎる立退料額が記載された確認書に署名押印したというのは明らかに不自然不合理というほかない。したがって、この点についてのY本人の供述は信用できない。

以上によれば、本件確認書が確定的なものではなかったとのYの主張は採用できず、本件解除合意は当事者を拘束する合意として成立していたものと認められる。

争点２（本件確認書に係る合意が錯誤により無効か否か、及び詐欺によるものとして取消可能か否か）について

本件解除合意が確定的なものであるか否か等について、争点１において判示したところに加え、その他本件全証拠によっても、Ｆ又はその他のＸ担当者が、Ｙに対し、本件確認書は確定的な合意を成立させるものではなく、立退料額及び明渡期限については、当事者間の変更合意がなくても当然に増額又は伸長が可能であるなどとの虚偽の説明をしたとの事実は認められない。Ｙは、本件解除合意は明渡期限を確定的に定めたものではなく、代替店舗が発見できるまでは本件店舗を制限なく使用継続できるものと考えていた旨を供述するが、そのような合意が通常考え難いものであることは争点１において判示した通りであり、上記誤信があった旨のＹの主張は採用できない。また、Ｆの発言は、見積書等の提出があった場合には立退料額の変更に応じる余地があることを述べるにとどまり、本件確認書における立退料額が確定的なものではないことを前提としたものとは解されないのであって、そのような誤信があった旨のＹの主張も採用することはできない。

本件確認書における立退料が相当なものであったか否かについて、本件確認書における立退料は、平成26年12月以降の協議内容及びＹから提出された資料等を踏まえてＸが算定し、提示したものであるところ、上記提示額が合理的な基準に基づき適正に算定されたものであることは当事者間において当然の前提となっており、Ｙが本件解除合意の締結を承諾する意思表示の要素となっていたものと考えられる。そこで、上記意思表示の要素に錯誤があったか否かにつ

き検討する。まず、本件確認書における立退料額998万円の算定根拠は別紙立退料算定根拠のとおりであるところ、これは公共事業における損失補償等においても一般に用いられる用対連基準に準拠し、Yから提出された資料等を踏まえて算定されたものと認められる。これに対しYは、代替店舗を出店するためには2,370万円余程度の費用が必要となる旨の見積りがされている旨を主張するが、立退料は必ずしも明渡しにより賃借人が被る損失の全部を補償するに足りるものである必要はないと解されるし、上記損失を算定するに当たり考慮されるべきなのは具体的な物件への現実の移転費用ではなく、同程度の物件に通常の方法により移転する場合に想定される費用であるから、本件確認書所定の立退料額が上記見積金額を下回っていることをもって、これが適正を欠くものであったということはできない。また、用対連基準は賃借人の移転先で同一の店舗が現実に再現、提供されることを前提としたものではないと解されるから、上記再現、提供がされないことをもって本件事案の特殊性と評価し、同基準の適用を避け、適用するとしてもより広範囲かつ高額の補償がされるべきであるとするYの主張は採用できない。そして、B鑑定士の鑑定評価及び意見書は、耐震補強のみが予定されている本件建物について、合理的な理由もなく、新築が予定されている場合についてのみ考慮すべき開発利益の配分を加算している点、借家権取引の慣行があることについて十分な根拠が示せていないにもかかわらず割合方式による借家権価格の算定をしている点、Yが営業を廃止するわけではないにもかかわらず本件建物の残耐用年数である5年分の営業補償を算定している点などにおいて、その正確性、公平

第二編　借家立退きの裁判例

第四章

立退料

性には疑問が残るといわざるを得ず、これがXによる用対連基準に基づく算定の適正さを否定する根拠となるに足りるものとは認め難い。

以上によれば、本件確認書所定の立退料額998万円は、合理的な基準に基づき適正に算定される相当な立退料額の範囲を逸脱するものであるとは認められない。したがって、Yがこれを相当な金額であると信じたことに錯誤があったとは認められないし、そのように信じさせた詐欺行為があったとも認められない。以上のとおり、本件確認書に係る合意につき詐欺又は錯誤があった旨のYの主張はいずれも理由がない。

争点３（本件確認書に係る合意が借地借家法に違反するか否か）について

本件解除合意は建物賃貸借契約の期限付合意解除に当たるところ、そのような合意は、賃借人が真実解約の意思を有していると認めるに足りる合理的客観的事由があり、かつ、他に合意を不当とする事情がない限りにおいては、借地借家法30条により無効となるものではないと解される。

これを本件についてみると、Yは平成26年12月頃以降、耐震補強のためとの必要性を示して本件店舗からの立退きを求められ、コンサルタント担当者も同席しての協議を重ねたうえで、立退料算定のための資料を提供し、代替物件の候補を探索するなどしていたのであるから、平成27年５月の本件確認書作成時点において、解約の意思を有していると認めるに足りる合理的客観的事由があったものというべきである。この点、立退料の増額が前提となっていたこ

477

と、本件確認書所定の立退料が不当に低額であったことなどに関するYの主張が採用できないことは先に述べたとおりである。

　また、本件店舗を移転した場合には、常連客が来店しなくなることによる売上の減少、アルバイト従業員の退職による影響等が生じる旨のYの主張は、移転先の立地条件等によって左右される部分はあるものの、基本的には本件解除合意に応じるか否かを決定する段階において考慮することが可能であった事情をいうものに過ぎず、その影響の程度も明らかではない。その他Yの主張するところを考慮しても、本件解除合意を不当とすべき事情は見当たらない。

　したがって、本件解除合意が借地借家法30条により無効とされるべきであるとのYの主張は採用できない。

コメント

　立退き交渉が進展して煮詰まってくると、立退料や立退き期限についての**合意書**を交わすことがあります。家主からすると、これで一件落着と思うのですが、借家人はその後に他の人に相談したりしてもっと多くの立退料をもらえたはずであると思い返し、合意書は確定的な内容ではないとか、錯誤又は詐欺により取り消すとか、そもそも借地借家法に違反するとか、様々な主張をすることがあります。

　本件判決は、そのような借家人の主張をことごとく排斥していますが、本件確認書の後の家主側と借家人側のやり取りをみると、危うい場面も見られないではありません。家主側としては穏便に借家

人に立退きをしてもらうために、**増額**があり得る、あるいは**期限の延長**（実際に約1か月半の延長に同意しています。）も相当程度あり得ることをほのめかしています。このあたりの交渉は微妙であり、場合によっては確定的合意と認定されない可能性もあるので要注意です。いったん書面による合意をした以上、蒸し返しとなりかねない交渉はすべきでない、少なくとも専門家である弁護士に任せるべきであると、私は考えます。

99 賃料差額と移転費用と内装費と営業補償の合計額の9割相当の3,000万円の立退料を認め借家権価格は否定した

・東京地裁令和2年1月16日判決
・ウェストロー・ジャパン

事案の概要

Xは、本件貸室を含む1棟の3階建ての本件建物をX代表者の妻から賃借して、Yに対し、平成11年4月に本件貸室を賃貸し、Yはタイ料理店を経営しています。Xは、Yに対し、平成28年9月に本件建物の老朽化と耐震基準を大幅に下回っていることを理由に本件賃貸借契約について更新拒絶をして、本件貸室の建物明渡請求訴訟を提起しました。東京地裁は、Xから3,000万円の支払を受けるのと引換えに、Yに対し本件貸室の明渡しを命じました。

判決の要旨

本件では、調停意見書が作成されて証拠提出されており、その中で立退料の算定がされていることから、以下、調停意見書の内容に沿って検討する。

(1) 賃料差額等

調停意見書は、賃料差額を月額10万円とし、補償期間を3年

間としている。Yの移転先の賃料が確定していないことから、当
事者双方の主張を踏まえて差額賃料を月額10万円とすることは
相当である。また、本件店舗の立地条件は非常に優れており、Y
本人尋問の結果によれば、本件店舗と同等の条件の物件を探すこ
とは相当困難であることと認められることから、補償期間を3年
間とすることも相当である。なお、調停意見書は、礼金及び仲介
手数料としてそれぞれ新賃料1か月分相当額の合計130万円を認
め、保証金は返却される金員であることから立退料に含めないこ
ととされているが、この点も相当である。

　よって、賃料差額等の合計は490万円となる。

(2)　移転に関する費用

　調停意見書は、動産移転料、移転広告費、本店移転登記費用及
び保健所に対する申請費用等として100万円を計上しているが、
この点に特段不合理な点は見当たらない。

(3)　内装費

　Xは、内装費について、補償の対象となるのは有形固定資産の
未償却残高162万円余に止まると主張するのに対し、Yは、新店
舗の内装費の見積書を提出し、2,957万円余が補償されるべきで
あると主張する。

　内装費について、調停意見書の要旨は、以下のとおりである。
①Yには、店舗移転に伴い、内装費の負担が新たに発生すること、
税法上の減価償却が終了した場合であっても、小規模事業者にお
いては造作や備品をそのまま使用し続けることは一般に珍しくな
いことなどの事情を考慮すれば、立退料として未償却の有形固定

資産相当額のみを認め、その他を一切認めないことはYにとって酷である。②他方、Y主張の内装費を全額認めると、Yは既に税法上の償却が済み、節税のメリットを受けた固定資産まで、Xの負担で新品と入れ替えることができてしまい、かえって公平に反する。また、Yが提出した内装費の見積書の2,957万円余という金額は、Yが本件店舗に投下した設備投資額である1,558万円余の約2倍であるが、この金額が正当であると認めるには証拠が不足している。③Y主張額である2,957万円余と、Xが提出した別業者の見積に係る報告書の金額1,339万円を合わせて考慮すると、Yが本件店舗に投下した設備投資額1,558万円余は、新店舗への移転に伴う適正な内装費を推定するものとして位置づけることが可能である。よって、同額を基本としたうえで上記諸事情を総合考慮し、このうち1,000万円について認める。

　調停意見書が指摘するとおり、店舗移転に伴いYに新たに内装費の負担が生じることからすると、立退料の算定に当たり、未償却の有形固定資産相当額のみを補償するとの前提に立つことは相当でない。他方、Yが提出した内装費の見積書の金額は、Yが本件店舗に投下した設備投資額の約2倍と高額にすぎ、採用できない。

　Yが本件店舗に投下した設備投資額は、Xが提出した別業者の見積りに係る報告書の金額とも近いので、内装費相当額は1,558万円余とするのが相当である。

(4)　営業補償

　　営業補償について、調停意見書の要旨は以下のとおりである。

営業休止期間を1か月とみる。

営業利益の減少分として13期と14期の営業利益の平均の1か月分として16万円を補償する。

(3,361,071円＋413,893円)÷2＝1,887,482円

1,887,482円÷12か月×1か月≒160,000円

固定費として13期と14期の平均の1か月分として93万円を補償する。

11,184,389円÷12か月×1か月≒930,000円

人件費として13期と14期の平均の1か月分として353万円を補償する。

42,408,333円÷12か月×1か月≒3,530,000円

得意先損失補償額として737万円を補償する。

月間売上高の13期と14期の平均を求める。

(98,151,491円 ＋95,698,149円) ÷ 2 ÷12か月 × 1か月 ≒ 8,080,000円

補償額は月間売上高×売上減少率×限界利益率

8,080,000円×1.60×0.57≒7,370,000円

160,000円＋930,000円＋3,530,000円＝4,620,000円

4,620,000円＋7,370,000円＝11,990,000円

営業補償に関するＸの主張について

Ｘは、営業利益の減少分と得意先損失補償の双方を計上することは二重計上に当たると主張する。しかし、前者は、休業中の営業利益の減少分を意味するのに対し、後者は、営業再開後に得意先の喪失によって生じる売上げの減少分を意味するものであるか

ら、両者を計上したとしても二重計上には当たらず、この点に関するＸの主張は採用できない。

営業補償に関するＹの主張について

Ｙは、休業期間を３か月間と見積もっているが、店舗移転に伴う休業期間として３か月もの休業が必要とは解されず、調停意見書のとおり、１か月間とするのが相当である。また、Ｙは、営業補償について、直近の14期ではなく、より利益の出ていた13期の数値に基づいて計算をしているが、調停意見書のとおり、13期と14期の平均値を用いるのが相当である。

以上より、営業補償の金額については、調停意見書のとおり、合計1,199万円とするのが相当である。

(5) 借家権価格について

Ｙは、立退料の算定に当たり、別途、借家権価格を考慮すべきであると主張する。しかし、立退料は、立退きによって借家人に生じる損失を補償するために支払われるものであり、借家権の取引慣行がある地域において、賃貸借契約の終了によって借家権が消滅することを借家人の損失とみて、借家権価格に基づいて立退料を算定する場合はあるとしても、上記の損失補償のほかに、別途借家権価格を加算して立退料を算定することは、借家人に実際に生じる損失以上の利得を得させることになり相当でない。よって、この点に関するＹの主張は採用できない。

(6) まとめ

上記(1)から(4)までの金額を合計すると、3,347万円余となるが、立退料の支払が正当事由を補完するものであることからすると、

第二編　借家立退きの裁判例

第四章

立退料

その全額の支払が行われなければ正当事由が補完されないと解するのは相当でない。そこで、上記のようなX及びYが本件建物の使用を必要とする事情等を総合的に考慮し、上記金額の約9割に相当する3,000万円の支払をもって、正当事由が補完されるものと判断する。

　これに対し、Xは、裁判例（東京地判平成21年9月24日）を引用して、6割程度に減額すべきであると主張するが、同裁判例は、賃借人が不動産業を営んでいた事案に関するものであり、賃借人であるYが飲食店を営んでいる本件とは事案を異にする。よって、この点に関するXの主張は採用できない。

コメント

　本件では、**調停意見書**を土台に立退料が検討されています。このように、明渡訴訟においては、訴訟の途中で裁判所の判断により**調停手続**に移行することがしばしばあります。これを**付調停**といいます。そして、調停が不調となり訴訟に戻った場合でも、裁判所は、一般的に調停において調停委員会が作成した**調停意見書**を尊重します。本件でも、立退料を算定するに当たり、調停意見書の大部分をそのまま採用しています。

　本件で注目すべき点は2つあります。第1に、「立退料は、立退きによって借家人に生じる損失を補償するために支払われるものであり、借家権の取引慣行がある地域において、賃貸借契約の終了によって借家権が消滅することを借家人の損失とみて、借家権価格に

485

基づいて立退料を算定する場合はあるとしても、上記の損失補償の
ほかに、別途借家権価格を加算して立退料を算定することは、借家
人に実際に生じる損失以上の利得を得させることになり相当でな
い。」として**借家権価格を否定**したことです。私も同感ですが、こ
れまでに見てきたように、借家権価格を認めている裁判例もあり、
裁判所の判断も必ずしも統一されているわけではありません。

　第2に、「立退料の支払が正当事由を補完するものであることか
らすると、その全額の支払いが行われなければ正当事由が補完され
ないと解するのは相当でない」として、「X及びYが本件建物の使
用を必要とする事情等を総合的に考慮し、上記金額の約9割に相当
する3,000万円の支払をもって、正当事由が補完されるものと判
断する。」としたことです。97のように、むしろ上乗せして3,000
万円とした裁判例もある中で減額をしたことは評価できます。他方
で、引用されている賃借人が不動産業について6割程度に減額した
のとは事案を異にする、としていますが、業種によって減額割合が
異なるというのは腑に落ちません。むしろ、個別の事情が異なると
いうことではないでしょうか。

第二編　借家立退きの裁判例

第四章　立退料

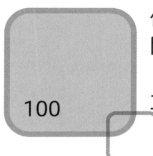

100　借家権価格は認めたが開発利益は否定して２億9,650万円の立退料の支払を命じた

・東京地裁令和４年３月４日判決
・ウェストロー・ジャパン

事案の概要

　Xは、東京メトロの100％子会社で昭和41年に建築された地下３階地上８階建ての新宿駅ビルの大部分を所有し（残りの部分は東京メトロが所有しています。）、ビル全体を賃貸管理しています。Xは、Yに対し同ビルの地下１階の一部の本件店舗を昭和41年に賃貸し、Yは本件店舗でそば飲食店を経営してきました。Xは、東京都から耐震性能の確保のための勧告を受け、東京都などの行政機関などが策定した「新宿の拠点再整備方針」に基づいた高度利用を図る必要があるとして、平成29年１月に更新拒絶をして、平成31年に東京簡裁に調停申立てをしましたが不調となりました。そこで、XはYを相手に本件店舗について建物明渡請求訴訟を提起しました。東京地裁は、Xから２億9,650万円の支払を受けるのと引換えに、Yに対し本件店舗の明渡しを命じました。

判決の要旨

　本件口頭弁論終結時に近接した時期になされた本件鑑定において、Xが Y に対して本件店舗の明渡しと引換えに支払うべき鑑定時点における適正な立退料の額は、狭義の借家権価格 2 億円、借家人である Y が立退きにより事実上失う利益の補償額 9,650 万円、合計 2 億 9,650 万円と鑑定評価されている。本件鑑定は、不動産の鑑定評価の専門家である不動産鑑定士の鑑定人が、本件店舗の実地調査を行った上、不動産鑑定評価基準等を踏まえて、その専門的知見に基づき、鑑定時点での本件店舗の適正立退料の価格を鑑定評価したものであり、その評価の過程に特段不合理な点もうかがわれないから、本件店舗の明渡しと引換えに支払うべき相当立退料の額は、鑑定評価額と同額の 2 億 9,650 万円と認めるのが相当である。

　これに対し、Y は、本件鑑定に関し、①Y が立退きにより事実上失う利益の補償について、他の場所での店舗展開が不可能でないとして、営業休止補償を前提に算定しているが、本件店舗に代替し得る店舗を見つけることは不可能であり、営業廃止補償を前提に算定すべきである、②開発利益が考慮されていないが、考慮されるべきである旨主張する。

　しかし、上記①については、本件鑑定において指摘されているとおり、本件店舗は、希少性の高い立地条件を備えており、その代替店舗を確保することは容易ではないといえるものの、代替性がないとまではいえない。これに加えて、本件鑑定は、本件店舗が、鉄道乗換通路に所在するため常時人通りが多く、食事時間帯にとらわれ

ず、常連の顧客のみならず通行人が手軽に食事をすることができる
そば飲食店の店舗としての場所的優位性を備えていることを前提に、
代替店舗の選定・事業計画への策定に時間を要することを考慮して、
一連の営業休止期間を概ね6か月程度要すると判断した上で、営業
休止補償を算定していることからすれば、本件鑑定において、営業
休止補償を前提に立退料の額が算定されている点が不合理というこ
とはできない。

　また、上記②については、本件鑑定においては、開発利益は、土
地の最有効使用が回復することによって得られる土地所有者の利益
であって、建物賃借人の利益ではないと考えられる旨判断されてお
り、その理由として、①開発利益相当額は、最有効使用が制約され
た土地に帰属する潜在的利益であり、建物に帰属する立退料や借家
権価格とは発生原因が異なること、②開発利益相当額を配分したも
のを立退料や借家権価格とする考え方について、他の法令等におい
て規定されているものがないこと、③旧建物を立ち退く借家人が開
発リスクを負担していないのに対し、開発事業を行う事業者は開発
リスクを負担しており、開発利益は当該事業者がそのリスクに見
合ったリターンとして享受し得る利益と考えられることを挙げてお
り、かかる評価が不合理であるとはいえない。したがって、Yの上
記主張は、上記の認定判断に影響を及ぼすものではない。

コメント

　まず、賃料が**売上金額**に対する**歩合制**というのは、一部固定一部

歩合制を含め、**大規模商業施設**ではまま見受けられます。歩合制であっても建物賃貸借契約であることには変わらないと思われます。

　本件判決での注目点は２つあります。第１に、立退料として借家人が立退きにより事実上失う利益の補償額と別に「**狭義の借家権価格**」を認めたこと、第２に、借家人が主張する**開発利益**の配分を**否定**したことです。

　まず、第１の点ですが、ここでいう「狭義の借家権価格」が何かは判決文だけでははっきりしません。賃料差額の２年分程度であれば異存ありませんが、割合法や賃料差額還元もしくは控除法ということであれば、にわかに同意しかねます。

　第２の点ですが、開発利益の配分を否定したことには賛成です。本件判決が、その理由として挙げている３つの理由はいずれも十分に説得的であり、中でも第３の理由、すなわち事業者が開発リスクを負担しているのに対し借家人がこれを負担していないのはその通りです。

終わりに

　私が、本書においてもっとも訴えたかったことは、立退料に関する裁判例の不統一さです。居住用建物についてはそれほどでもありませんが、事業用建物については、金額の大きさもそうですが、その根拠や計算式がバラバラです。

　そもそも、確たる根拠を示さないでよいとする判旨もあるくらいです。しかしながら、世の趨勢として、いかなる者であれ、他者に対し大きな影響を与える判断や行動をする場合に利害関係人への説明義務が問われるようになり、司法を担う裁判所とて、その例外ではないと考えています。

　立退料の根拠や計算式を示している場合でも、たとえば、賃料の何か月分を立退料と認めるなど合理的な理由があるとは必ずしも言えない裁判例が少なからず見られました。

　他方で、立退料と「借家権価格」を同視する裁判例も見られますが、不動産鑑定評価基準でいう「借家権価格」が多義的であるにもかかわらず（それ自体問題がないとは言えませんが）、単純に更地価格×借地権割合×借家権割合で計算した結果を借家権価格＝立退料としている裁判例もあります。さらに、開発利益の一定割合を借家人に帰属させることを認めた裁判例もありますが、これはさすがにいかがかと思われます。

491

以上のとおり、立退料をめぐる裁判例はまさに百家争鳴ともいえる状況にありますが、徐々に居住用建物、事業用建物それぞれについて、合理的な根拠や計算式に基づくものが増えつつあるように思われます。長年借家の立退きに関わってきた私としては、望ましい方向に進んでいると嬉しく思う次第です。

　本書が、立退きに関係する家主や不動産業者、不動産鑑定士そして、私と同業の、特に若い弁護士の方々に少しでもお役に立てることを望みつつ、筆をおくこととします。

2025年晩冬

弁護士　宮崎　裕二

［著　者］

宮崎　裕二　（みやざき　ゆうじ）

1979年 3 月	東京大学法学部卒業
1979年10月	司法試験合格
1982年 4 月	弁護士登録
1986年 4 月	宮崎法律事務所を開設
2008年度	大阪弁護士会　副会長
2009年 4 月〜2021年 3 月	大阪地方裁判所調停委員
2016年 3 月〜2022年 2 月	大阪府労働委員会公益委員
（2020年 3 月〜2022年 2 月	同会会長）
2016年 6 月〜現在	非上場会社の非常勤社外監査役
2019年12月〜現在	非上場会社の非常勤社外取締役
2024年 4 月	旭日小綬章受章

著　書
『道路通路の裁判例 (第 2 版)』(有斐閣) 共著
『定期借地権なるほどガイド』(ＰＨＰ研究所)
『賃貸住宅経営トラブル解決法 (改訂版)』(清文社)
『わかりやすい借地借家法のポイント』(三菱UFJリサーチ＆コンサルティング)
『借家の立退きＱ＆Ａ74』(住宅新報社)
『土壌汚染をめぐる重要裁判例と実務対策』(プログレス) 共著
『Q&A重要裁判例にみる私道と通行権の法律トラブル解決法(新版)』(プログレス)
『借家をめぐる66のキホンと100の重要裁判例』(プログレス)
『借地をめぐる66のキホンと100の重要裁判例』(プログレス)
『不動産取引における心理的瑕疵の裁判例と評価(新版)』(プログレス) 共著
『借地借家法の適用の有無と土地・建物の明渡しをめぐる100の重要裁判例』(プログレス)
『共有不動産の33のキホンと77の重要裁判例(増補版)』(プログレス)
『借地上の建物の建替えと借地権の売買をめぐる法律トラブル解決法』(プログレス)　他

専　門
不動産、倒産・再生、相続、企業法務

事務所
〒530-0047　大阪市北区西天満 2 丁目 6 番 8 号　堂ビル211号室
　　　　　　宮崎・松本法律事務所

人気の不動産実務書

帰ってきた助けてクマさん!
賃貸トラブル即応マニュアル

賃貸管理トラブル解決の達人が、長年の経験に基づく、現場に役立つリアルな事例を交えた賃貸管理トラブル解決のヒントを伝授! クマさんこと熊切さんの大人気ブログ「賃貸管理クレーム日記」も公開中です。

大好評につき、重版!!

四六判　214ページ
定価1,760円(税込)
著者　熊切伸英

好　評　発　売　中

事例に基づいたQ&A形式で、わかりやすい!
賃貸住居の法律Q&A

A5判　338ページ
定価2,640円(税込)

監修　小林芳郎　田中紘三　村田裕
推薦　篠塚 力(東京弁護士会会長)
編著　東京弁護士昜水会

お問い合わせ　株式会社 住宅新報出版

〒171-0014　東京都豊島区池袋2-38-1
https://www.jssbook.com/

借家立退きの現実　　借家立退きの基本と100の裁判例

2025年3月5日　初版発行

編　　者　宮　崎　裕　二
発 行 者　馬　場　栄　一
発 行 所　㈱住宅新報出版
〒171-0014 東京都豊島区池袋2−38−1−3F
電話（03）6388−0052

印刷・製本／㈱ワコー
落丁本・乱丁本はお取り替えいたします。

Printed in Japan
ISBN978-4-911407-15-8　C2030